그
냥
:)

그냥
:)

just stories

박칼린 에세이

사랑함

샹, 재림, 해태, 민영, 승현

contents

1부

캐스팅은, 사랑이다 · 011
가르치고 배우고 나누라 · 022
무대를 사랑하는 남자 · 027
100번을 해보았는가 · 032
구름투어 · 038
수세조기시手洗澡器時 창작영감다득創作靈感多得 · 050
엄마, 고향 땅, 그리고 귀향 선물 · 054
뮤지컬 〈명성황후〉 · 064
아빠의 눈물 · 076
네 소절의 노래 · 080

2부

무작정, 기차와 산 · 087
1인 5역 · 091
따뜻하고 따뜻한 사람 · 100
병 수집가 · 108
버터플라이키스 · 112
13시간, 리투아니아의 인연 · 115
캘리포니아 여행 · 128
공연은 계속되어야 한다 · 136
천 년 · 141
지금으로부터 천 년하고 몇 백 년 전 · 152
웰컴 투 데니스! · 158
나의 뉴발란스 A/S기 · 164

3부 홀러덩 고개 · 173
칼린의 의식 · 177
이문열 선생과 '리투아니아의 여인' · 186
살며시 옷에 치마 · 195
땡큐, 미세스 K 앤드 미스터 M · 198
그 자리를 지키는 일 · 204
중국소년과 나비 · 212
가면 컬렉션 · 219
신림동 손님 · 224
나의 첫 기계뭉치 · 229
거장들 · 234
중국여행에서 생긴 일 · 246

4부 한가운데에서 · 257
모든 것은 가능하다 · 262
살림의 기술 · 268
비밀노트 · 276
망원경으로 봐야 하는 사람 · 284
마녀 · 292
원탁의 기사단 · 300
뉴올리언스 2008 · 306
엄마의 잠 깨우기 · 312
보물 상자 · 318
남자의 자격 · 326

1부

just stories

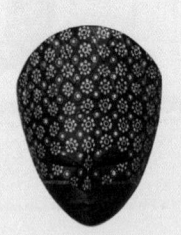

○ 캐스팅은, 사랑이다 Diamonds in the Rough

　나는 음악감독으로서 해야 하는 수많은 일 중에 하나인, 아니 가장 중요한 일인 캐스팅을 하는 사람이다. 물론 내가 캐스팅의 귀재도 아니고 나 혼자서 한 작품의 모든 캐스팅을 결정하지는 않는다. 가령 뮤지컬이라면 연출가, 안무가, 제작자와의 수많은 대화를 통해 그 작품에 가장 적절한 사람을 찾는다. 그리고 하면 할수록 이 캐스팅이 얼마나 중요한지를 깨닫는다. 내가 캐스팅 하고 싶은 대로 못할 때도 많다. 의견이 다를 수도 있고, 제작진 안에서도 각기 다른 배우를 서로 다른 이유로 필요로 하기 때문이다. 또한 오디션을 봤음에도 우리가 원하는 배우가 우리를 원하지 않을 때도 있다.

　음악감독으로서 가장 신중하면서도 유일하게 마음대로 독점하고 있는 캐스팅 권한이 바로 연주자 캐스팅이다. 그래서 배우 캐스팅보다 두 달 정도쯤 더 많이 고민하게 되지만 그럼에도 음악감독으로서 밴드나 오케스트라 단원을 캐스팅할 때가 가장 재미있다고 고백한다. 내 마음대로 하는 만큼 결과도 순전히 내 책임이기에 연주가 빛이 날 때 역시 가장 뿌듯하다.

한편, 배우 캐스팅이란 다른 사람들과 같이 의논해서 결정해야 하는 어려운 작업이다. 역시나 희열과 좌절이 교차한다. 어떠한 크리에이티브 팀* 도 마찬가지일 것이다. 사실 어느 작품이건 감독들마다 제각기 캐스팅하고 싶었던 배우들로 딱 맞게 캐스팅했던 적은 거의 없다. 주 배역들은 프로듀서나 기획사 안에서 정해 움직이는 경우가 많기 때문에 우리 선택과 꼭 맞아떨어졌던 적도 있지만, 완전 정반대로 캐스팅된 경우도 많다. 그대신 앙상블**은 언제나 나와 연출, 안무가가 뽑은 배우들로 캐스팅했다. 그래서 그들에게서 최고를 끌어내든, 툭하면 실수를 하든, 그들만큼은 우리가 완전히 책임지고 움직일 수 있었다. 현장 작업을 하는 사람으로선 이게 다른 캐스팅보다 더 보람되고 재미있는 일이다. 이건 진흙의 일이니까. 진흙에서 진주를 캐는 일이니까.

그렇게 20여 년 넘게 수많은 캐스팅을 하고 살다 보니, 그 속에 내 삶의 재미있는 '꺼리'가 많이 있다는 걸 알게 되었다. '진흙 속에서 진주'를 찾아내는 것. 그 일이 나에겐 어마어마하게 스릴 넘치고 재미있는 일이라는 것을 알게 되었다. '진흙 속의 진주, Diamonds in the rough!'

내가 말하는 진주는 아직 만들어지지 않고 다듬어지지 않은 인재들

---

* 크리에이티브 팀 creative team
뮤지컬에서 예술 파트를 책임지는 감독 집단인데 그 역할은 배우와 오케스트라의 모든 연습과 안무, 연출, 지휘가 망라된다.

** 앙상블 ensemble
뮤지컬에서 앙상블이란 주조연 배우가 아닌 단체로 움직이는 코러스 배우들을 뜻한다.

을 말한다. 남의 눈에 아직 띄지 않은 사람. 아직 덜 다듬어져서 다른 사람이 그의 재능을 눈치 채지 못했지만 유난히 내 눈엔 미래에 완성될 보석이 뚜렷하게 보이는 일. 그래서 나만이 그걸 알아채고 혼자 그 원석을 깎아낼 때 그 순간순간의 폭발적인 희열. 그게 한 작품 속에서 짧게는 6주 안에 이뤄지든, 10년을 제자로 둬 천천히 깎든, 여하튼 남의 눈엔 버려야 마땅한 돌이 내 눈엔 반짝거릴 때, 또 그것이 보석으로 변해가는 모습을 볼 때의 벅찬 감정은 이루 말로 표현할 수 없는 것이다.

이미 만들어진 스타를 캐스팅하는 건 누가 못하겠나? 그건 쉬운 일이다. 너무 재능이 많아 아직은 알려져 있지는 않지만 누가 봐도 저 친구는 스타감이다 하는 인재들 역시 누구나 쉽게 알아본다. 이런 배우를 캐스팅을 할 때는 심사위원의 재능과 창의력을 요하는 것이 아니라 작품에 대한 지혜만 있으면 된다. 중요한 일이긴 하지만 이미 완성된 사람을 제자리에만 갖다 꽂으면 되는, 누구나 할 수 있는 일이다. 나는 남들이 알아보지 못한 진흙 속의 진주를 캐내는 것에 예술적으로 흥분하고, 또 그런 진주를 알아볼 줄 아는 사람을 정말 재능 있는 사람으로 본다. 그런 사람들이 그야말로 진정한 스승이고, 제작자, 에이전트, 매니저, 편집장 따위의 직책을 맡아야 한다고 생각한다. 재능 있는, 그러나 세상에 알려지지 않았던 어느 누구가 미완성의 무엇에서 스타로 탄생할 때까지 시간과 마음을 투자할 수 있는 사람이 진정한 진주 발견자이다! 그리고 이런 일이 닥쳐왔을 때 그것은 나 스스로의 도전이자 모험이기도 하기 때문에 나 역시 그 사람이 발하는 빛에 도취되어 엄청난 감동을 받게 되는 것 같다.

'내가 키운 애' '나 아니었으면, 저 사람 아무것도 못 되었을 것'이란 얘기를 하자는 게 절대 아니다. 또한 내가 진주를 발견했다고 해서 그들이 내 손에서만 크는 것도 아니다. 누구는 발견하는 즉시 다른 스승에게 넘겨주거나, 누구는 조금 봐주다가 빨리 홀로 설 수 있게 되면 멀리서 지켜보면서 마음으로 지지하기도 한다. 또 누구는 계속 내 곁에 있으면서 나와 함께 예술 세계를 같이 열어나가고 있다. 하지만 '진주 발견'만은 어디까지나 일을 하며 느끼는 나만의 즐거움이며 보람인 것이 확실하다. 때문에 나는 그들을 발견하는 순간, 흥분되고 그들에게 힘닿는 대로 기회를 주거나 도와주고 싶어 안달이 난다. 누군가를 발견했다는 것은 책임을 져야 한다는 말이다.

나의 첫 진주는 배우 박준면이다. 그녀와의 만남은 뮤지컬 〈명성황후〉가 만들어지기도 전, 한 뮤지컬 기획사의 아카데미에서였다. 그녀는 〈명성황후〉에 투입될 배우가 되기 위해 트레이닝을 받고 있었다. 하지만 기획자의 눈엔 그녀의 진가가 보이지 않았던 모양이다. 단지 키가 작고 얼굴이 어울리지 않다고 해서 〈명성황후〉에 투입하지 않기로 했다는 것이다. 하지만 내가 반대했다. 아직도 당시 상황이 또렷이 기억난다. 기획자는 무대를 가로질러 걸어가고 있었고, 나는 그를 졸졸 따라다니며 계속 떠들어댔다.

"대표님, 쟤 뭔가 될 것 같아요…… 제가 책임지겠으니 제발 절 믿고 한번만 써주세요. 제가 책임질게요. 쟨 분명 뭐가 있거든요……"

"어휴…… 모르겠다. 그럼 책임져!"

나도 참 그땐 겁이 없었다. 책임지겠단 그런 무서운 말을 그후로도 그렇게도 많이 했으니 말이다. 아무튼 그런 우여곡절 끝에 결국 준면도 〈명성황후〉에 참여하게 되었다. 그러고 나서 얼마 후였다. 한창 공연 연습을 하고 있었는데 어쩌다 무대 중앙에 단둘이 나와 준면만 남게 되었다. 객석을 바라보던 준면에게 내가 말했다.

"객석 근사하지. 이렇게 큰 무대에 서게 될 거라고 상상해봤니?"
"아뇨…… 너무 흥분돼요……."

그녀가 무대에 서서 바라보던 예술의 전당 오페라하우스의 객석. 저 하늘까지 닿아 있는 것만 같은 붉은 벨벳의 좌석들, 따뜻한 오렌지빛 조명이 묵묵히 밝히고 있던 그곳. 그 순간 그녀는 만감이 교차했을 것이다. 그녀가 그때까지 걸어왔던 쉽지 않은 길이 떠올랐을 수도 있고, 꿈꾸던 무대에 서 있는 현실이 믿기 어려워 감격에 벅차 했을 수도 있다. 그때 그녀가 그런 말을 했었던 것 같다. 몇 주 전까지만 해도 그녀의 운명이 두 사람의 대화 몇 문장 안에 오간 걸 모르는 채로 그렇게 준면은 〈명성황후〉에서 자기 삶에서 가장 컸던 무대를 마음껏 누렸다.

당시에는 모두 고개를 내저었던 배우였지만, 지금의 박준면? 누가 뭐래도 자기만의 역할을 가지고 있고 그것을 충분하게 해내고 있는 배우다. 나는 그런 그녀를 그 뒤로 자주 보지 못했다. 다만 멀리서 언제나 마음으로 지지하며 나만의 행복을 아껴가며 느끼고 있다.

또 한 명의 배우, 김선영. 내가 선영이를 처음 만난 건 1990년대 초반. 가까운 지인인 CM 음악감독 방용석을 통해서였다. 당시 선영은 그 감독 아래서 CM송 녹음해주는 일을 하고 있었는데, 어느 날 방용석 감독이 "노래 잘하는 애 있으니 한번 만나 봐라"고 해서 냉큼 만나보았다. 노래? 잘했다. 그런데 이 친구가 뭘 하고 싶어 하는지를 알 수가 없었다. 가수를 하기도 그렇고, 그렇다고 평생 백코러스만 할 것 같지도 않은 친구였다. 그래서 몇 개월 동안 가만히 지켜봤다. 그러다 당시의 한국에서 그 친구가 나아가야 할 길이 딱히 없다는 걸 깨달았다. 노래는 분명 잘하는 친구인데…… 이걸 당시 한국 가요계에서 써먹기는 음색이나 스타일 등이 애매했다. 그래서 나는 그 친구를 내 스튜디오에 오가게 하며 계속 머리를 굴려보았다. 어떻게 하지? 어떻게 하지? 선영이를 어떻게 하지? 그러던 어느 날이었다. 당시 내가 참여하고 있던 뮤지컬 〈페임〉의 오디션이 곧 있을 예정이어서 아주 조심스럽게 선영에게 뮤지컬에 대해 아는지 물어봤다.

"그런 쪽은 잘 모르는데요……"

성악을 전공하고 가요만 불러왔던 선영에겐 당시만 해도 뮤지컬이 분명 낯설게 느껴졌을 터였다. 또 혹시 내가 이상한 세계로 자신을 끌고 간다는 생각했을지도 모를 일이다. 나는 더욱 조심스럽게 설명을 하고, 그녀를 설득했다. 그리하여 우리 둘은 〈페임〉의 '뚱땡이 무용수' 역할을 노리기로 했다.

내 생각에 그 역할은 노래로 승부를 해야 했다. 그녀와 나는 당장 작품 준비를 시작했다. 선영의 목소리를 뽐낼 수 있는 오디션 곡으로 '뮤란'을 준비했다. 그리고 그녀에게 '노래 연기'에 대해 설명하고 오디션 보는 요령도 충분히 일러줬다. 하지만 모든 게 처음부터 쉽게 될 리는 없었다. 뮤지컬 제작사 쪽에서 생판 무명인, 연기 한번 해본 적 없는 그녀를 쓰려고 하지 않았다. 얼굴, 몸매에 대한 신체타령을 또 듣게 되었지만, 다시 나는 준면이 때처럼 대표를 설득하기 시작했다.

"이 배역을 할 사람은 대한민국에서 얘밖에 없어요, 대표님. 이 R&B 노래를 이런 가창력으로 부를 수 있는 애는 이 친구밖에 없다구요. 이 역할은 노래로 죽여야 한다구요. 제발 한번만 믿어 주세요!"

"아이고…… 그래, 그래, 알았다. 해봐라."

결국, 대표는 또다시 백기를 들었다.

선영은 내 예상대로, 그리고 모든 사람의 예상을 뒤엎고 뮤지컬 〈페임〉의 메이블 역을 끝내주게 해냈다. 그리고 그녀의 첫 뮤지컬 작품인 〈페임〉을 통해 그해 뮤지컬 대상에서 신인상을 받았다.

그렇게 선영은 그 뒤로 줄곧 주연급으로 활동하면서 자신만의 뮤지컬 역사를 만들어가고 있다.

그리고 정선아. 16살의 선아를 만났을 때, 흠…… 한국에도 이런 애가 있구나 싶었다. 열여섯이었는데 귀걸이에 짙은 화장까지 하고 있었다. 보기 드물게 당당했다. 아직 어린애티가 나는 여느 16세 여학생과는 차원이 달랐다.

"칼린 선생님, 저는 뮤지컬 배우가 될 수 있다면 뭐라도 다 할 자신이 있어요."

그리고 선아는 노래를 부르기 시작했다. 비록 머리나 몸, 정신은 아직 어렸지만 분명 노래는 좋았다. 연기도 미완성이었지만, 분명히 끼가 있었다. 선아를 어떻게 하지? 어떻게 준비시켜서 어디다 내놔야 제 길을 찾아갈 수 있을까? 나는 또 고민에 빠졌다. 그래서 일단 적당한 기회와 길이 나타날 때까지 우린 끊임없이 노래를 연습했다. 그렇게 조금씩 뮤지컬에 가까이 갔던 것이다. 아직 학생이었기 때문에 만날 수 있을 때마다 노래와 연기 레슨을 했다.

그러기를 몇 달. 〈렌트〉 오디션 공고가 났다. 이 어린 아이를 과연 제작자가 받아줄까? 애의 재능을 알아볼 수 있을까? 나와 선아는 본격적으로 〈렌트〉 오디션을 준비하기 시작했다. 이 노래를 이렇게 부르고, 머리는 이렇게 파마를 하고, 복장은 이렇게 하고…… 나이까지 살짝 올릴까? 이런저런 고민을 하며 〈렌트〉 오디션에 미미 역으로 내보냈다. 내가 가르쳤다는 얘기는 그 누구한테도 하지 않았다. 그것은 공평한 애정이 아니기 때문이다. 오디션장에서도 나는 일체 선아를 아는 척하지도 않았고 그녀한테도 그렇게 일렀다. 아니, 혹시라도 나와 안다는 게 폐가 될까봐 하고 싶어도 할 수가 없었다. 그런데 선아를 처음 본 뮤지컬 제작사 대표, 연출의 시선이 선아한테 꽂혔다. 휘황한 재능을 알아본 게다. 대표가 말하기를,

"쟨 어디 있다가 나타났냐?"

왜 나한테 오기 전까지 아무도 선아 같은 애를 픽업하지 않았는지 모르겠다. 그 친구가 자신을 드러내지 않은 건지 어쩐 건지는 모르겠지만, 내 눈엔 첫눈에 진흙을 닦아내야만 하는 진주였다. 선아 역시 그렇게 〈렌트〉의 여주인공인 미미를 시작으로, 승승장구하여 우리나라의 대표적인 뮤지컬 배우가 되었다.

다시 말하지만 남들이 만들어놓은 스타를 자신의 작품에 데려오는 건 어느 캐스팅 디렉터나 프로듀서라도 다 할 수 있는 일이다. 그건 모두 돈과 계약의 문제이니까. 캐스팅에서 진짜 재미있는 건 이거다. 지금 당장에는 재능이 보이지 않지만 2, 3년 정도 키운다면 뭐라도 되겠다 싶은 배우를 찾아서 키우는 것. 내게 의미 있는 것은 그것이다.

물론 분명히 실수도 있었다. 잘 다듬어진 다이아몬드가 될 줄 알았는데 결국 잘 안 풀리는 사람들도 몇 명 있었다. 하지만 나는 아직 그들에 대한 기대를 버리지 않았다. 꼭 뮤지컬이 아니더라도 다른 곳에서 뭔가 해낼 것 같은 친구들이다. 시간이 좀더 걸리더라도 뭔가 해낼 것이라고 믿는다.

내가 그들에게 믿음을 걷어가지 않는 것은 아마도 내가 그들의 가능성과 재능을 알아본 첫 번째 사람이라는 소박한 자부심 때문일 것이다. 하지만 오해하지 마시라. 그것은 나만의 감정이지 그들에게 전달되는 것은 아니다. 나는 그들을 발굴하고, 그들이 갔으면 하는 좋은 길을 톡톡 건드려준 것에 불과하다.

몇 명만 이야기했지만, 나는 내가 캐스팅했던 모든 이들에게 다 같은 마음이었다. 나는 그렇지 않으면 못 배기는 사람이다. 그러니 아직 이

자리에 있는가보다. 누군가 발견하는 일을 내가 정말로 좋아해야만 진흙에 박혀 있던 돌도 진주로서 살아갈 수가 있을 것이다. 그래야만 그들도 비로소 다이아몬드로 살 수 있을 것이다. 다이아몬드와 석탄은 본질적으로 같은 거다. 내 눈엔 그들이 다이아몬드로 살아갈 사람들로 보인다. 내 눈엔 자신을 사랑하면서, 믿으면서, 다이아몬드로 살아갈 수 있는 그들의 재능과 가능성이 보인다. 그것을 멀리서나마 지켜보는 것이 행복하고 내게 의미 있는 일이다. 그래서 그랬다. 아주 조금이었다. 나를 사랑하듯 그들에게 아주 조금 기울어갔을 뿐이다.

나머지는 그들이 할 일이다. 아무리 생각해도 그런 것이 내게는 왜 의미 있는 일인지 그것밖에는 다른 것이 떠오르지 않는다. 내게 캐스팅은 그런 것이다. 가능성이 보이는 누구를 열정의 뜨거운 곳에서 처음 만나는 것, 내게 캐스팅은 사랑이다. 누군가를 발견하는 일 자체와 사랑에 빠지는 일인 것이다.

가르치고 배우고 나누라 Inner Circle

이너써클, 즉 내게 가장 소중한 사람들.

내가 되게 보수적이거나 전통적인 구석이 있다면, 예술에 있어서 무언가를 배울 때 도제시스템을 선호한다는 것이다. 그리고 어릴 때의 좋은 경험도 한몫했다. 처음 첼로와 클래식 음악을 배울 때 나를 자신의 집으로 들어와 살게 했던 스승의 영향이 컸다. 스승과 제자 사이의 가르침이란 실은 삶을 공유하는 것이다. 그러다 삶을 어느 정도 배우면, 그리하여 스스로 한 삶을 살 수 있을 정도가 되면 하산한다. 이건 동서양을 막론하고 오랜 전통을 가진 무술/예술/기술에 대한 가르침의 방식이었고, 내게도 특히 예술에 있어서의 배움과 가르침이란 그런 거다. 옛날, 한국의 소리꾼 스승의 집 마당을 쓸면서 어깨너머 배워온 소리로 흥얼거리다보면, 어느 날 스승이 그 마당쇠가 재능 있다 싶으면, "이제 그만 들어와서 소리 좀 해봐라" 하고 스승 앞으로 건너오게 하는 게 배움과 가르침의 과정이지 않았나. 적어도 내가 하는 이 일에 있어서 배움과 가르침이란 그런 '삶 속'에서 얻는 것의 이미지로 남아 있다.

제자란 삶을 부분적으로나마 공유하는 사람들이다. 그러니 나는 제자라는 말을 함부로 쓰지 않으려고 한다. 그냥 멀리서 좀 편하게 기술을 익히는 그들을 수자라고 하고, 정말 가까이서 삶을 공유하며 도제의 방식 하에서 배우는 그들을 나는 '이너써클'이라 하는데 한국말로 번역하면 이들을 제자라고는 할 수 있겠다. 하지만 스승과 제자라 해서 절대 상하관계가 아니다.

한편, 삶을 공유해야 하는 제자는 스승과 삶을 공유할 준비가 되어 있어야 한다. 그러니 아무나 제자로 들일 수도 없는 일이며, 또한 아무나 스승이 될 수도 없다. 이것은 음악이라면 무슨 기술의 레벨을 말하는 게 아니다. 됨됨이, 다른 이의 삶을 받아 안아 자기 것으로 살아낼 수 있을 정도의 애정이 있어야 가능하다는 생각이다.

지금 내게 그런 이가 세 명 있다. 옛말에 '진정한 스승은 인생에 세 명의 제자를 둔다'고 했다. 우연히도, 운명처럼 내게도 세 명이 있다. 나는 그것을 축복이라 생각한다. 왜냐면 누군가를 가르치면서 단 한 명의 진정한 제자도 없었던 스승도 봐왔기 때문이다. 내게 예술의 삶을 함께 할 이가 세 명씩이라니…… 나는 복 받은 사람이다.

그 하나가 '샹'이다. 전수양. 같이 살다보니(?) '샹'으로 부르고 불리게 됐다. 글을 쓰는 사람인데 그이가 대학교 2학년이었던 10여년 전부터 내 제자가 됐다. 어린애였던 그이는 뮤지컬을 쓰고 싶어 했고, 조금씩 내게 다가왔다. 일에 있어서는 가끔은 불같은 나인데, 울면서 잘 버텨주었다. 참 많이 울었던 친구다.

일뿐만 아니라 삶에 대한 자세, 말투, 심지어 부엌일, 장보기, 세탁법까지도 가르쳐준, 삶의 많은 부분을 공유하는, 내 제자이자 일상의 동반자가 되었다. 지금은 서로를 도전하게 하고, 긴장을 주고, 발전시키는 관계다. 생활의 많은 부분에서 덜렁거리는 내게 언제나 스케줄을 확인해주고, 알람을 울려주는 이다. 내가 많이 혼나기도 한다. 구구절절하게 맞는 말에 잘못된 행동은 꾸지람을 먹어야 한다. 사람에게 혼이 나는 게 아니라 옳은 것에 잘못된 것이 혼나는 것이다. 이제는 하산해도 되는데 독립된 서로를 존중하면서, 그렇게 우리는 영원하려나보다. 아직도 우리 스튜디오의 실장으로 내 곁을 든든하게 지켜주고 있으니 말이다.

그다음, 오민영. 이 친구는 음악 공부하러 와서 이제는 온전한 음악감독으로 자리 잡고 있는 음악인이다. 샤도 그랬지만 우리가 얼마나 많이 서로를 떠나가고, 서로를 향해 원망하고, 울었던가. 샤보다 언니인데도 천상 여자에 섬약한 친구여서 더 마음의 노력을 기울여야 했을 것이다. 처음에는 수동적이고, 시키는 것만 해서 내가 많이 바꿔놓으려고 더 혹독했을지 모른다.

음악감독으로 직계인데, 그녀 역시 이제 샤와 함께 하산해도 된다. 하지만 그이 역시 내 곁을 지키고 있다. 아마도 샤이 나와 성격적으로 죽이 좀 맞았다면 오 감독은 나와는 판이한 사람이어서, 그것을 이겨내느라 서로 더 정이 깃들었나보다. 아직도 내게서 무엇을 더 배울 게 있다고 믿는 눈치다. 그러나 지금은 내가 오 감독의 섬세함을 배우느라 굳이 내려가라 하지 않는다.

샤은 글쟁이, 민영은 음악감독. 그러다 어찌어찌 내게 노래 실력이 뛰어난 최재림이란 배우가 왔다. 내 군단의 제일 막내이고, 모두가 다 알듯이 건장한 사내다. 내게 처음 그는 목소리로 다가왔다. 그 전에는 남자 제자를 가르쳐본 적이 없는데, 끈기가 있고, 무엇보다 머리가 좋다는 첫 느낌이 기억난다. 그는 한국에서 보기 드물게 무대에서의 당당함을 가졌고 말을 잘했다. 그 어떤 누구보다도 우린 빠르게 서로를 받아들였고, 또 그만큼 아직도 갈 길이 멀다. 예술이나 삶, 둘 다에서 말이다.

이러한 과정이었는데, 그 누구보다 재림과는 많이 옥신각신했던 것 같다. 아니, 아직도 옥신각신한다. 재림과 나는 아직 많은 것들을 발견해야 하지만 그 갈 길이 왠지 함께일 것 같다.

우린 물론 모두 일로 모였다. 예술의 어떤 한 부분을 하겠다고 모였다. 하지만 우린 밥도 같이 먹고, 때론 같이 자고, 서로의 집을 청소해주고, 서로의 다른 종교를 존중하고, 서로의 감정을 살피고, 크리스마스, 할로윈, 생일을 같이 보내고, 아프면 죽 가져다주고, 마음이 아플 때 그 고통스런 얘기를 들어주고, 언제든 미래를 논하며 서로가 더 낳은 인간이 되길 재촉하고, 다음 일이나 공연까지 서로 토론하고 함께 결정하고, 누가 지방공연을 다닐 때면 집과 애완견을 봐주고…… 삶의 수많은 부분을 서로 공유하고 채찍질하고, 가르치고 배우며 나눈다. 서로의 삶과 예술을 익히고 흡수하면서.

그리하여 이들이 내게 축복인 거다. 세 명씩이어서 그런 것도 있지만, 무엇보다 이들이 내게 준 가르침 때문이다. 나 역시 그들에게 그런 사람이리라 생각하고 싶다. 누구를 가르친다고 하는 것은 가르치는 사람이 가장 많이 배우게 되어 있다. 왜냐하면 우리는 서로에게 일방적이지 않았고, 음악이라는 한 가지만을 주고받지 않았기 때문이다. 삶을 나누었고, 서로에게 개입했으며, 내밀한 것들을 공유했다. 각자가 가지고 있는 삶의 비밀을 모아 모두가 나누어 공유했다. 그만큼 우리는 키가 커졌다. 그리고 계속 클 수 있을 것이다. 그렇다. 우리의 관계를 전통적인 도제라고 하지 않아도 좋다. 부르고 싶은 대로 부르자. 소위 패밀리라고 하든, 이너써클이든, 제자와 스승이든. 나는 아주 멋진 글쟁이와 음악감독, 그리고 배우 한 명과 흥분되는 예술의 길을 걸으며 산다. 이들이 내 삶의 군단이다. 가만있자…… 그래서 계속해오던 음악을 살살 옆으로 밀어두고 연출을 시작할 수밖에 없었을까? 내 군단에 이미 음악의 쟁이가 있으니 말이다. 하하하…… 스승이 제자한테 밀려났던가보다. 원했던 바이다. 그들이 나보다 더 나은 존재가 되기를…… 언제나 바라는 것이다.

무대를 사랑하는 남자

삶의 계기가 되는 타인이 있다. 나는 그 타인을 귀하게 생각한다. 그런 귀인 중에 막 거칠게 그러는 것은 아니지만, 나를 "전라도 촌년"이라고 놀리는 사람이 있다. 나는 할아버지 고향이 전라도여서 전라도 사투리와 남도문화에 능한데 박명성 프로듀서, 그 역시 마찬가지다.

그는 십 수 년 동안 연극계에서 잔뼈가 굵은 사람이었다. 그가 돌고 돌아 뮤지컬로 왔을 때, 우리는 만났다. 당시 나는 열혈 20대였고 열정이 많은 만큼 상처도 많이 받을 때였다. 심지어 한국을 떠나야 하나, 싶은 생각도 종종 할 때였으니.

그러다 무대를 정말로 사랑하는 이분을 만났다. 박명성 프로듀서는 많은 것에서 자신만의 철학을 갖고 있었다. 캐스팅도 그러한 것 중 하나다. 그의 캐스팅에 대한 철학은 '신뢰'다. 어떤 프로듀서는 한 작품의 스텝과 배우를 캐스팅하는 과정에서, 주연에서 앙상블에 이르기까지 죄다 자신의 영향력을 발휘하려고 한다. 공연에서도 스텝과 연출 또는 배우의 고유한 생명력보다는 자신의 아집을 내세운다. 물론 그렇게 해야 될 때도 있다. 하지만 프로 무대에서는 모두가 독립된 창작인들이다. 작품과 역할에 대한 해석 또한 연출과 배우와 연주자가 스스로 해내는 것이 맞다.

프로듀서인 박명성 대표는 아집 센 프로듀서들과는 정반대로 공연을 끌고 간다. 그는 철저하게 스텝을 믿는다. 자신이 뽑았다면 그것으로 결정은 끝닌 깃이고, 그 이후부터는 스딥과 배우들이 작품 안에서 스스로 '살아 움직이기를' 바란다. 그게 설령, 자신의 마음에 조금 안 들 수도 있다. 하지만 그들의 인격과 독립된 자질에 지지를 보내고, 과감한 신뢰를 보여준다. 나는 박명성 대표를 만나기 전 라이브 무대 위에서 그와 같은 신뢰와 열정을 보여준 사람을 만난 적이 거의 없었다. 그것은 라이브 무대를 정말로 사랑하지 않으면 불가능한 일이다. 그의 애정과 신뢰 때문에 나는 뮤지컬 작품을 올리면서 일정한 수준으로 작품의 질을 끌어올릴 수 있었던 것 같다. 아주 자유롭게, 하지만 확실하게 말이다. 아니, 그의 신뢰가 있었기 때문에 내가 그 어떤 작품이든 간에 그만큼 열정을 가질 수 있었던 게 더 맞을게다.

돌아보면, 그 역시 나만큼 모험을 사랑했던 모양이다.

나는 원래 처음부터 글에 관심이 많았고, 그래서 꾸준히 번역을 해오고 있었다. 그래서 가사도 썼고, 작품 번역도 했다. 아마 음악 말고 다른 활동을 많이 하는 것 때문에, 자꾸 다른 영역을 기웃거리는 것 때문에 주위에서 곱지 않은 시선을 보냈을지도 모른다. 하지만 나는 예술은 매한가지라고 생각했고, 그 생각은 여전하다. 그러한 자신 없던 내 철학을 한결같이 지지해준 이가 박 대표였다. 디즈니의 〈노틀담의 꼽추〉를 번역하고 가사를 써보라고 했던 것도 그였다. 다 말리고, 하나만 잘

하라는 무언의 분위기 속에서 보란 듯 고 학번(?) 선배처럼 나를 이해해 줬다.

게다가 그의 강력한 권유가 있어 나는 뮤지컬 연출자로서 경력을 시작할 수 있었다. 〈라스트 파이브 이어스The Last 5years〉가 그 첫 작품이었다. 잘했고 못했고를 떠나서, 못생기고 잘생기고를 떠나서 그 작품은 여전히 내 첫 새끼다. 연출 첫 작품을 어찌 사랑하지 않으랴. 이러한 나의 연출 경력은 최근 김영하 원작의 〈퀴즈쇼〉로까지 이어졌다. 가사를 쓰고 연출을 했다. 흥행은? 글쎄…… 그러한 부담을 한 번도 주지 않았던 특이한 프로듀서다. 한 번도 얘기 한 적은 없지만 나는 알고 있다. 나를 연출로 입봉시키는 것은 박 대표에게도 모험이고, 그의 동료나 어르신들로부터 그 역시 곱지 않은 시선을 받았을 것이라는 것을 말이다.

이 두 박가들은 막무가내인 것은 있지만, 우리가 무대를 누구보다 사랑한다는 것은 흔들림 없는 사실이고, 그것은 우리의 자부심이기도 하다. 나는 이렇게 열정이 통하는 사람과 일하는 것이 좋다. 열정과 무대에 대한 사랑을 가진 배우와 스텝들은 많다. 그리고 대체로 그런 사람들과 많은 작업을 해온 나는 참으로 인복이 많은 사람이라 생각한다. 그런데 무대와 그 위에서 벌어지는 모든 '쟁이 짓'을 사랑하는 프로듀서를 만나기는 그리 쉬운 일이 아니다. 나는 전라도년이라 욕 먹어도 좋다, 작품을 위해서라면 말이다. 게다가 일찌감치 오프브로드웨이에서 〈유린타운〉이나 〈뱃보이〉 같은 기괴망측한 작품을 한국에 가져온 분이니…… 나랑 코드도 잘 맞는다! 그렇다. 우린 무대를 사랑하는 미친 사람들이다.

첫 번째 창작 뮤지컬 연출작 〈퀴즈쇼〉. 가장 힘들었지만 그만큼 보람도 컸던 작품이다

퍼즐을 풀기 위해 훈련하는 장면. 내가 〈퀴즈쇼〉에서 가장 좋아하는 씬이다

100번을 해보았는가

 운동선수나 공연예술인들처럼 '연습을 통해' 뭔가 이뤄내야만 하는 삶을 사는 사람들이면 '3일 또는 100번'이란 개념을 쉽게 이해할 수 있을 것이다.
 첼로를 전공하던 대학 입학 초기, 여느 때처럼 그렇게 레슨 가기가 싫은 거다. 그 주는 특히 연습을 많이 하지 않았기 때문이다. 완벽한 연주를 할 수 없을 때만큼 괴로운 것도 없다. 실은 그런 우울한 마음으로 레슨 다닌 지 2주를 넘기고 있었다. 투덜투덜, 갑자기 첼로가 그렇게 싫을 수가 없었고, 늘 미완성인 연주 때문에 마음이 너무 어두웠다. 첼로이스트로 사는 것이 결코 내 길이 아니라는 생각이 들 때였다. 이런 나를 보름 남짓 지켜보다 못한 첼로 선생이 이렇게 말했다.

 "칼린, 지금 너의 기분과 감정, 연주자로서 누구나 겪는 거야. 레슨 준비가 안됐거나, 실망스런 연주 때문에 첼로가 진정 네 인생인지 아닌지 하루에도 수천 번 생각해야 하는 그런 기분…… 그런데 내 말대로 한 번만 해보지 않을래? 3일 동안만 첼로를 붙들고 있어봐. 하루에 최소 서너 시간을 진실 되게 연주해봐. 3일이면 지금 네가 느끼는 감정이 다 사라지고 모든 문제가 해결될 테니."

3일만? 그런 건 해봤잖아. 연주나 연습은 매일매일 하는 건데, 어떤 3일을 보내라는 건가?

"네…… 시키는 대로 할게요."

말은 알았다고 했다. 그리고 선생이 뭘 원하는지를 곰곰 생각해보았다. 집에서 모든 생각을 중지하고, 뭘 이루겠다는 목표 없이 스케일에서부터 그간 공부하던 솔로곡 등, 명상하는 자세로 기본과 기초에 충실하게 첼로를 켰다. 그렇게 3일 후, 나는 기적처럼 선생의 뜻을 알게 되었다.

뭔가를 해내야 하는 숙제를 앞에 두었을 때는 이를 정말 진지하게 접근하는 것 외에는 달리 방법이 없는 것이다. 그러면 절대 풀리지 않을 것 같던 물리적, 감정적 골칫거리들도 더이상 남아 있지 않게 된다. 결과가 비록 좋지 않아도 후회 없는 노력을 했다면 내 자신은 물론 남 앞에도 당당히 설 수 있는 힘이 생긴다. 요컨대 그런 거다. 납득이라는 것은 말이다.

언젠가 공연 연습을 하고 있었는데, 투턴*이 안 되는 배우가 있었다.

---

* 투턴 two-turn
무용에서 두 바퀴 도는 동작.

아무리 해도 안 된다며 짜증을 내고 있었다. 사람들 앞에서 연습하는 모습을 자주 보였지만 떠들썩만하고 효과는 영 없는 모양이었다. 그래서 불러다가 따끔하게 한마디 해줬다.

"딱, 100번만 해봐. 한 번, 한 번을 진지하게 말이야. 주변 사람 시선 의식하지 말고 니민 깊숙이 들여다보며 거울 앞에서 진지하게 해보란 말이야. 그렇게 100번만 해봐. 100번 해서 안 되면, 1000번을 진지하게 해보란 말야."

그는 해냈다. 100번 자기를 사랑하여, 100번 자기를 바쳐 도는데, 투턴 따위가 문제랴.

이런 삶의 예들은 많다. 수많은 배우, 연주자, 또는 무용수들이 잘하는 다른 사람을 보고 자신과 비교를 하거나 자신의 실력이 늘지 않는 것에 대해 너무 쉽게 자신을 미워한다. 진지한 노력을 하지 않고서 말이다. 진지하게 자신을 사랑하지 않고서 말이다. 나 역시 첼로 선생의 말을 듣고 잠잠했던 전구가 켜지듯 한 순간에 깊은 지혜를 깨달은 건 분명 아니다. 그 개념을 이해하는 건 한 순간이었겠지만 그걸 내 몸소 익히고, 사랑하여 내가 자연스레 행하게 되기까지 오랜 시간이 걸렸다. 내가 하면서 더욱 더 중요성을 느꼈고 내 제자들한테도 어느덧 똑같은 말을 하고 있다는 것을 깨달았다.

"100번 해보고 난 다음에 다시 얘기하자."

사실 3일 동안 꼬박 서너 시간씩 하나의 일을 반복한다는 것, 한 가지 동작을 100번 한다는 건 결코 시간의 단위 따위로는 설명할 수 없는 일이다. 혹자는 1분짜리의 뭔가를 100번 연습하면 100분이 걸리고 이는 2시간도 채 안 된다, 라고 말할지도 모른다. 하지만 매 번 연습할 때마다 온 정신과 신경을 집중해서, 정말이지 그것을 사랑하여서 그 1분짜리 한 번의 연습에 모든 것을 쏟아붓는다면, 100번을 하는 데 1주일이 걸릴지 2주일이 걸릴지, 아니면 1년이라는 거대한 시간이 걸릴지는 아무도 모를 일이다.

그런데 이처럼 하고 나면 풀리지 않을 것이 없다. 꼭 물리적으로 안 되던 것을 하게 되는 것만을 뜻하는 건 아니다. 가고 있는 길이 자기 길인지 아닌지에 대한 냉철한 답을 얻을 수도 있을 것이다. 어떤 것이든 최소한 자신감은 얻을 수 있을 것 같다. 투턴을 성공하지 못했다고 해도, 투턴에 대해서 그 어느 때보다 상당히 많은 지식을 갖게 되었을 것이다. 그러니까, 최소한 그 어느 때보다 투턴을 사랑하게 되지는 않겠는가. 왜 투턴이 되며, 왜 안 되는지에 대한 전문적인 지식이라도 얻을 수 있을 것이고, 또 그렇게 무언가를 골똘하게 깊이 파다보면 그 순간만큼은 흘리는 땀이 주는 희열을 느끼게 될 것이다. 희열, 그 짧은 말이 우리 삶을 얼마나 아름답게 바꾸어왔던가. 사랑할 것이며, 100번이어야 한다. 자신에게 거짓말 없이 말이다. 그러면 다른 것을 사랑할 용기도 얻을 것이다.

지금도 연습실의 배우들은 나에게 찾아와서는 너무도 쉽게, 이렇게 말한다.

"선생님, 저 이거 안돼요."
"정말 연습했니? 어떻게 연습했니? 진지하게? 매일? 얼마만큼? 딱 100번만 해보고 안 되면 그때 다시 와…… 그리고 진짜 진지하게 해주었으면 좋겠어."

내 말을 듣고 난 배우들은 대부분 멋쩍어져서 슬금슬금 자리를 피하곤 한다. 하지만 내 말을 정말로 알아듣고 진지하게 자신의 것에 매진한 배우들은 다시 나에게 오지 않는다. 그것과, 그리고 자신과 사랑에 빠졌으니 말이다. 우리는 연습과의 전쟁을 하는 사람들이다. 자신과의 싸움을 해야만 되는 사람들이다. 공연예술은 육체적으로 해내는 게 일이다. 그리하여 결과를 떠나 진지하게 자기의 것을 해낸 사람만큼 예쁜 사람이 또 어디 있는가.

3일, 혹은 100번이나 진지하게 무언가를 한다는 것. 그래, 숫자는 그리 중요하지 않다. 연습에 임하는 마음이 중요할 뿐이다. 비단 무대예술이나 스포츠가 아니어도 우리 모두의 삶이 그렇다고 생각한다. 인생을 살면서 엄청나게 큰 힘이 될 테니 내 말 믿어보시라.

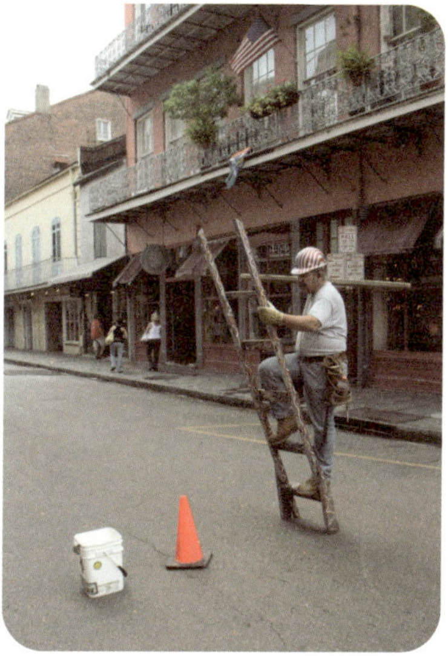

○ 구름투어

해마다 '구름투어'를 다닌다. 시간과 목적지 없이 한국의 국도를 운전하며 길이 부르는 대로 간다. 서고 싶으면 서고, 자고 싶으면 자고, 먹고 싶으면 먹고, 문화유적지와 아름다운 자연을 탐방하고, 그곳에만 있는 건전한 '향락'을 즐기며 정처 없이 구름처럼 떠다니는 거라 붙인 이름이다. 차에 버너와 각종의 커피와 차, 개밥그릇, 뉴발란스 산행 운동화, 손전등과 담요 하나 정도를 꼭 챙기고, 그리하여 마지막으로 개가 뒷좌석에 자리 잡으면 나는 선글라스를 낀다. 그러면 투어를 떠날 준비는 모두 끝난 거다.

구름투어의 룰은 이렇다. (몇 년간 수정/개정을 통해 완성된 오늘날의 룰!)

1. 서울을 재빨리 벗어나기 위한 고속도로 말고는 절대 고속도로를 타선 안 된다. 국도 이용.
2. 구름투어 멤버 중 누구 한 명이라도 먹고 싶다, 자고 싶다, 뭘 보고 싶다, 라고 하면 무조건 그것을 한다.

3. 멤버들이 각자 가고 싶은 곳 한 곳을 찍고 투어 행로를 그 점들을 엮어가며 떠돌아다닌다. (갈 곳을 정하지 못하면 옵션으로 지도를 펼치고 씹었던 껌을 지도에 뱉어 그곳으로 정하기도 한다)
4. 내비게이션 절대 금지! (종이지도만 사용허가)

첫 번째 구름투어

오래 전 한국에서 처음 떠난 '구름투어 1' 때에는 당시 내 삽살개들인 도깨비와 해태를 끌고 강원도 홍천, 낙산 해수욕장, 강릉 등 한국의 동북쪽을 원 없이 돌았다. 언제나 그렇듯 구름투어는 내 생활의 활력소를 재충전하는 극치이다. 육체적으로나 정신적으로 인간의 한계점을 발견하게 하는 즐거운 자극이다.

구름투어 1호는 '혼자'라는 단어를 새롭게 음미하게 해주었다. 큰 개 두 마리와 여자 한 명이 산속 깊은 방갈로나 외딴길에 놓인 민박에 도착하면 반드시 겪게 되는 질문들이 있다. 주인장 왈, "이따가 또 누가 오실 건가요?" "혼자 오셨어요?" "일행은 언제 도착하나요?"

털로 뒤덮혀 눈도 안 보이고 사자처럼 무섭게 생긴, 천연기념물 제368호인 삽살개 두 마리는 뒷전이고 한 여성이 혼자 다니는 게 어색하기만 한 그들. "혼자서 뭐해요?" "심심하지 않나요?" "무섭지 않나요?" "밥 먹을 때는 어쩌고요?" 끊임없는 질문들로 나를 외계인 쳐다보듯 한다. 밥 먹을 때 뭐를 어째? 먹고 싶을 때 먹고 싶은 거 먹는 거지~!

그래도 이틀이 지나 친해져서는 여주인이 손수 담근 도라지술을 공짜로 걸치면서 주인댁 아들한테 삽살개가 무슨 개인지 스스럼없이 열변을 토하기도 한다. 그러다 산을 떠날 때쯤이면 빠짐없이 좋은 뜻의

'혼자'라는 말을 듣게 된다.

"나도 당신처럼 구름투어나 혼자 다녀봤으면 소원이 없겠어…… 혼자가 멋있어…… 자유롭다는 게 부럽네!"

두 번째 구름투어

'구름투어 1' 이후 3,4년 지났을까. 가까운 지인 몇 명이 모여 '구름투어 2'를 떠나게 되었다. 멤버는 나의 오른팔인 샹, 음향 엔지니어인 동생 민, 해태(뒷좌석 차지), 그리고 나까지 총 4명이었다. 혼자가 아니므로 옵션 룰을 적용하여, 샹은 화순의 운주사, 민은 무안, 나는 안동 하회마을을 탐방지로 선택했다. 그 목적지들을 엮어서 이번엔 한국의 남쪽을 돌기로 했고, 해태는 옵션을 포기했다.

구름투어를 떠나는 날, 우리 4명은 10년 된 나의 애마 구형 스포티지에 나란히 올랐다. 그렇게 차 안에 있는 조그만 나침반이 안내하는 대로 동남쪽으로 달렸다. 숙소도 정하지 않은 채 말이다. 실은 숙소 잡기가 쉬운 일이 아니다. 언제나 그랬다. 사람만 다니면 어려울 것 없지만 특히 큰 개를 데리고 다니다보면 잠자리 정하기가 여간 힘든 일이 아니다. 당시만 해도 개가 사람과 같이 차를 타고 여행하는 것 자체도 드물었지만 개가 주인이랑 한 방에 같이 잔다는 것이 여느 사람들에겐 너무 불편한 컨셉이었나 보다. 아무튼, 그리하여 우린 언제나 민박을 할 수밖에 없었는데, 허름한 민박에서도 거절당하는 경우가 많았다.

'방 구하기 작전'도 모험의 일부라 여긴 우린 신경 쓰지 않고 무작정 경치 좋은 국도가 안내하는 대로 움직였다. 출발할 때부터 조금씩 내리던 여름비는 하루 종일 우리를 따라다녔다. 한참을 그렇게 운전했나 보다. 조그마한 개울이 흐르는 시골길을 지날 무렵, 구름 사이로 해가 드러났다.

"야! 구름자다!"

볕이 나자 마음이 급한 나머지 말과 생각의 앞뒤가 엉켜 괴상한 단어가 튀어나왔다. 늘 있는 일이다. 산등성의 뭉게뭉게 핀 구름의 그림자를 보고 운전 도중에 잘못 뱉은 말인데, 나름대로 꽤 괜찮은 말이 만들어진 것이다. 구름이 만든 그림자, 구름자. 이 단어 때문에 우리 여행은 '구름자투어'로 불리게 되었고, 이것이 '정처 없이 떠도는 나의 여행 방식'과 딱 맞아 떨어져 그후 이런 내 여행을 '구름투어'라고 부르게 된 것이다. 구름투어 1 당시에는 이름이 없었던 거다.

한 곳에 하루 이상 머물지 않고 계속 움직였던 구름투어 2에서 우리는 자잘하고 다양한 경험을 하게 되었다. 많이 먹고, 많이 보고, 특히 발랄한 '어록'의 극치였다. 구름투어 2의 중요 포인트는 다음과 같다.

1. 서울을 빠져나오자마자 경기도 어디 숯 만드는 가마터 방문. 실은 삼겹살이 먹고 싶었는데 사우나 땀 빼던 손님들이 해태를 이해해주지 못할 것 같아 숯만 사고 나옴.
2. 충북으로 향하던 국도에서 '구름자'를 만남.
3. 충주댐 지나다, "야! 담이다!"라고 소리침. 영어의 댐dam을 머릿속에 그리면서 그것을 읽으려 했던 건데, 담으로 잘못 튀어나옴.

그러나 나는 일행에게 틀린 말 아니라고 우김. 댐은 결국 물을 막아주는 담이니까……

4. 치악산을 지나 영동 도착. 바닷가서 영덕대게 많~이 먹음.
5. 태백산 어느 시골의 고개를 넘으면서 70년대에나 봄직한 마을 풍경과 마주함. 시간여행 하는 듯 묘한 감정 돌기 시작함. 그리고 예쁜 꼬부랑 강 따라 안동으로 내려감.
6. 해태를 밖에 재운다고 하고, 하회마을의 한옥 집에서 기와를 따라 흐르는 빗물 소리를 들으며 잠을 청함. 아~주 맛있는 안동 고등어 아침상을 맞음. 해태는 밤에 몰래 안고 들어가 같이 잤음.
7. 운전하다 지치면 민이 대신하고 나는 '나비'(인간 내비게이션)가 되어 길을 안내함. 담dam의 a 발음도 '아', 내비게이션navigation의 a도 '아', 그래서 나비게이션, 즉 나비.
"저 앞에서 좌회전 하면 돼, 조금 더 가서 우회전하세요!" 식의 표현이 아닌, "좌!" "우!" "3번 국도, Go! 슝!" 식의 짧고 간결한 나비 대화법은 특허를 내도 좋을 우리만의 표현법.
8. 밤 12시가 다되어서야 도착한 통영에선 어둠 속에서 민박집 찾다 쓰레기 폐기장으로 잘못 들어감.
9. 다시 나옴.
10. 다양한 해물로 아침밥 먹고 충무김밥 잔뜩 삼. 남해국도 드라이브. 운전하다 배고파 길바닥에 차 세워두고 시골 논밭 옆에 돗자리 깜. 아침에 산 충무김밥 먹음. 너무 더워 마시던 생수로 등목도 함. 샹은 해태 얼굴에 앉은 햇빛 가려주고 무릎베개 해주며 '삽살개시터'가 되어줌.

11. 배고프면 괴물이 되는 민을 달래기 위해 몇 시간이나 눈 빠지게 밥집을 찾아 운전. 어느 한가한 시골길 저 멀리 간판에 '밥'이라는 글자가 보이자, "야! 민아, 일어나. 밥집 찾았다! 무슨 무슨 톱밥! 자, 밥이지?" 그 때문에 한 1년간 욕 얻어먹고 놀림당함.
12. 새까만 밤중 무안 홀통 유원지 도착. 아침부터 미친 사람처럼 4명 뻘밭 뛰어다님. 털이 노란 해태도 진흙 때문에 '청삽살이'가 됨. 뻘에 다리가 낀 민을 내가 빼내어 목숨을 건져줌. 낙지탕을 먹으며 시원한 저녁바람에 소주 한 잔.
13. 화순의 아름다운 메타세콰이어 길과 고인돌 감상.
14. 운주사의 미스터리한 와불과 돌탑 구경.
15. 속리산 도착. 민박집 주인한테 해태 봐 달라 맡기고 인간 3인 산을 탐. 민과 샹은 산행에 기겁. 4시간 등산 코스를 일주 후 둘 다 산을 좋아하게 됨. 내려와 산채정식으로 기력 보충. '염염yum yum', 맛있는 산밥.

어떤 보헤미안도 울고 갈 정도로 행복한 여행. 우리는 속리산에서의 1박을 마지막으로 너무나 멋진 구름투어 2의 막을 내렸다. 참, 어디선가에서는 굴에도 갔었는데…… 입구가 너무 허름해 별 볼일 없겠거니 하고 재미 삼아 몇 천원 내고 들어갔는데, 내려가는 데만 1시간 넘게 걸렸다. 내려가다 보니 어느 순간부터 시원하다 못해 차가운 바람이 쏴아아 불어왔다. 정말 화려한 자연 굴을 구경했었다.

세 번째 구름투어

가장 최근의 구름투어는 2007년 여름에 떠난 구름투어 3이다. 이번에는 나와 샹, 그리고 해태 3명이 조촐하게 움직였다. 사실 그때는 공연 연습 들어가기 전 잠깐 짬을 낸, 아주 귀한 시간이었던지라 나는 모든 전원을 잠시 끄고 해외에 다녀올 예정이었다. 하지만 우여곡절 끝에 샹과 함께 저녁 느지막이, 언제나 그랬듯 30분 만에 짐을 꾸리고는 임펄시브impulsive하고(충동적이고) 스펀테이니어스spontaneous한(자발적인) 여행길에 올랐다.

앞서 얘기했듯이 한국에서 개를 데리고 여행하기란 쉬운 일이 아니다. 더군다나 눈도 안 보여주는 곱슬머리 삽살개를 데리고 숙소를 구한다는 건 거짓말 조금 보태 도전정신이 필요한 일이다. 하지만 이번 구름투어 3만큼은 이상할 정도로 쉽게 숙소를 구할 수 있었다. 필feel 꽂히는 집을 찍은 나의 찍기 실력과 함께, 몇 년 동안 나와 다니며 '해태가 잘 집 구하기'에 도가 트인 샹의 '빽'도 한몫 했다.

숙소는 4시쯤부터 구하기 시작해야 한다. 늦고 어두워지면 이상하게도 낮과 다르게 사람들의 인식이 달라져 개를 쉽사리 받아주지 않기 때문이거니와, 그래야 정 숙소를 구하지 못할 시 따뜻한 해변이나 숲 언저리에서라도 밤을 새우는 '대책마련'이 가능하기 때문이다.

예전엔 일반 민박 또는 운 좋으면 황토방 방갈로, 혹은 홍천 주변이라면 펜션 한두 개 정도가 다였는데, 요즘은 전국적으로 펜션들이 너무나 많아져 처음으로 숙소를 '골라잡을 수 있는' 선택의 여지까지 생겼다! 몇 집을 스카우트하고서, 찻길에서 떨어져 있고, 앞마당이 있으며, 개가 없는 펜션을 고른 후……

칼린: (차 안에서) "샹, 가서 물어보고 와, 해태 들키기 전에……"

샹: "방 있다구요? 네…… 그리구요…… 저희가 요만~한 삽살개 한 마리가 있는데요(마치 고양이처럼 작은 것처럼 시늉하며 '천연기념물'이라는 것을 강조). 짖지도 않고, 밤에 따로 재울 이불이랑 수건도 다 있구요. 발도 깨끗이 닦여서 들여보낼 테니 현관에서 자게끔 하면 안 될까요?"

이런 철저한(?) 작전 때문인지 '구름투어 3'에서 만난 숙소 주인장들은 고맙게도 모두 손쉽게 잘 곳을 내주었다. 10년 전만 해도 상상할 수 없는 일이었지만, 사람들의 인식이 많이 바뀐 것이다. 그렇게 해태와 우린 밤마다 다리 뻗고 코골며 잘 수 있었다.

첫날은 평화로운 안면도에서 바다를 내려다보며 펜션 2층에서 1박(태안사태 바로 전이라 다음날 새벽 보슬비 맞으며 반도를 완벽하게 구경하고 회도 많이 먹음), 다음은 보성의 푸른 차밭 한가운데의 황토 한옥에서 1박(꼬막철이라 동네 횟집에서 꼬막회, 꼬막무침, 양념꼬막 등으로 진수성찬을 차려줌. 차라면 하동인 줄 알면서도 여행자 정신으로 보성차도 많이 사옴), 또 내장산자락에 뜬금없이 있었던 '러브모텔'에서 1박(한가하고 예쁜 산 한가운데서 제육덮밥을 시켜 먹음), 마지막은 경주의 동화 같은 '로그캐빈' 펜션에서 1박. 그렇게 세 번째 구름투어를 마쳤다. 럭셔리어스한 숙소와 자연 구경에다 맛있는 먹거리의 럭셔리 3호 투어.

그렇다. 이번 여행의 컨셉은 '럭셔리'였다. 어차피 외국 못 나간 김에 전국 일주를 할 것 같으면 아주~ 원하는 대로 돌자였는데, 첫날의 멋진 숙소가 발판이 되어 나머지 투어를 럭셔리로 하기로 했다. 숙소뿐만 아니라, 갑자기 감자칩이 먹고 싶으면 우린 고속도로 휴게소에 들어가서 각 과자회사에서 만든 감자칩을 하나씩 다 사기도 하고, 그걸 모두 한꺼번에 뜯어서 하나씩 맛을 보며 비교 분석을 한 다음 제일 맛있는 감자칩을 골라 그것을 뺀 나머지는 뒷좌석에 내동댕이치기도 했다. 그럴 때마다 서로의 얼굴을 쳐다보면서 이렇게 외치는 거다.

"우린 럭셔리니까."

음식점에 들어가서도 2인분이 훨씬 넘는 가지각색의 메뉴를 시켰다. 평소 굶고 다닌 것도 아닌데 먹어보고 싶은 모든 메뉴를 골라서 시킨 뒤, 이래저래 맛보는 거다. 그래 봤자 만 원도 안 되는 메뉴였지만 말이다.

"우린 럭셔리니까."

지나가는 사람들에겐 가소로웠겠지만, 숙소에서부터 먹거리와 경치 유람까지 우리만의 럭셔리 만행이 그렇게 유쾌할 수가 없었다. 그리고 이번 구름투어 3을 떠나며 첫 휴게소에서 한 장짜리 큰 전국 지도를 장만했다. 갈 곳을 보기 위해서가 아니라 간 곳을 보기 위해서였는데, 밤마다 자기 전 이불을 깔고 누워 지도를 펼쳐놓고는 그날의 여정을 매니큐어로 칠했다. 안면도에서 보성까지는 파란색 빤짝이 매니큐어가, 보성에서 지리산까지는 핑크색 매니큐어가 발라져 있다. 그리고 서울 귀경길에 새로 또 한 장짜리 전국 지도를 각자 하나씩 구입했다. 누구와 언제 떠날지 모르는 다음 구름투어를 위해서…… 규칙도 없고, 정해진 시간도 없고…… 또 바람이 부는 대로 가는 거다.

구름투어를 하기엔 한국은 참으로 적합한 나라 중 하나다. 때문에 개발된 나의 여행 상품일지도 모른다. 아기자기한 지리를 가진 한국은 어디를 가도 반나절 안에 숙소, 경치, 먹거리를 다 해결할 수 있고, 24시간 영업하는 휴게소들이 있어 부담 없이 다닐 수 있다. 반면, 록키산맥이나 모하비사막, 그랜드캐니언 같은 곳은 아주 철저한 준비가 필요하다. 옛날에 미국의 광활한 대자연 속에서 산길 한 번 잘못 들어선 적이 있었는데, 7시간 차를 달려도 주유소와 사람 한 명 못 만나 그대로 해골이 될 뻔했다. 수만 마리의 왕나비 떼가 대이동하는 멋진 광경을 보긴 했지만.

아무튼, 만 원짜리 밥 먹고 안 먹을 감자칩 몇 봉 더 샀다고 사치고 럭셔리인, 한국이기에 가능한 구름투어다. 그래도 끝까지 럭셔리다. 떠나는 거 자체가 럭셔리인 거다. 그리고 부러우면 지는 거다. 그러니 모두들 떠나시라.

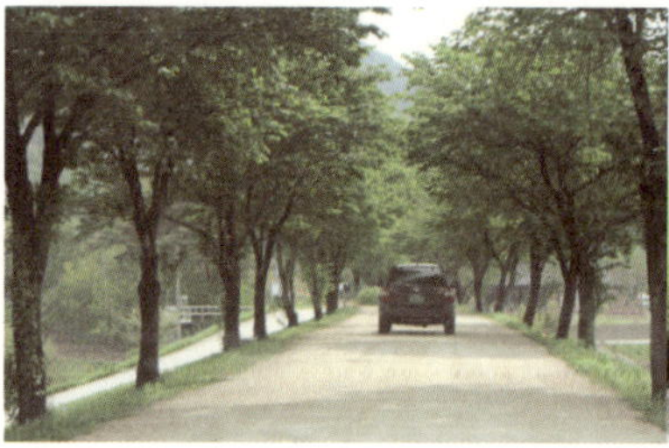
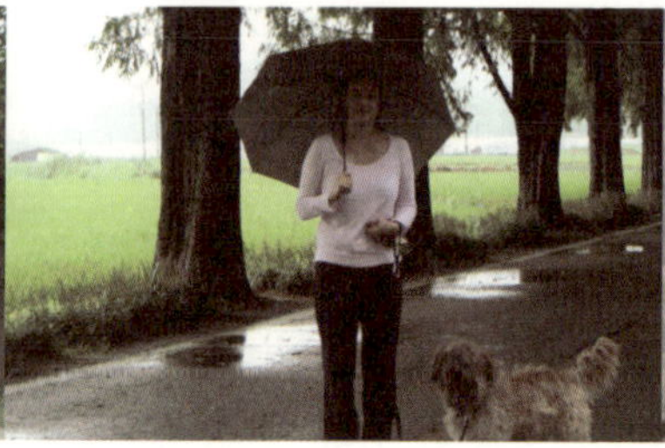
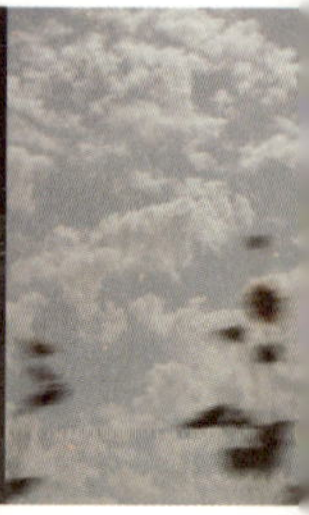
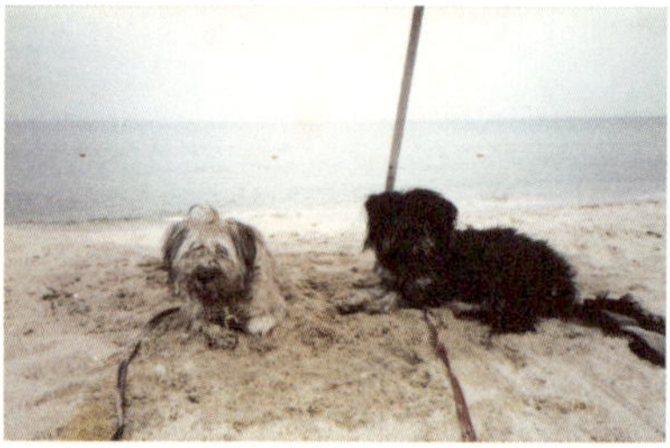
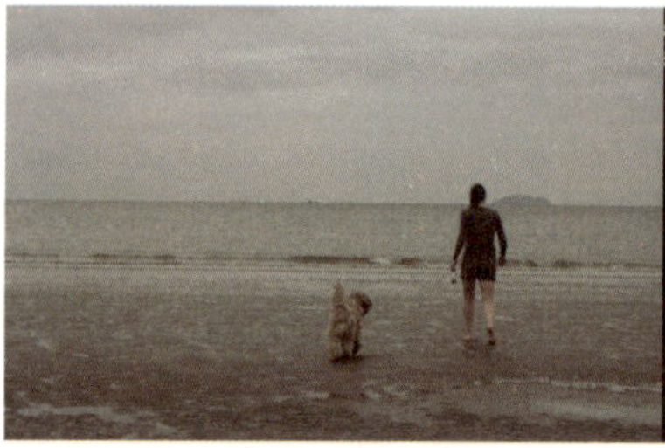

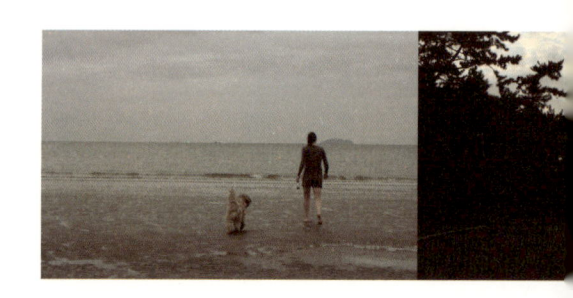

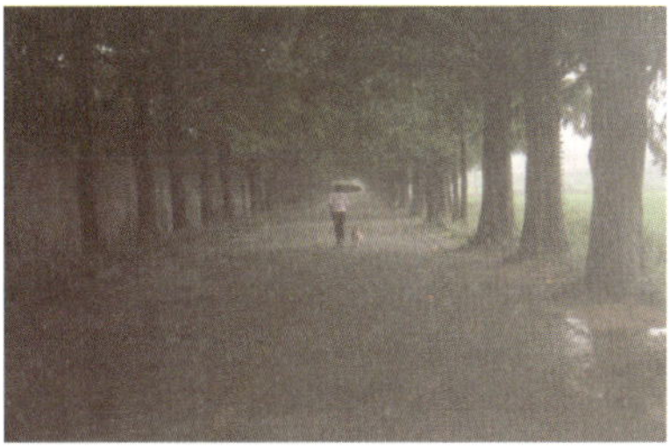
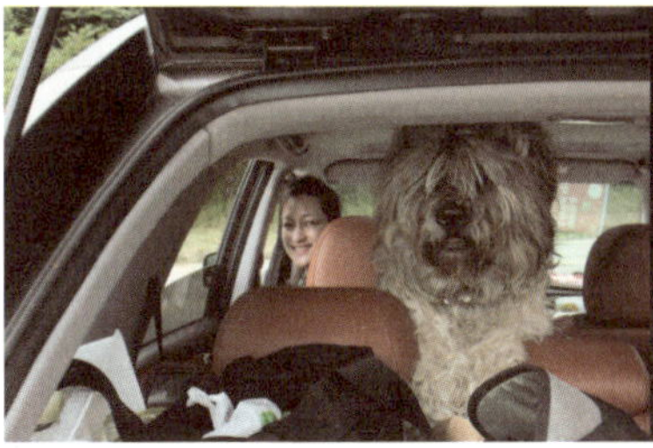
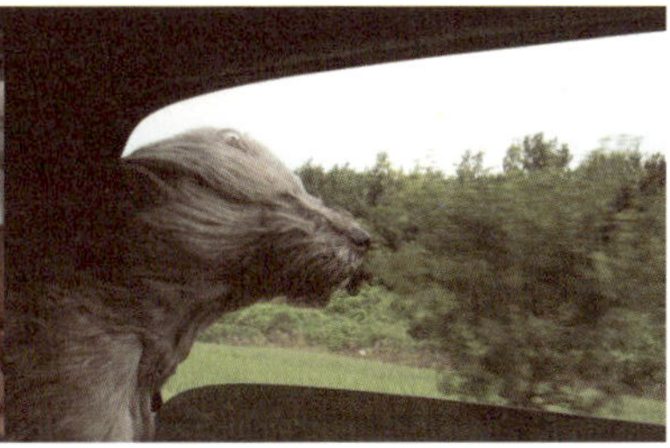
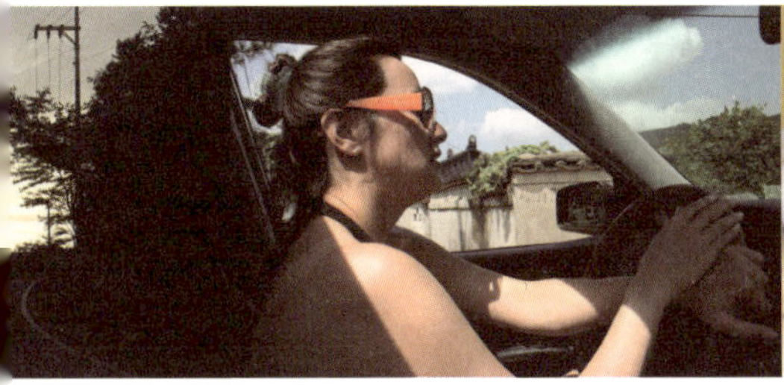
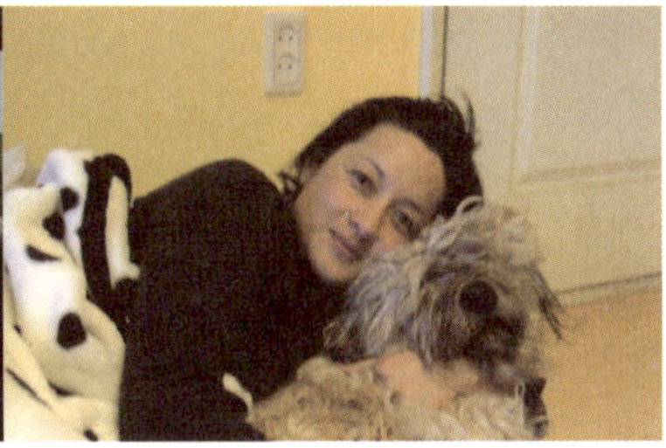

수세조기시 手洗澡器時 창작영감다득 創作靈感多得

수세조기시 창작영감다득, 설거지할 때 창작의 영감을 많이 얻는다는 뜻이다.

• 준비물 •
- 닥터 브로너스 유기농 다용도 세제(아몬드향) 3방울
- 타월 형식으로 된 노란 수세미(철수세미, 스펀지수세미 제외)
- 적당히 뜨거운 물

• 유의사항 •
- 고무 장갑은 사용금지
- 싱크대 앞에 밖을 볼 수 있는 창문이 있을 것
- 창문 밖엔 정원과 같은 자연 환경일 것

가끔가다 사람들이 묻는다. 내 음악적 또는 창작의 영감은 어디서 오

냐고. 처음 그 질문을 받았을 땐, 당황스러웠고 사실 질문을 잘 이해하지 못했다. 정확히 뭘 묻는지를 말이다. 영감이란 내 의지와 무관하게 어디선가 '오는 게' 아닌가? 궁금해서 다른 창작인들은 뭐라고 말하느냐 그이에게 되물었다. 영감을 얻기 위해서 하는 일들 중 이런 것들이 있다며 제3자인 그가 '들은 것들'을 나열해줬다.

"폭포를 찾아가고, 명상을 하고, 책을 읽고, 우상이나 명인을 떠올리고, 여행을 떠나고, 산 구경을 가고, 약초를 먹고(외국에선 대마도 약초라고들 하니까), 뭐 그런답디다."

아~ 그런 것들…… 그래서 나도 그런 게 있나 생각해봤지만 여전히 나한텐 질문 자체가 합당한 것 같지 않아서 선뜻 대답을 하지 못했다. 내가 뭘 잘못 알았던 모양이다. 소위 창작쟁이들이라고 하는 많은 이들이 영감이란 것을 얻기 위해서 뭔가를 해왔다는 건가? 갈망한다고 생기는 게 영감인가?

영감, 신의 영묘한 감응, 신의 계시가 있는, 인스피레이션inspiration(영감) 즉, 영묘: 신령스럽고 기묘한; 이씨어리얼ethereal(천상의), 미레큘러스miraculous(기적적인), 미스티어리어스mysterious(불가사의한, 신비한), 익스퀴지트exquisite(강렬한, 예민한), 이넥스플리커블inexplicable(설명할 수 없는) + 감응: 사물에 접촉하여 그에 따른 반응이 생김; 심퍼씨sympathy(동정심, 공감), 리스판스response(반응) = 영감: 언 이씨어리얼 미레큘러스 앤드 미스티어리어스 비전an ethereal miraculous and mysterious vision, 즉 인스피레이션.

그러니까 뜻을 깊게 생각해보면, 인스피레이션inspiration은 내 바깥의 무엇으로부터 생기는 것이지, 자신 스스로가 기도를 하거나 명상을 통해 얻어지는 게 아니라는 거다. 어느 장이의 의도적인 수행과 도 닦음을 통해서 얻는 것은 영감이 아니라 깨달음이나 득도와 같은 단어가 적합할 것이고, 그렇게 고행 끝에 얻어지는 것들은 더 크고 더 완성된 무엇과 작품으로 나타나는 것들이다.

다시 말해 어떤 작품의 완성된 형체(소설의 스토리 구성, 이번 가을 패션의 전체 디자인, 교향곡의 멜로디와 리듬형태나 구체적 편성)를 얻기 위해 폭포를 찾아 가거나 음악을 듣거나 또는 술을 먹고 여정을 떠나는 건 이해가 된다. 즉 〈로미오와 줄리엣〉의 구체적인 구성, 플롯을 완성하기 위해 산속에 들어가고 박물관과 같은 곳에 구경 가거나 오감을 자극하는 행위를 자발적으로 해서 아이디어를 얻을 수는 있다.

그렇지만 〈로미오와 줄리엣〉에 대한 소재의 첫 발상 또는 영감은 이런 것이지 않을까? 주막에서 누가 독약에 대해 얘기 하고 있었다. 그걸 엿듣고 있던 한 글쟁이가 '어, 그런 독약이 있었나? 특이한 독약이네. 잠깐! 아이디어가 떠오른다. 남녀 한 쌍이 어긋난 독약 작전으로 결국 죽게 되는 그런 얘긴 어떨까……!' 하는 생각 같은 것.

영감이란 그 어떤 형상의 '끝과 완성'을 얻거나 본다기보다는 다른 것에 의한 순간적인 자극이 또 다른 그 무엇의 일부를 비추거나 그 무엇의 완성으로 인도해주는 시발점이다. 불을 지피는 부싯돌에 비유하는 게 맞겠다. 물방울을 보고 "그래! 물방울이야! 가서 물방울 만들자!" 하는 사람은 없다. 창작쟁이들 중에 물방울을 보고 어떤 '영감'이 떠올라 물방울무늬 옷을 만들거나, 물방울 그림을 그리거나, '물방울처럼 촉촉한 립스틱'을 개발하는 거다.

영감은 우리가 찾으러 나서는 것이 아니라, 우리를 찾아오는 것이다. 길바닥을 걷다가 정렬적인 붉은색 천이 바람에 날리는 걸 보고 갑작스럽게 "오 마이 갓!" 하는 순간이 생겨서 한 집시여인의 비운에 대한 노래를 쓰게 된다(아직 발표 안 했지만 그 빨간색 천은 아직도 내 눈에 선하다). 그런 외부의 자극으로 '순간적인 비전instantaneous vision'이 생기고, 그것으로 우리는 다른 그 무엇을 표현하고 실현한다.

이렇듯, 영감을 오게 하기 위해서 뭘 해야 한다든가 그런 게 있을 리가 없다. 영감의 순간이 왔을 때 그것을 잘 알아채는 것은 그 자의 재주이자 몫이긴 하겠지만. 따라서 나는 영감을 얻기 위해서 다른 무언가를 일부러 하지는 않는다.

다만 이런 게 있다. 단순노동을 할 때 머리에서 다른 생각을 할 여유가 생긴다. 집 안 청소, 정원 가꾸기, 운동, 산책, 뭐 이런 단순노동. 내게는 특히 설거지할 때 상상력이 분출되어 이 세상 저 세상을 넘나든다. 설거지라는 그 상황이 나와 맞는가보다. 따뜻한 물에 손을 넣었을 때의 아늑한 느낌, 뭔가를 청결히 한다는 마음의 안도, 그리고 창문 밖 먼발치에 시선을 던지고 멍해지는 것 때문인 것 같은데. 그나마 이때에 재미나고 창의적인 생각들이 많이 스쳐갔다고 할 수 있겠다. 그순간 가끔 특이한 생각의 요소나 반짝하는 아이디어들을 잡아내기도 했다는 거다.

미스터리 소설의 대모인 애거서 크리스티Agatha Christie 여사도 설거지를 하면서 이야기의 소재가 될 만한 것들, 즉 많은 영감을 얻었다고 한다. 하지만 나와 마찬가지로 그녀 역시 창작의 아이디어를 얻기 위해 일부러 설거지를 하진 않았을 것이다.

○ 엄마, 고향 땅, 그리고 귀향 선물

지방공연 앞두고 짐을 꾸리고 있던 어느 날 미국에서 한 통의 전화가 걸려왔다.

"Hello?"
"Hi~ Kolleen……"
"Hi! Mom~ How are you? How's everything? How are the dogs and cats……"

어쩌구저쩌구 혼자 한참을 떠들고 있었는데, 엄마는 별 반응이 없는 게 목소리가 영 신통치 않다는 것을 알았다.
당신이 전화해놓고선 내 이름만 겨우 부르고 아무런 얘기도 안 하고 계속 뜸만 들였다. 흠…… 안 좋은 일인가? 차분히 재촉하자 그제야 엄마가 조용히 말했다.

"우리 드디어 리투아니아 간다."
"!"
"다음 주에 너희 이모들과 함께 갈 계획을 잡았다. 안전한지는 알 수 없고, 지금 가야 한다는 것만 안다. 어떤 역사가 우릴 기다리고 있을지, 흥분도 되고, 초조하기도 하고, 겁도 나고. 믹포빌Micpovil 가문의 흔적이 어떻게 남아 있을지…… 어쨌든 행운을 빌어줘라. 사랑한다."

엄마의 고향인 리투아니아. 2차 세계대전 때 5살 어린 소녀였던 우리 엄마는 여동생 둘과 외할머니 손을 잡고 미국으로 피난 왔다. 나머지 가족과 친척들은 모두 리투아니아에 그대로 남았다. 리투아니아는 1944년 소련에 흡수되면서 조국을 떠난 피난민들에게는 다시는 갈 수 없는 나라가 되었다. 46년이 흘러 1990년 리투아니아가 소련 연방국 중 첫 번째로 독립을 선언했다. 소녀에서 할머니가 된 엄마는 눈물을 흘렸다. 하지만 계속되는 전쟁과 유럽의 불안정으로 그동안 그 누구도 당장에 갈 수는 없는 땅이었다.

그런데…… 떠나온 지 50여 년 만에 드디어 고향 땅을 다시 밟을 수 있게 되었다니! 우리 엄마나 이모들, 이들은 지금 얼마나 혼란스러울까? 그들이 겪고 있을 감정들의 회오리바람을 우리 같은 사람이 어찌 헤아릴 수 있나…… 아무튼, 그러한 고향 땅 리투아니아를 다시 가는 거였다.

수만 가지 생각들로 꽉 찬 엄마와 나는 전화기를 들고 그냥 조용히 울었다. 리투아니아를 간다는 그 현실 자체가 너무 감격스럽다고나 할까? 아님, 너무나도 벅차다고나 할까? 아무것도 말로 표현할 수 없는 상황에서 엄마에게 나는 가는 날까지 며칠 안 남았으니 잘 준비하시고 건강히 잘 다녀오시라는 말씀밖에 해드릴 수가 없었다. 만사 제쳐두고 거기서, 엄마의 고향에서 이모들과 느끼고 싶은 거 다 느끼고 하고 싶은 거 다 하고 오시라고 했다. 그리고 전화를 끊었다.

하하. 다음 주? 나도 긴장이 되고, 들떠 있었다. 다음 주면 갈 수 있다! 축하? 축복? 잠깐, 뭐라도 해드려야 하나? 환갑이나 부부동반 차 릴릴라라 여행가는 것도 아니고, 너무도 이모셔널emotional한(감성적인) 이 시츄에이션situation(상황)에서 용돈을 드리는 것도 왠지 이상하고, 거기 아는 사람이라도 있거나 만날 것을 안다면 한국 도자기나 공예품이라도 보내겠건만. 생각해보자. 50여 년 만에 감격스런 고국방문길을 떠나는 사람에게 뭘 어떤 것을 챙겨줘야 하는 건가? 엄마와 이모들이 어디로 가서 무엇을 할지, 누구를 만날지 알 수도 없고. 그리고 가까이 있었더라면 옆에서 가는 날까지 뭐라도 해드릴 수가 있었을 텐데, 한국 땅 멀리서 전화로만 '엄마 잘 다녀오세요'라고 할 수밖에 없는 내 상황이 너무나 갑갑했다.

뭘 드려야 하나? 그냥 가만있을까? 드린다면 뭘 드려야 하나? 돈도 아니고, 편지도 아니고, 따뜻한 말도 아니고, 일기장, 사진기, 모든 게 아니었다. 고민 고민 고민…… 하다가.

드디어 꼭 맞는 물건을 찾았다. 그래, 그래! '십자가의 언덕Hill of Crosses'에 올릴 십자가를 보내드리자. 내 손으로 직접 깎은 나무 십자가. 그게 제일 의미가 있을 듯싶었다. 그렇게 결심한 나는 당시 살고 있던 신림동 일대를 뒤져 적당한 나무 판때기를 찾기 시작했다. 한참 다리품을 팔아 마침내 찾은 나무 판때기. 5센티미터 정도 되는 두께에 B4

용지보다 좀더 큰 판이 나뭇결이나 색깔도 내가 원하는 십자가를 만들기에 딱 적당한 형태였다. 그러나 시간이 없다! 이걸 깎아서 엄마가 미국을 떠나기 전까지 LA로 보내야 할 텐데······ 헛짓만 하는 게 아닌가 싶기도 했고 과연 내가 생각한 만큼의 의미를 엄마도 느끼게 될지······ 암튼, 시간이 없다. 하고 보자.

그날부터 나는 공연 연습이 끝나자마자 곧장 집으로 와서 밤부터 새벽까지 십자가를 조각하기 시작했다. 말이 조각이지 거의 원시인이 나무를 긁어 대는 것과 크게 다르지 않은 모습이었을 거다. 가난한 자취생이었던 나는 조각칼이 없어 가지고 있는 하나밖에 없는 부엌칼로 죽어라 나무를 팠다. 행여나 실수라도 해서 아예 나무 자체를 못 쓰게 될까봐 노심초사하며 온 힘과 정신을 손끝에 실어 십자가를 조각하기 시작했다.

우선 십자가 모양을 만들기 위해 네 개의 모서리를 쳐내고 모서리들은 너무 투박해 보이지 않게 나름 경사를 두어 테두리를 깎아 냈다. 십자가 앞 한가운데에는 큰 원을 파서 엄마의 성姓인 믹포빌의 M을 거창하게 조각해 넣었다. 뒤쪽에는 오늘날 내가 알고 있는 외할아버지의 믹포빌 피가 흐르고 있는 십여 명의 가족과 친척들(엄마, 이모들, 조카와 사촌들, 우리 자매들)의 이름을 모두 다 새겨 넣었다. 모두 부엌칼로 말이다. 어휴~ 5센티미터가 왜 그렇게 두껍게 느껴지던지, 또 판때기는 왜 그렇게 단단한 나무였던지, 손은 피멍이 들었고 피부는 다 까졌다. 그렇게 하길 며칠, 신림동 길거리에서 주운 그 판때기는 나름대로 섬세하게 조각되어 빼빠질, 니스칠까지 마친, 꽤 괜찮은 나무 십자가로 탈바꿈해 있었다.

이제 남은 건 어떻게 짧은 시간 내에 이걸 미국으로 보내느냐였다. 그때만 해도 페덱스 같은 특급우편이 없었던지라 최대한 빠른우편으로 보내도 1주일은 걸릴 거였다. 엄마가 떠나는 날과 거의 같은 날에 도착할 것 같았다. 하지만 다른 방법이 없었다. 그렇게 초조한 마음으로 나무 십자가를 보내고 미국에서 연락이 오기를 기다렸다. 하지만 아무런 연락이 없는 기다.

핸드폰도 대중화되기 전이라 지방 공연을 내려가기 전날 밤, 나는 엄마에게 잘 다녀오시라는 전화를 드렸다. 많은 여행 계획들을 얘기하는 와중에도 엄마는 내 불쌍한 나무 십자가에 대한 그 어떤 말도 하지 않았다. 흠…… 아쉬웠다.

'못 받았나보다…… 할 수 없지…… 에잇.'

나는 엄마에게 "아무것도 도와줄 수 없어서 미안하다, 복잡한 생각들 다 비우시고 고향의 향기를 한껏 맡고 오시라"고만 말할 수밖에 없었다. 그렇게 열심히 정성을 들여서 조각했는데 결국 엄마가 가져가지 못하게 된 게 너무나 아쉬웠다.

그렇게 나는 스스로 아쉬운 마음을 달래며 지방으로 공연을 갔다. 어디였는지 기억도 안 날 정도로 희한한 동네였던 것 같다. 내려가면서도 내 마음은 온통 다음날 리투아니아로 떠나는 엄마에게 가 있었다.

첫 공연을 마친 후 다음날, 숙소에 있던 나를 극단의 한 스텝이 찾아왔다.

"선생님, 전화 왔습니다."

"잉? 누구? 대표님? 누구지?"

"Hello? Kolleen? 나 지금 떠날라고 공항에 와 있다."

한국말도 잘 못하는 엄마가 국제전화로 한국의 이 시골 바닥에 있는 이 장급 여관의 이 방 번호를 어떻게 알고 전화를 했을까?

"……그건 중요하지 않고…… 오늘 가는 데 잘 갔다 온다고 그 얘기를 하고 싶어서……"

십자가를 받았는지 물어보고 싶은 마음이 너무나 간절했지만 혹 못 받았으면 속만 상하게 할까봐 나는 혀를 깨물었다.

"그래, 엄마 잘 다녀와요. 아무런 기대 말고, 엄마의 고향이고 엄마의 가족이니 뭘 보든, 뭘 찾든 간에 이모들과 마음껏 즐기고 오세요."

그러다 갑자기 대화가 뚝 끊겼다.

"Hello? Hello? Mom?"

그때만 해도 국제전화를 하다가 전화 끊기는 일이 다반사였기에 전화가 끊긴 줄만 알았던 나는 연신 "여보세요"만 외치고 있었다. 그때였다. 끊긴 줄만 알았던 전화기에서 엄마가 울음을 참는 소리가 들리는 거다.

"엄마, 무슨 일이에요!"

엄마는 아무런 말을 못하고 계속 울었다.

"What's wrong?! 공항에서 안 좋은 일이라도……."

엄마는 그게 아니라면서 말을 잇지 못했다. 그때 내 머릿속에 든 생각, '아, 십자가를 받으셨구나……'

"십자가 받았어요……?"

그 말을 들은 엄마는 그때부터 아예 펑펑 울기 시작했다. 나는 엄마에게 울지말고 고향 땅을 밟게 되는 감격스러운 날에 십자가의 언덕에 올라가 엄마의 조상들에게 '고향을 떠난 가족의 피가 지금도 그대로 흐르고 있으니 걱정 말라' 전해드리라고 말했다. 우린 잘 있으니 우리 가족의 이름이 적힌 십자가를 그 고향 땅 언덕에 꽂아놓고 오라고 말이다. 예쁘지도 않은 투박한 십자가이지만 내 마음을 가장 잘 표현할 수 있는 게 바로 그 십자가였다고 말했다. 엄마는 울음을 그치지 않았다.

배달부가 누구였는지는 몰라도 못생긴 나의 나무 십자가는 제 시간 안에 도착했다. 그리고 우리 엄마는 그걸 두 손에 꼭 쥐고 잃었던 조국을 찾았다.

우리 이모들 중에 조금 유난을 떠는 분이 한 분 있다. 후로그(afterstory)를 듣자 하니, 엄마와 함께 리투아니아에 갈 때 본인도 십자가의 언덕에 올릴 으리으리하고 삐까번쩍한 대형 철 십자가를 많은 돈을 주고 사 갔다는데, 딸이 직접 손으로 만들어 준 엄마의 십자가를 보고 두 손 두 발 다 들었다고 한다. 믹포빌을 상징하는 'M'자에 같은 피가 흐르는 모든 이의 이름을 새겨 넣을 생각을 하다니…… 그 성의를 보고 숙연해졌다 했다.

아직도 미스터리한 게 있다. 한국말을 단 한마디도 못하는 엄마가 어떻게 그날 지방의 그 조그만 여관방에까지 전화를 했는지 말이다……

도착했구나. 몇 십 년 만에 고향땅을 밟은 엄마가 내가 만든 십자가를 꼭 안고 있다

십자가의 언덕에서 내가 직접 찍은 사진. 나는 그 광경과 기운에 그만 털썩 주저앉고 말았다

뮤지컬 〈명성황후〉

"칼린, 너 혼자 갔다와야겠어."
"……?"

〈명성황후〉를 처음 올릴 때였다. 안 그래도 어려운 여건 속에서 힘들게 작업하고 있는데 극단 측에서 MR로 공연을 간다고 해서 걱정을 하고 있었다. 그 와중에 연습실에서 작업을 하고 있던 내게 미션 하나가 주어졌다. '혼자 호주로 날아가서 2주 안에 〈명성황후〉의 전 곡을 MR로 떠올 것.'

"그건 안 돼요. 혼자선 힘들어요. 그걸 어떻게 해내요?"

당시에는 아무도 그런 말을 할 여건이 아니었다. 주변 사람들도 그렇고, 나 역시 이렇게 큰 창작은 처음이었기에 그게 뭐든 간에 무조건 자기 손으로 모두 다 해내야 했다. 방법을 몰라도 스스로 알아내서 해야 했고, 작품을 위해서라면 대선배와도 욕먹을 각오하고 싸워야 했다. 하지만 이런 나에게도 연출가도, 작곡가도 없이 다른 나라에서 녹음을 해오라는 건 너무나 큰 숙제였다. 하지만 미션이 주어지고, 동시에 그 일은 내가 해야 할 일이 되어버렸다. 시간은 이미 카운트다운되고 있었다.

2주 만에 작품의 전체 음악을 MR로 녹음해오라는 건 거의 불가능한 임무이다. 편곡 안 된 부분은 편곡을 해야 했고, 녹음과 믹싱까지 완벽하게 해서 하나의 공연용 CD로 만들어 가져와야 했다. 시간이 너무나 부족했다. 하지만 어쨌든 나는…… 비행기를 타야만 했다.

'모르겠다, 일단 가보자.'

혼잣말, 나에게 거는 최면이었다. 지옥 같은 2주 동안 살아남을 수 있도록 스스로에게 거는 최면. 녹음 해본 사람은 알 것이다. 2시간 분량의 오케스트라 음악을 녹음한다는 것이 어떤 것인지.

호주로 가는 내내, 내 머릿속에는 작품 처음부터 끝까지의 장면, 분위기, 템포, 사이즈, 악기 구성, 아리아 등 작품의 모든 것이 살아 움직이고 있었다. 그중에서도 내가 가장 걱정했던 부분은 각 노래의 템포를 미리 정해서 녹음을 해야 한다는 점이었다. MR의 이러한 특성 때문에 사실 나는 공연에서의 MR 사용을 저주한다. MR을 사용하면 그날 관객의 반응만이 아니라 배우와 스텝의 호흡을 담을 수 없는 죽은 공연이 되어버린다.

사실 공연에서의 템포, 박자라는 것은 그날의 관객의 반응이나 분위기, 극장 상황에 따라 조금씩 달라지는 것이고, 그것이 라이브 공연을 말 그대로 '살아 있는' 공연이 되게끔 하는 것인데, 완성되지도 않은 작품의 템포를 미리 느끼고 계산해서 녹음해야 한다는 것이, 그것도 한 번도 관객의 반응을 느껴보지 못한 공연의 템포를 미리 그려봐야 한다는 게 나에게는 너무나 큰 모험이었다.

물론 연습할 때 해온 대략적인 템포를 기억하고 있었지만 작품 전체의 완성된 사운드를 느껴보지 못한 채 CD에 그것을 영구적으로 새겨 넣는다는 것은 참으로 위험한 일이었다.

'칼싸움 장면에선 배우들이 익숙해지면 템포가 대략 이 정도 더 빨라지겠지…… 2막 아리아는 1막과는 달리 분명히 더 빠를 거고…… 춤이 이러하니 노래로 넘어가는 장면에선 이 정도의 템포가 적당할 거야…… 그리고 저 장면에선 아까 것과는 완전히 다르게 눌러줘야 사운드가 출렁대지 않을 거고……'

서울에서 시드니까지 가는 비행기 안에서 나는 그 누구에게도 물어보지도 못하고, 물어볼 수도 없는 숙제를 하며, 혼자 끙끙 앓으면서 작품을 난도질하고 있었다.

너무나도 아름다운 도시 시드니에 도착했지만 정해진 호텔 말고는 아무 곳도 갈 데가 없었다. 그 다음날 아침부터 바로 녹음에 들어가야 했으니 말이다. 거의 뜬 눈으로 첫날밤을 보내고 다음날 녹음실에 도착하니 〈명성황후〉의 편곡자이자 훗날 나의 멘토가 된 피터 케이시Peter Casey가 반갑게 맞아주었다. 하지만 피터도 나만큼이나 새까맣게 속이 타 들어가고 있었고, 사람이 영국신사 스타일이니 말로 표현을 하지는 않았지만 그 어떤 프로젝트보다 〈명성황후〉가 '빡센' 것임을 본능적으로 알고 있었다. 피터, 그리고 녹음 엔지니어인 그레그Greg와 그의 어시스턴트까지 해서 이렇게 우리는 4인조를 이뤘다.

우리는 만나자마자 전쟁터에 나가는 군인마냥 철두철미하게 제일 중요한 스케줄부터 짜기 시작했다. 우리는 군대 참모였고 〈명성황후〉의 곡들은 부하 군인들이었다. 수십 개의 곡을 스타일별로 나누고, 언제 어떻게 녹음을 할 것인지를 정해서 곡들을 한 줄로 좌악, 세워놓았다. 시간과 돈을 아끼기 위해 제각기 다른 구성의 연주자들이 필요한 44개의 곡들의 퍼즐처럼 복잡한 스케줄을 짜야만 했다. 그래야 할 일 없이 기다리는 연주자나 노는 악기의 대여비를 줄일 수 있는 것이다. 혹시 연주자 스케줄이 변동될 경우를 대비해서 이 연주자가 빠지면 뒤의 어떤 곡을 당겨 먼저 연주할 것인지도 미리 정해놓았다. 실제 녹음에 들어가기 전, 우리의 마음가짐은 페르시아 대군에 맞서는 스파르타 소수 정예군만큼이나 절실했다. 하루종일 오전, 오후를 모두 활용하여 녹음에 임했고, 저녁이 되면 탈진한 우리를 잠시 쉬게 하고 그레그가 믹싱을 했다.

헤드폰을 쓴 피터와 나는 템포를 정하고, 음악의 필feel과 가사를 떠올렸다. 필요하면 내가 부스booth에 들어가 가이드 노래를 부르고, 피터는 지휘를 했다. 오케스트라가 연주하면 그레그는 이를 녹음했다. 그러는 동안 어시스턴트는 샌드위치와 커피 배달에서부터 녹음을 제외한 모든 잡일을 다 맡아 처리해주었다. 그렇게 우리 4인조는 판타지 레코드Fantasy Records 녹음실에서 정신없는 하루하루를 보냈다. 이렇게 사는 게 정말 사는 거라면, 그동안의 삶은 얼마나 심심한 거였나.

코믹한 노래인 '4인의 왜상'을 편곡할 때였다. 생각만큼 편곡이 잘 나오지 않아서 녹음실 밖에서 재편곡을 해야 했는데, 또 다른 편곡자인 피터에게 노래의 느낌을 설명하기가 너무나 힘들었다. 나는 입으로 비트를 넣었다가, 신디사이저 소리를 냈다가, 숨을 쉬었다가, 몰았다가…… '나'라는 종합악기를 총동원해야만 했다. 그래도 편곡이 뜻대로 안 나왔을 땐 내가 직접 해야만 했다.

그렇게 우리 4인조는 점점 사람의 모습을 잃어갔다. 그러기를 2주. 그동안 녹음실에서 먹은 거라곤 먹는 시간 10분이 아까워 미뤄두다 딱딱하게 굳어버린 샌드위치와 얼 그레이 티, 우유, 그리고 달기만 한 고열량 쿠키가 다였다. 참고로 호주나 영국의 샌드위치는 먹을 만한 게 못된다. 샌드위치는 캘리포니아가 최고인데, 거기서 살아온 내 입맛에 호주의 샌드위치가 맞을 리 없었다.

그 기간 동안 유일하게 장장 2시간이나 쉬었던 날이 있었다. 호주인이라면 누구나 다 참여하는, 1년에 딱 한 번 있는 '경마의 날' 때였다. '경마의 날'이란 미국으로 치면 켄터키 더비[*]와 같은 거였다. 피터는 나에게 미안한 표정으로 양해를 구했다. 호주 사람이라면 누구나 오늘은 경마를 해야 한다는 거였다. 피터 왈, 연주자와 엔지니어 모두 오늘 같은 날에도 녹음을 할 수는 있을 것이다, 하지만 아무도 오지 않을 거라고 했다. 남은 날까지 우리가 즐거운 분위기에서 작업을 하려면 이들에게 오늘은 경마를 할 수 있도록 배려해줘야 한다고도 했다. 그렇게

[*] 켄터키 더비Kentucky Derby
영국의 더비를 모방하여 1875년에 창설된 미국의 경마 레이스. 매년 5월 첫째주 토요일에 켄터키 주 루이빌의 처칠다운 경마장에서 열리는 경주이다.

긴 설명을 하고 난 다음에 피터는 조심스럽게 잠시 시간을 비워 줄 순 없겠냐고 했다. 나는 흔쾌히 "노 프라블럼"이라고 말했다. 덕분에 나도 피터에게 대신 부탁하여 호주 사람들처럼 '초우즌Chosen'이라는 이름을 가진 말에 베팅을 했다. 그리고 2시간이라는 꿀맛 같은 휴식에 빠져들었다.

그렇게 호주인들의 휴식이 끝나고, 녹음이 막바지에 이르렀을 때다. 녹음실 사정으로 오전 스케줄이 한 시간 정도 미뤄진 날이 있었다. 여느 사람들이라면 호텔에서 몇 시간이라도 더 눈을 붙였겠지만, 어디 박칼린 사전에 그런 게 있더냐. 나는 그제야 호주에 와서 처음으로 시내 가이드북을 펼쳐 보았다. 그리고 꼼꼼히 시드니에 뭐가 있나 살펴보기 시작했다. 그렇게 내 눈에 들어온 열기구 체험 프로그램(샴페인 조찬이 포함된). 새벽 5시에 출발하는 거였다. 잠을 줄여 관광이라니. 갔다 오는 데 5시간이 걸리는 거였다. 갔다가 10시쯤 다시 녹음실로 돌아오면 시간이 딱 맞아 떨어질 거라 생각했다. 정말이지, 간만에 얻은 황금 같은 시간을 알차게 보낼 수 있는 프로그램이었다.

하지만 결과적으로 바람이 엉뚱한 곳으로 부는 바람에 기구는 도착지보다 30분 멀리 떨어진 곳에 착지했다. 나는 강을 건너와야 했다. 땅에 발을 내딛자마자 전화를 걸어 30분 늦겠다고 했다. 피터의 대답, "노 프라블럼". 우린 그렇게 딱 두 번의 짧은 휴식을 나누었다. 그리고 우리는 2시간이 넘는 오케스트라 음악을 완벽하게 완성했다.

녹음이 끝난 후, 출국까지 만 하루의 여유가 있었다. 혹시나 녹음이 잘못되어 시간이 더 필요할까봐 하루를 비워둔 것인데 다행히도 녹음은 일정에 맞게 무사히 끝났다. 녹음이 끝난 날 저녁, 피터 부부는 먼 곳까지 와서 고생한 나를 하버Harbour에 있는 근사한 레스토랑으로 초대했다. 느긋한 피터 부부와는 달리, 나는 식사를 하면 할수록 심장 박동이 빨라지는 것 같아 여유롭게 저녁을 즐길 수가 없었다. 피터 부부의 접대는 정말이지 너무나 근사했지만 내 정신은 온통 녹음 CD와 DAT에 꽂혀서 아무것도 즐길 수가 없었다. 나는 오직 '이걸 빨리 한국으로 갖고 가야 한다'는 생각에 사로잡혀 있었다.

나는 피터에게 내일 아침 당장 출국하겠다고 말했다. 그러자 피터가 시드니에서 하루 정도 푹 쉬며 즐기다 가라고 나를 말렸다. 피터의 와이프까지 합세하여 그렇게 고생했으니 하루라도 여유 있게 해변에서 즐기고 내일 저녁 또 다른 근사한 저녁으로 일정을 멋지게 마무리 짓고 가라고 권했다. 하지만 호주에 하루라도 더 있다간 미쳐버릴 것만 같았다. 나를 말리는 그들을 뒤로 하고, 결국 나는 일정을 앞당겨 다음날 아침 당장 한국으로 떠나는 비행기로 예약을 바꿨다. 마지막에는 피터 부부가 내 마음을 이해해주었다. 그리하여 저녁식사도 예정보다 일찍 끝내고 호텔로 돌아올 수 있었다.

호텔로 돌아오는 길에서도 내 머릿속에는 온통 CD에 대한 생각뿐이었다. 나야 만족스럽게 작업을 했다고 해도 과연 한국에 있는 동료들이 나와 같은 생각일 것인가? 수천만 원을 들여 만든 MR인데 나도 모르는 실수가 있으면 어쩌나? 그렇다면, 다시 만들어야 할까? 이것을 다시 할 수가 있을까? 욕을 엄청 먹든지 성공하든지 둘 중에 하나겠지⋯⋯ 호텔로 돌아오는 길, 그 짧은 순간에도 내 마음은 천국과 지옥을 수십 번 왔다갔다 했다. 결국 생각만으로 지쳐서 아무도 없는 호텔 방으로 돌아왔다.

순식간에 나를 감싸는 적막감……

2주 동안 지겹게 들었던 음악도, 수십 명에 이르던 연주자들과 엔지니어, 그 누구 하나 아무도 없는 호텔방……

행여 호텔에서 CD를 잃어버릴까봐 CD를 손에 꼭 쥐고 침대에 앉았다. 나도 모르게 가부좌를 틀고 양손에 CD를 들고 앉아 있는데, 갑자기 가슴이 벅차오르기 시작했다. 그것은 성공이냐, 실패냐 하는 결과를 훌쩍 넘어서버린 어떤 기쁨 같은 것이었다. 최선을 다했다. 그러니 아무리 성공에 대해 불안하여도 그것에 대한 거대한 감정이 고여 있을 것이었다. 최선의 성실에 대한 기쁨이 그것이다. 나에 대한 납득이 그것이다.

그 자리에 나와 기쁨을 나눌 사람이 단 한 명도 없었다는 것이 날 그렇게 외롭게 만들 줄은 몰랐다. 사실 아프거나 슬플 때, 주위에 아무도 없는 건 아무렇지 않다. 진짜 외로운 건 가슴 벅찬 기쁨을 함께 나눌 사람이 없다는 것이다. 피터 부부는 날 쉬게 하기 위해서 이미 집으로 돌아갔고, 술 한 잔 하며 이 성취감을 누리려고 갔던 호텔 근처의 바조차 가장 유명한 게이 거리에 있는 '게이바'라 들어갈 수가 없었다. 누군가에게, 어딘가로 이 기쁨을 보여줄 수가 없다니, 돌아버릴 것 같았다.

벅차고 흥분하여서 자는 둥 마는 둥 하룻밤을 보내고 마침내 서울에 도착했다. 비행기에서도, 공항에 도착해서도 내 신경은 온통 CD가 들어 있는 박스에 가 있었다. 누구에게도 증명할 수 없고, 아무도 인정해주지 않을지라도 나는 그 박스를 지키기 위해 목숨을 걸었다.

비행기에서 내리자마자 극단 사무실로 전화를 걸어 예정보다 하루

일찍 도착했으며, 이 CD를 바로 사무실로 가지고 가겠다고 했다. 집에서 쉬고 내일 오라는 극단 관계자의 말이 내게 곧이들릴 리 없었다.

'당장 들고 가서 당신들에게 들려주고야 말 테다.'

이걸 전달하려고 그 먼 호주에서도 하루도 안 쉬고 날아왔는데, 집에 가서 샤워라도 하고 가자는 생각 같은 게 들 리 없었다. 공항에서 바로 연습실로 향했다. 10시간이 넘게 비행기를 타고 오는 동안 초췌해질 대로 초췌해진 나는 양손에 여행 가방을 그대로 들고 극단 사무실로 쳐들어갔다. 그 무슨 감정이었는지 모르겠다. 혼자였다는 외로움, 혼자였다는 서러움, 혼자였다는 기쁨, 혼자였다는 복잡한 감정을 증명하고 싶었던가보다.

연습실 문을 열고, 그 순간 배우가 앉을 50개의 의자와 그 50개의 의자를 마주보고 있는 단 하나의 의자를 보았다. 그 하나의 의자는 나를 위한 것이었다. 쉰한 개의 의자를 보며 나는 숨을 크게 내쉬었다.

의자에 앉자 마치 판결을 기다리는 죄인처럼 온갖 감정들이 다투어 밀려왔다.

"아무튼. 들려드릴게요."

배우들이 모이고, CD를 틀었다.

나라는 혼자 외에는 작품의 처음부터 끝까지를 아는 사람도 없었고, 그걸 노래에 맞춰 불러 줄 사람도 없었다. 나는 1막부터 끝까지 혼자서

〈명성황후〉 전체 배우의 역할을 하며 50명을 앞에 두고 혼자 노래를 불렀다.

"여긴 1막 첫 시작 '왕비마마 오신다' 입니다."
그리고 노래를 부른다.
"남자는 여기 이렇게 부르고, 여자는 이렇게 부릅니다. 이 대목에선 명성황후가 궁으로 이동하는 음악이구요, 여기서는 남자들의 군무가 들어갑니다."
노래를 부른다.
"라이트! 들어올 때 이 음악이 시작되구요, 여기서부터 앙상블 노래가 이어집니다."
노래를 부른다.
"이것은 명성황후가 칼에 찔리기 직전의 음악…… 칼! 찔린다…… 찔린다…… 쓰러진다!"
그리고 노래를 부른다.

실제 공연 시간과 똑같이 2시간 반 동안 나는 내 목소리 하나로 무대 전체를 표현했다. 목이 터져라 노래를 불렀다. 〈명성황후〉의 시작과 끝을 보여주었다. 그리고 마지막의 웅장한 피날레를 불렀다. 거기까지가 나 혼자 할 일이었다. 비로소 혼자 할 일이 끝나고, 앞에 앉아 있는 연출가와 배우들에게 말했다.

"대표님이나 작곡가 선생님께서 원하신 게 이런 건지는 모르겠지만…… 아무튼, 이렇게 만들어왔습니다……"

말이 끝나기가 무섭게 그곳에 있던 배우들과 스텝들이 박수를 치기 시작했다.

그리고 그 다음날부터 바로 〈명성황후〉를 무대에 올리기 위한 연습에 돌입했다. 이제는 배우들의 목소리가 들어간 음반을 녹음해야 했으니 한국에 왔다고 해서 쉴 수도 없는 노릇이었다. 하지만 이제는 혼자가 아니었다. 수많은 배우들이 내가 납득했던 것에 박수를 보내주었다. 내 곁에는 수많은 배우와 스텝들이 함께 해주고 있었다. 서럽지도, 외롭지도 않았다.

〈명성황후〉. 피터 케이시가 없었으면 불가능했을 것이다. 나의 멘토, 그는 지금도 내게 떨어질 만하면 얼 그레이 티를 한 보따리씩 보내주곤 한다. 피터가 보내준 차를 한 잔 마시고 있노라면 〈명성황후〉를 녹음할 때가 떠오른다. 점점 윤곽을 드러내는 거대한 〈명성황후〉 앞에서 무섭도록 혼자였던 그때가 말이다.

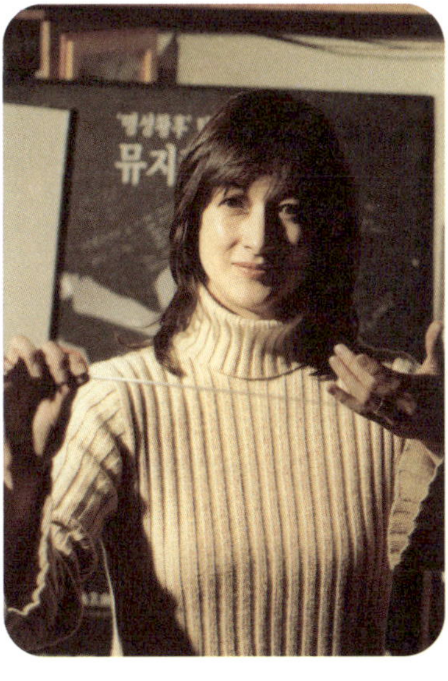
뮤지

아빠의 눈물

언니들이 미국으로 떠가고 나 혼자 부산에 남아 있었다. 아마 8살 쯤 무렵의 일이었을 것 같다.

어느 날이었다. 동네에서 친하게 지내던 언니가 학교에서 모래주머니를 만들어오라고 했다며, 모래를 어디서 구하는지 모르겠다고 했다. 나는 그런 것쯤은 내가 해결해 줄 수 있다면서 언니 손을 잡아끌었다. 사실 부산에서 모래를 구하는 일이야 바다에서 물고기를 잡는 일보다는 쉽지 않은가 말이다. 언니 손을 잡아 이끈 곳은 아마도 동네 근처의 어느 공터였던 것 같다. 언니와 함께 쭈그려 앉아 봉지에 모래를 담고 있는데 어떤 그림자가 우리 둘을 가리는 거였다. 언니와 내가 동시에 고개를 들었고 바로 우리 앞에 떡하니 덩치 큰 남자가 우리를 내려다보고 있음을 알고는 놀랐다. 아마 중학생이나 고등학생쯤 되는 남자였던 것 같다.

그 남자는 다짜고짜 언니에게 시비를 걸었다.

"넌 왜, 노랭이랑 노니?"

순간 언니는 겁에 질려 울기 시작했다. 나는 언니에게 울지 말라고도 못했고 그 남자에게 뭐라고 할 수도 없었다. 그다음은 내 차례였다. 키 작은 나를 향해 이렇게 말했다.

"너는 너네 나라로 가!!"

나는 무엇이 잘못된 것인지 몰라 한참을 멀거니 서 있다가 울고 있는 언니 팔을 잡고 집으로 돌아왔다. 감정을 주체할 수 없어 몇 번이고 돌에 발이 걸렸던 것 같기도 하다. 집은 왜 그렇게 멀게 느껴졌었는지.

언니를 집에 들여보내고 나도 집에 돌아왔지만 왜 그날따라 잠겨 있는 집 대문이 그토록 야속했던지, 참. 나는 대문 앞에 앉아 얼른 대문이 열리기를 기다렸다. 안에서 아빠가 문을 열어주었다. 아빠는 내 얼굴을 보더니 무슨 일이냐고 물었다. 나는 어디서부터 어떻게 설명해야 할지를 몰라 조금 머뭇거렸다. 아빠는 여러번 무슨 일이 있었냐고 물었다.

나는 아빠에게 공터에서 있던 일을 이야기했다. 이야기를 마쳤지만 머릿속이 너무 복잡해 고개를 들 수도 없었다. 그때 아빠가 나를 안으며 말했다.

"칼린. 그건 그냥 니가 다른 사람하고 다르게 생겨서…… 그건 그 사람이 몰라서 그런 것뿐이야."

나는 조금 울먹이며 말했다.

"너네 나라로 돌아가라고 했단 말이에요."

그러자 아빠가 말했다.

"칼린. 여기도 네 나라고, 미국도 네 나라야. 그리고 모든 나라가 너의 나라란다."

그 말을 마친 아빠가 울기 시작했다. 그 무엇보다도 아빠가 그토록 울기 시작한 것이 모두 나 때문인 것 같아 마음이 아팠다. 나는 가만히, 울고 있는 아빠의 어깨에 손을 올리고 있을 뿐이었다.
아빠는 모든 걸 감싸 안겠다는 마음의 준비를 마친 상태였겠지만 이런 식의 난감함 앞에서는 여전히 놀라고 여전히 마음 아파하는 게 분명했다.

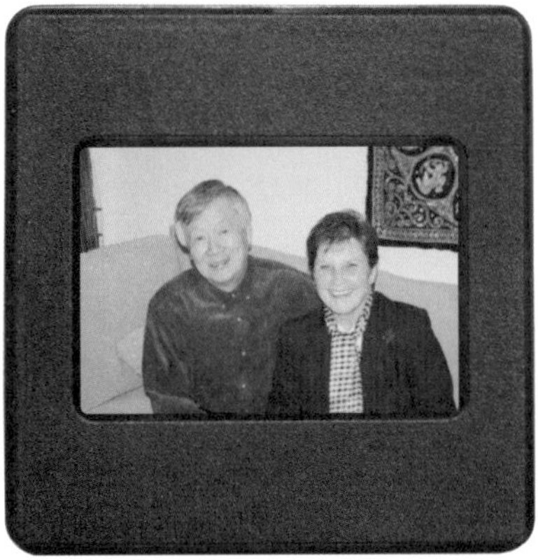

네 소절의 노래

생각해보면 84년 경남여고 2학년 시절 연극을 한 게 계기가 되어 한국에서 뮤지컬을 시작하게 된 것 같다. 민속마당놀이를 변형시킨 학교 창작공연 〈할미전〉에서 나는 한량인 남자 역할을 맡았는데, 그때 우리가 얼마나 열심이었냐면 전국 순회공연을 다닐 정도로 실력을 쌓았었다. 경남여고에서 한동안 끊겨 있던 연극반 전통을 부활시켰다는 평가를 받기도 했다. 아주 뜻밖에도 나는 내가 맡았던 남장역할 '한량영감'으로 전국청소년연극제에서 연기상도 탔다.

그후에도 한국에 나올 때마다 나는 부산에서 여러 연극 단체들과 정극, 뮤지컬, 음악극, 무용(작곡) 등 가리지 않고 기회가 있을 때마다 공연을 함께했다. 그 시절 만났던 선생들, 선후배와 친구들의 연결로 89년 〈Tally's Folly - 여자의 선택〉이란 2인극으로 나는 서울에서 무대 인생을 시작할 수 있게 되었다.

〈Tally's Folly - 여자의 선택〉이란 연극은 2차 세계대전 직후가 배경인데, 한국에선 이해하기 아주 어려운 유태인 문제를 소재로 하고 있었다. 게다가 너무나도 지루하고, 뮤지컬도 아니며, 두 시간이 넘는 작품이었다. 간단히 말해, 아주 이 갈게 하는 작품이었다. 어찌나 힘들었던지, 문학적으로 어떤 의미가 있는지는 지금도 궁금하지가 않다. 너무 힘든 경험이어서 생각하기도 싫으니까. 분명 관객들이 더 고달팠을 것이다. 그 긴 이야기를 단 두 명의 배우로 채워야 했다니…… 정말이지, 나는 그리 뛰어난 배우가 절대 아니었다. 노래나 몸으로 때우라고 하면 어찌어찌 하겠는데 순 말로만 떠들어야 하니 고역이었다. 현실의 인간은 그렇게 많은 말을 하지 않는데 말이다.

아무튼, 어찌나 대사가 많던지 첫 공연 날 직전까지도, 아니 계속 공연을 거듭하는 도중에도 대사를 외워가는 중이었다. 그리고 배우들은 알 거다. 한번 말이 꼬이기 시작하면 앞뒤가 뒤엉켜 그게 한 신을 훌쩍 넘어가버릴 때도 있다는 것을. 단둘이 출연하는 작품이라 한번 등장하면 퇴장하지 않고 계속 무대에 있어야 했는데, 대사를 까먹기 시작하면 다시 회복하기 무척이나 힘든 작품이었다. 그래도 엄연한 배우라 머리를 굴려 어떤 상황이든 타개해나가기 마련.

어느 날엔 상대배우인 선배가 대사를 아주 퍼펙트하게 까먹은 거였다. 내 쪽에서 힌트 대사를 쳐주었지만 정적이 꽤 오래 흐르고, 관객들이 뭔가를 알아채기 시작했다. 선배는 머뭇머뭇하더니 갑자기 나를 혼자 버려두고 무대 밖으로 튀어나갔다.

'엥? 아니 선배님, 어딜 가시오? 이 작품에는 퇴장이 없소. 날 혼자 두고 어딜 가시오?'

너무나도 황당한 나머지 나는 혼자 무대에 멀뚱히 서 있다가, 정신 나간 미친년처럼 세트 사이를 이리저리 누비고 헤맸다. 선배가 돌아올 때까지 말이다! 나중에 들으니 선배는 대사고 대본이고 뭐고 아무것도 기억이 나질 않아 대본을 보고 왔다고 했다.

지금은 재미있는 추억이다. 하지만 그때는 살벌했다. 고민 끝에 연출이 아이디어를 냈는데, 혹시 또 '대사 까먹기' 소동이 벌어질까봐 이에 대한 대비책으로 마치 대본에 있는 것처럼 아예 내가 부르는 노래를 몇 소절 집어넣자는 거였다. 그러면서 무거운 연극을 조금이나마 가볍게 만들겠다나? 그래서 몇 소절, 정확히 말하면 딱 네 소절을 작곡하여 한두 군데 삽입시키는 것으로 '대사 까먹기'에 대비를 했다. 노래는 순전히 '대사 까먹기' 땜빵이었다. 하지만 운명에게 그냥이란 없다.

그후 연극을 보러온 다른 작품의 연출가가 그 노래 몇 소절을, 정확히 네 소절을 듣고는 내게 "칼린, 우리 뮤지컬 쪽으로 준비하는 게 있는데 같이 일하지 않겠는가?"라며 제안을 해왔다. 89년이었을 것이다. 그때만 해도 한국에는 정확하게 '뮤지컬계'라는 게 형성돼 있지 않았다. 하지만 어릴 때부터 뮤지컬을 해온 나로서는 호기심이 갈 수밖에 없었다. 한국에서의 뮤지컬이라! 흠…… 대학원 국악과에 다니고 있던 터라 잠시 잊고 있었는데, 그 뮤지컬이 다시 내 앞에 뚝 떨어지다니. 노래 몇 소절이 안겨다준 그 특이한 제안은 내게 또 하나의 재미있는 퍼즐로 다가왔다.

그때부터 〈명성황후〉로 가는 여정이 시작되었던 것 같다. 온통 대사뿐인 그 지루한 작품을 하게 된 것도, 선배가 대사를 까먹고 무대 밖으로 뛰어나간 것도, 무대를 수습하지 못해 미친 척하던 것도, 다시는 그게 싫어 네 소절짜리 노래를 만들어 부른 것도, 모두 그리 되려고 그랬던 것 같다. 세상에…… 운명에게 그냥이란 없다. 곧 죽는다 하여도 그냥으로는 살지 말지어다.

2부

just stories

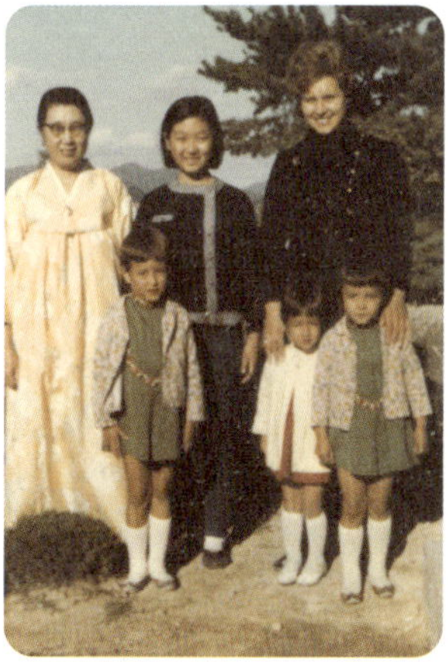

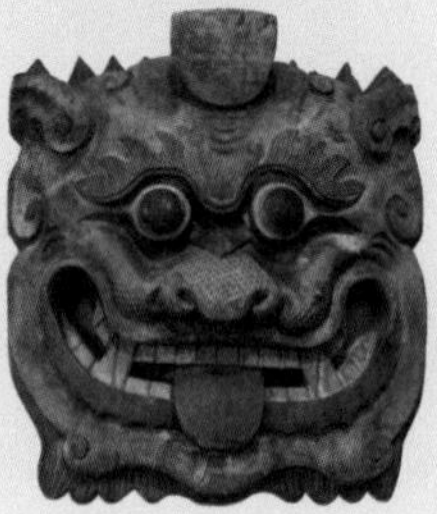

무작정, 기차와 산

87, 88년, 정처 없이 떠돌아다니는 걸 워낙 좋아했던 나는 목적지 없이 무작정 기차를 타고 종착역에 내려 산을 오르는 그런 짧은 여행을 자주 했었다. 이 시절 나만의 여행 방식을 순서대로 정리하자면 다음과 같은 거였다.

1. 시간이 나면 무작정 부산역으로 간다. 누구랑 가든, 혼자도 좋다.
2. 목적지를 보지 않고 그 시간에 가장 빨리 탈 수 있는 첫 기차를 골라잡아 탄다. 단, 30분이면 목적지에 도착하는 그런 짧은 코스의 기차는 피한다. 여행은 길수록 좋다.
3. 새마을호, 무궁화, 통일호 기차의 종류는 상관없다(당시엔 KTX가 없었으니까, 빼고).
4. 기차가 부산을 벗어나 낯선 풍경이 나오면 그때부터 유심히 바깥을 구경한다. 특히 산세를 유심히 본다.
5. 무조건 종착역에서만 내린다.

6. 기차에서 내리면 오는 동안 봐뒀던 마음에 드는 산을 찾아가 한 번 오르락내리락 한다.
7. 산행 후 다시 기차 타고 집에 온다. 어떨 때는 목적지가 멀기 때문에(예: 강릉, 충북) 그럴 시엔 1박을 하고 온다.
8. 신분증과 소액의 돈 외에는 아무것도 들고 가지 않는다.

내 짧은 여행의 목적지들은 '기차시간표'란 운명에 달려 있는 것이어서, 가본 곳일 수도 있었고 한 번도 들어보지 못한 곳일 수도 있었다. 그 덕에 한국에서 참으로 다양한 곳을 가볼 수 있었는데, 큰 도시, 시골 깡촌 가릴 것 없이 모르는 곳을 찾아가는 정말 설레는 일이었다. 움직이고 있는 그 자체가 좋았고 '이동'을 하는 동안 몸이 편했다. 어릴 때부터 어디엔가 갔다 오면 그 사이 나는 조금 변해 있고는 했다. 어딘가에 가서 뭔가를 하나 더 배우고 돌아온다는 것(그게 무엇이든), 뭔가를 하나 더 알게 된다는 것은 아주 고급스런 행복이다. 거기에 정신적인 성장 같은 게 있다. 세상의 퍼즐을 하나씩 해결해나가는 것처럼 말이다. 새로운 삶의 정보를 하나하나씩 주워담는 것. 나에게 여행과 새로운 곳이란 언제나 이러한 의미였다.

새로운 곳을 그냥 오가는 것도 좋았지만 아무것도 안 하는 것보다 그곳의 자연을 느끼고 교감하면 훨씬 깊은 것을 얻게 될 수도 있다.

참, 한국은 이것이 좋다. 어디를 가도 산이 있다는 것. 그래서 기차가 어딘가에 도착하면 일단 산을 찾았다. 그렇게 무작정 기차여행을 다니기 얼마 전에야 '산타기'를 갓 배웠는데, 여러 산을 다니면서 조용히 혼자 오르내리는 맛을 서서히 알게 되었다. 내게 가장 알맞은 산의 크기는 최소 2~4시간짜리 산행을 할 수 있는 곳이다. 기차가 종착역에 다다르기 전 주변 산세를 봐두는 센스를 잊지 말아야 역에서 쉽게 원하는 산으로 곧장 향할 수 있다. 산의 입구에 이르면 유유히 산 안으로 들어간다. 그리고 묵묵히 산을 타고 땀 한번 흘린 다음 산을 내려와서 다시 기차를 타고 부산으로 돌아가는 거다. 시간이 허락하면 간간이 산 주변의 맛있는 먹거리 집을 찾기도 했다. 거의 일주일에 한 번꼴로 이런 '기차 타고 산에 가기'를 했다.

20여 년 전을 되돌아보면 그때의 여행에서 나는 아주 많은 걸 건져왔다는 생각이 든다. 단순히 수많은 지역과 산을 알게 된 것 말고 말이다. 새로운 행선지에 대한 설렘, 산을 타는 육체적인 쾌감, 낯선 곳에 대한 두려움을 정복하는 강렬함, 그리고 내 안의 무엇인가가 깊어지는 느낌 같은 것들 말이다. 생명력이 뭔지에 대한 실오라기를 잡을 수 있었다고나 할까. 아직도 어디를 간다고 하면 그런 살아 있다는 것의 쾌감을 기대하고는 한다.

지금은 이 여행이 진화해서 '구름투어'로 바뀌었지만, 그래서 정처 없는 '비둘기호' 대신 내 차를 몰고 여행을 떠난다. 하지만 여행중에 꼭 산을 타고자 하는 마음은 예전이나 지금이나 똑같다. 나랑 같이 여행을 다니는 사람들은 분명 이를 괴로워하긴 한다. 워낙 산으로 끌고 다녀서 말이다. 그중 개선된 이들도 있고, 애초부터 여행 안 가겠다고 하는 이들도 있다. 반드시 산에 가게 될 테니 말이다. 그런데 어쩌나. 나와 '여행과 산타기'는 서로 뗄 수 없는 관계다. 오랜 시간 몸에 배어 있어 시간이 지나면 자연히 몸이 산으로 가게 되는, 그런 소박한 나만의 의식이 그때부터 지금까지 계속되고 있다.

왠지 이 이야기 끝에 그동안 다녀온 곳들을 나열해야 할 것만 같은데, 사실 여행지의 이름들을 모두 알 수는 없는 일이다. 기억하지도 못하고 그 당시에도 알고 있지 못했다. 부산역에서 차표를 끊을 때 목적지가 중요하지 않았기 때문이다. 그래서 아직도 가끔 익숙한 산세나 풍경을 만날 때면 "흠…… 여기 언젠가 한번 와본 듯한데" 하고 중얼거릴 때가 있다. 사람과 살아 있는 것에 매혹되어 헤어 나오지 못하던 20대 시절의 미숙한 내가 혼자 땀을 흘리며, 숨을 몰아쉬며, 거기 있었다.

✚ 1인 5역

 캘리포니아 로스앤젤레스 동북쪽에 위치한 패서디나Pasadena 시. 아름답고 아기자기한 품위가 있는 도시로 옛것과 새로운 것의 조화를 이루고 있는 패서디나는 소캘SoCal(Southern California의 속어)에서도 음악교육으로 알아주는 도시다. 각각의 초, 중, 고등학교엔 학생들로 구성된 오케스트라가 한두 개쯤은 다 있고, 마칭 밴드marching band, 콘서트 밴드, 드럼 섹션(마칭 드러머들로 구성된 앙상블) 등 다양한 음악 프로그램이 LA 어느 지역보다도 풍부하게 학생들에게 제공된다. 또한 합창단, 연극단과 같은 공연예술문화 교육도 활발해서 연주단 한 팀에만 속해도 1년 내내 연주활동으로 매우 바쁘고 알차게 보낼 수 있다.

 그런 환경 속에서, 나는 패서디나의 클리블랜드초등학교에서 4학년 때부터 아주 쉽게 첼로를 시작할 수 있었다. 바이올린을 하던 언니의 권유로 시작한 첼로는 나에게 매우 편하게 와 닿았던 악기다. 그전에 하던 피아노는 자세부터가 불편했던 반면에 첼로는 몸에 자연스레 흡수되는 듯했고 내성적이었던 내게 참 잘 맞는 악기였다. 첼로는 어릴 때는 불가수행자보다 조용했던 내가 뒤에 숨기에도 딱 좋았다. 사실 아기 때 미국을 떠나 9살 때 다시 돌아온 나에겐 영어를 다시 익혀야만 하던 시기였고, 사람과의 대화에는 일체 무관심해서 육체적으로나 심리적으로나 첼로라는 악기 뒤에 조용히 숨어 있는 게 적성에 맞았다. 그렇게 시간을 보내며 첼로라는 악기를 익히기 시작했다.

첫해에는 현악 앙상블string ensemble에서만 음악공부와 연주를 했는데, 어려웠다는 기억이 없다. 잘하건 못하건, 모두 나를 내버려둔 기억뿐. 그 누구도 나에게 더 특별한 관심을 주거나 꾸중도 하지 않았다. 단, 나는 그 음악과 첼로에 관해선 모든 게 '쉽고 자연스러웠다'라는 생각만 남는데, 그래서인지 누구의 눈에도 띄지 않고 '첼로와의 첫 1년'을 고요히 보냈다.

1년 뒤 5학년이 되자 오디션을 본 기억도 없는데, 모든 학생들이 희망했던 학교 오케스트라에 합류하게 되었다. 그리고 곧장 수석 자리에 앉았다. 이때도 마찬가지로 그냥 혼자 조용히 시간을 보내는 게 목적이었을 뿐, 이게 앙상블이고 저게 오케스트라며, 레슨을 하고 안 하고, 수석이니 아니니, 그런 것에 일체 관심이 없었거니와 이런 여러 구조들이 뭔지조차 모르면서 연주를 한 것밖에 기억이 없다. 음악부 미세스 켁Mrs. Keck 선생이 악보를 앞에 놓아주면 그 음들을 악기에서 뽑아내는 행위만 했던 거였다. 4학년 때와 마찬가지로 켁 선생이 나한테 큰 관심을 보이셨는지도 모르겠지만, 여하튼, 누구의 시선도 끌지 않고 아주 조용히 오케스트라의 한 멤버로서의 시간을 보냈다.

학교에서는 해마다 여러 연주회가 열렸다. 비록 청소년 오케스트라에 불과하지만 정기연주를 한두 번 해야 했고, 바쁜 연극부, 합창단과

협연하는 경우도 있었다. 어느 하루, 켁 선생이 어디론가 나를 보내서 가봤더니 연극부였다. 그 해 연극부 담당인 미스터 영Mr. Young 선생이 뮤지컬인지 뭔지 하는 연극공연용 작품을 한 편 써서는 나더러 피트or- chestra pit에서 뛰어야 한다고 했다. '예스'라는 의미로 고개만 끄덕끄덕. 오케이, 또 조용히 연주만 하면 되겠구나…… 자그마한 피트에 바이올린, 플루트, 클라리넷, 퍼커션 등, 몇 명이 이미 구성을 이루고 있었는데 일주일에 몇 번씩만 나가서 연습하면 그만이었다.

그때는 내가 하는 것 외에는 왜 그렇게 모든 것에 무관심했는지…… 피트에 앉아 있는 동안 무대 위에서 뭘 하고 있었는지 정말 몰랐다. 알아야 한다는 생각조차 안 했던 것 같다. 지휘자가 지휘봉을 들면 연주하고 연습 끝나면 악기 싸서 나갈 뿐, 연극인지 오페라인지, 춤 공연인지…… 무심했다. 내가 생각해도 그런 무심함은 드물었다. 세상으로부터 나 자신을 스스로 왕따시킨 것처럼.

그렇게 나만의 세계에 살다가 공연을 얼마 앞둔 어느 날, 연습 도중 영 선생의 목소리.

"칼린, 너 이리로 와봐."

'허걱! 저 선생님이 도대체 어떻게! 내 이름을 알지? 왜! 나를 부르는 거야? 난 보이지 않는 사람이란 걸 모른단 말씀인가?'

"칼린, 내가 밤에 대본을 다시 수정했다. 너 이거 읽어봐. 새로 집어넣은 역할이야. 네가 하면 좋겠다. 자, 읽어봐."

"네? 전 연극반 학생이 아닌데요……."

"그리고 그다음 장엔 딴 역할인데, 그것도 네가 해야 해."

"선생님, 제 말은…… 뭘 잘못 알고 계시는 것 같은데, 저는 저 밑에 피트에서 첼로 하는 아이에요."

"아, 그러니까 총 1인 5역인데, 다 너 하라고 쓴 거야, 됐지? 자 그럼 부탁한다! 잘 외워! 수고~!"

"어~ 선생님, 저는 피트에서 연주하는 학생이라고요!"

"아~ 알아요, 알아. 피트에서 연주하는 거 알아요. 연주 안 할 때 뛰어 올라와서 연기하고 내려가면 돼요. 그거 다 계산하고 쓴 거야. 자 연습하자."

"어, 그게 아니라…… 난 눈에 띄고 싶지 않단 말이에요. 이건 아닌데……."

피트에서 연주하다가, 무대로 올라가 젊은 여자 역할, 끝나면 뛰어내려가 연주 좀 하다가, 분장실에서 할머니 역할로 변신, 또 연주하다가 무대로 갔다가, 연주, 무대, 연주, 무대…… 지금은 그 5역이 다 무엇이었는지 기억나지도 않는다.

이렇게 무대 밑에서 첼로를 연주하는 동시에 무대 위에서 1인 5역을 해야 하는 말도 안 되는 상황으로 나는 뮤지컬에 입문했다. 하하……영어 속어 중 '머리 잘린 닭이 뛰어다니는 것처럼'이라는 표현이 있는데, 바로 5학년이었던 그때 날보고 하는 말 같다.

영 선생이 왜 그랬을까? 그렇게 조용하고 눈에 띄지도 않던 아이를 일부러 골라내어 대본까지 수정해가며 그렇게까지 해야 할 이유가 뭐가 있었을까? 또, 왜 하필 나였는지? 분명 그 무엇도 잘해서는 아니었다. 내가 그때까지 영 선생한테 보여준 건 아무것도 없었다. 우린 그 연습장에서 서로 처음 만난 거였다. 이 일은 서로가 만난 지 불과 며칠 안 돼 벼락처럼 일어났던 것이다.

이 질문의 답은 이제 영원히 얻을 수 없다는 것을 안다. 그렇지만 그 답이 어찌나 궁금한지…… 그때 영 선생에게 물어보는 건데. 하지만 내 삶의 '인연 1', 그리고 아주 훗날에 인연 2와 3을 만나게 되면서부터는 정확한 답은 아니어도 어떤 패턴을 볼 수 있었다. 사실 영 선생이나 그 후로 만날 인연 2나 3 때문에 오늘날 내가 걷고 있는 이 길을 택한 것은 아니다. 다시 말해, 영 선생이 그때 준 영향 때문에 내가 계속해서 뮤지컬을 했다거나 지금도 하고 있다는 건 아니다. 그 인연들이 내게 준 어떤 자극 때문에 지금 내가 무대 위에 있는 것도 아니다.

이렇게 생각하고 싶다. 나의 인연 1, 2, 3은 내가 이러한 길을 반드시 갈 거라든지, 아님 가야만 한다는 걸 이미 알고 있었던 것 같다. 그래서 어린 나에게, 한 아이에게 그가 앞으로 향할 미래를 조금 맛보여준 거라고. 본인에게는 나의 미래가 훤히 보였기 때문에 미리 앞당겨서 한 수 가르쳐준 거라고. 가는 길을 겁먹지 말고 어차피 꼭 건널 길, 남들보다 선수 쳐서 가라고 말이다. 그래서였나? 나는 여태 내 여정이 너무나 자연스럽고 하나도 무섭지 않게 걸어왔다는 생각이 든다. 어려운 일은 숱하게 많았다. 하지만 그분들이 있어 무섭지는 않았다. 내가 가는 길은 운명과 인연이 지지해주는 길이라는 무의식적인 안정감을 느꼈던 것 같다.

영 선생이 한 아이를 처음 보는 순간, '아~ 난 오늘 가서 저 애를 위해 대본을 수정하고 어려운 걸 요구할 거야. 울면서 도망갈지, 적극적으로 받아들일지는 내 알 바가 아니다. 해낼 수 있는지도 내 알 바가 아니다. 하지만 난 저 아이로부터 이런 걸 요구할 것이다.'

과연 이런 생각을 하셨을까? 하하…… 나는 모른다. 하지만 거기에는 어떤 경험과 직관이 있었을 것이다. 나는 영 선생에게 완벽한 타인이었을 수도 있다. 나는 누구보다 존재감이 없는 아이였다. 말도 하지 않았다. 누구에게도 관심을 보이지 않았다. 하지만 영 선생은 그 아이를 아주 잠깐 눈여겨보았다. 무엇 때문이었을까. 그것은 논리적인 것은 아닐 것이다. 현실적이지도 않다. 현실을 깨부수는 것이고, 지금의 논리를 뒤엎는 일이다. 5학년짜리 칼린에게 세상을 아름답게 보는 법, 그리하여 스스로 빛이 나게 살아가는 것에 대한 힌트를 주려고 했던 것은 아니었을까. 말도 안 되는 1인 5역으로 말이다.

영 선생이 그러지 않았다면 어떻게 해서든 첼로는 그럭저럭 잘 켜는 연주자가 되었을 수도 있다. 하지만 삶과 인간이 눈부시게 아름답게 살 수 있다는 것은 배우지 못했을 것이다.

나의 인연들은 내게 재미있는 영향을 끼쳤다. 학생, 배우, 가수…… 나와 작업하면서나 공부하면서 스쳐 지나가는 사람들 중에 유난히 내 눈에 띄는 경우가 있는데 특별한 몇 명의 미래가 훤히 보일 때가 있다. 쑥스럽지만 그럴 때 그들이 알게 모르게 내가 그들에게 영 선생이 되려고 노력한다. 유독 혼자 안에 갇혀서 첼로나 켜고 있는 사람이 내 눈엔 보인다. 그들이 걸어갔으면 하는 길을 조금 톡톡 건드려주는 것만으로, 그들은 나중에 엄청나게 많은 사람들에게 굉장한 감동을 줄 수 있다. 내 눈엔 그런 게 보인다. 나는 아주 가끔씩 혼자 도도했던 5학년짜리 칼린을 만나고는 한다. 영 선생도 내게서 그런 것을 보았던 것일까. 나는 혼자 갇혀 있는 그들을 보며 삶이 몇 번이나 반복된다는 걸 깨닫는다. 명심할 것은 삶은 엄청 아름답다는 거다. 그리고 그것은 몇 번이고 반복된다.

86년쯤 퓨전이란 말이 나오기 훨씬 이전 재즈와 국악을 접목해 결성한 밴드 유로피안 kar 컴퍼니

미국에서 고등학교를 다니던 시절 여름 음악캠프에서. 음악영재들이 모여 치열하게 연주하고 즐겼다

따뜻하고 따뜻한 사람

작가이자 작사가 양인자 선생과 크게 네 번 정도 함께 작업할 기회가 있었다.

양인자 선생과 처음 만난 건 뮤지컬 〈명성황후〉에서였다. 스텝 중 상대적으로 나이가 어린 음악감독이었던 나는 작곡가 김희갑 선생과 양인자 선생이 작업하신 곡들을 편곡하고 조율해서 배우에게 가르치는 일을 맡았었다. 당시의 기억으로는 양인자 선생은 마냥 어려운 대선배였다. 하지만 일을 위해선 선생들과 의견을 끊임없이 조율했어야 했고, 그게 쉽지만은 않았다. 당시 작업중에 김희갑 선생이 내게 크게 노했던 적도 있고 해서 사실 이 두 분이 날 아주 싫어한다고 생각했었다. 그래도 인연이었던지 선생들과 계속 만나게 되었다.

이후, 또 만나게 된 건 드라마 〈목욕탕집 남자들〉 OST 작업에서였다. 김, 양 선생은 〈명성황후〉에서 '4인의 왜상'을 맡았던 배우들이 노래를 맛깔스럽게 부르는 것을 인상 깊게 보았던 모양이다. 한 노래를 쪼개서 여기서 부르고, 저기서 부르고, 합쳐서 부르고…… 그런 모습이 재미있었는지 두 선생이 음반을 내주고 싶어 했다. 마침 〈목욕탕집 남자들〉의 사운드트랙 작업이 진행중이었고, 그들은 그 인연으로 드라마 주제곡을 비롯하여 '김희갑 작곡, 양인자 작사'의 곡들을 맛깔스럽게 부를 수 있었다. 그것이 〈운수대통〉이라는 이름의, '4인의 왜상'들이 참여한 〈목욕탕집 남자들〉 OST이다. 나는 거기서 몇 곡의 노래를 감독했다. 그 음반에서 나도 노래 한 곡을 불렀던 기억이 난다.

그다음은 드라마 〈파리 공원의 아침〉에서였다. 양인자 선생이 대본을 썼는데, 거기엔 한국에 공부하러 온 외국인 유학생 역이 있었다. 섭외와 관련된 자세한 뒷이야기는 모르지만, 선생이 직접 나한테 연락을 주셨다. 언제나 그렇듯 선생의 목소리는 상냥하고 자상했다.

"칼린, 너 드라마 출연은 안 하니?"

"아뇨. 안 하는 게 아니라, 한국에선 제게 맞는 역할이 드물어서…… 출연 기회가 없었을 뿐이에요."

그렇게 나는 그 드라마에 외국인 유학생 역으로 출연했다.

이렇게 저렇게 인연이 되어서 선생과 몇 번 작업을 계속 하다보니 점점 양인자 선생이 참 좋은 분이라는 것을 느낄 수 있었다. 물론 선생의 글은 예전부터 좋아했었지만, 인간적인 면모도 매혹적이었다. 언제나 자상하고, 언제나 소녀 같은…… 우리 둘, 친해졌다. 선생은 안 친해질 수 없는 인격이었다. 조심스러웠던 옛 관계가 확연히 바뀌고 나는 양인자 선생과 단둘이 보내는 시간이 좋아졌다.

양인자 선생을 다시 만난 건 〈오페라의 유령〉(한국 캐스팅) 초연 준비로 한창 바쁘던 2000년이었다. 그때만 해도 〈오페라의 유령〉 같은 큰 작품을 한국에서 올린 적이 없던 터라, 외국 스텝들은 한국 스텝들에게 여러 가지 요구를 하며 겁을 주곤 했다.

"한국에선 이거 제대로 못 올릴 거다" "연주자들은 1년 전부터 섭외를 해두어야 한다" "피아노 반주자들은 세계 최고여야 한다. 연주자들도 오디션을 볼 것이다" 따위들. 약간 '오만한' 그들의 요구사항을 그대로 믿은 우리는 진짜로 열나게 작품을 준비하고 있었다. 그 와중에 누구를 작사가로 쓸 것인가가 가장 큰 걱정거리였다. 모든 대사가 노래로 진행되는 작품의 특성상, 웬만한 작사가로는 역부족일 것 같았다. 한국어의 고전적 표현을 잘 알고 잘하는 사람이 필요할 것 같았고, 스토리가 녹아드는 뮤지컬 음악을 이해하고 있는 사람이 필요했다. 그래서 한국에서 지금은 이분 한 분만 이 작업을 해내실 수 있을 것 같다, 하고 양인자 선생을 추천했다. 엎치락뒤치락하는 회의 끝에 양인자 선생에게 작사를 부탁할 수 있었다. 그렇게 우리 둘은 또 한 번 작업을 함께하게 되었다. 나는 영어 가사의 뜻과 뉘앙스를 아는 음악감독으로, 양인자 선생은 한글 개사를 맡은 작사가로서 말이다.

가사 작업을 하는 우리 둘을 위해 제작사에서 서울 강남의 한 호텔방을 작업실로 내주었다. 선생과 나는 매일 낮 시간에 만나 그 자그마한 호텔 방에서 오순도순 작업을 해나갔다. 뮤지컬 제작 과정 중에서 가사 작업을 가장 재미있어 하는 나는 그 시간이 너무 즐거웠다. 대선배인 선생이 내 의견을 귀담아들어주는 것도, 내가 모르는 한국말을 가르쳐 주는 것도 고마웠다. 말 그대로 내겐 배움의 시간이었다. 한영, 영한, 국어사전을 쌓아 놓고 〈오페라의 유령〉의 오묘한 표현을 어떻게 한국말로 풀 수 있을까 고민했다. 가끔씩 가사가 떠오르지 않을 때면 우린 소소한 이야기를 나누며 잠시 머리를 식혔다.

"선생님 미국에서는, 특히 뮤지컬 가사 쓸 때, 동의어사전, 운율사전에서 단어를 찾아 써요. 우리도 다음에 여유가 있으면 가사 쓰는 사람들을 위해서 돌림체 사전을 만들면 어떨까요? 개나리, 미나리, 보따리 같은 거요."

"칼린, 그거 너무 좋은 아이디어다. 우리 언젠가 한번 꼭 해보자."

작업에 돌입한 지 한 달쯤 지났을까?
우리 모두 몸에 밴 습관(!)이 하나 있었다. 우리는 작업하러 올 때 간식거리로 언제나 먹을 걸 조금씩 싸오곤 했었는데, 이래저래 간식을 먹으면서 얘기를 나누다 선생도 부산 분이라는 걸 알게 되었다.

"선생님. 부산 음식 먹고 싶은 게 있어요. 서울에는 없구요, 부산에도 이젠 있을지 모르겠어요."

"그게 뭔데?"

"제가 어렸을 적에 해변에 나가면 사먹을 수 있었던 떡꼬치요…… 인절미 비슷한 떡을 각설탕만한 사이즈로 잘라 열 알씩 꼬챙이에 꽂아서 팔았는데…… 떡장수 아저씨들이 그 꼬치를 뜨거운 물에 살짝 담갔다가 콩가루에 묻혀서 탁 털어주는 게…… 그렇게 맛있었거든요."

"그래, 맞어! 기억난다. 네가 어떻게 그런 걸 다 기억하니?"

"왜 서울에선 그 맛있는 걸 왜 안 만들어 먹는지 몰라요."

"근데…… 먹고 싶은 게 또 있어요."
"뭔데?"
"생선뼈 국물에 삶은 콩나물요……"

내가 어렸을 적만 해도 부산에는 배 들어오는 집이 많았다. 생선뼈가 많이 남아돌았던 게 옛날 부산의 풍경 중 하나다. 생선뼈가 생기면 콩나물을 넣어서 푹 고아내 먹곤 했는데…… 짭쪼롬한 콩나물을 한 가닥씩 빼먹을 때마다 조금씩 생선살이 딸려온다. 지금도 생생하게 기억에 남는 추억의 음식이다. 이렇게 크고 나서는 다시 그걸 맛볼 수가 없었다. 서울에서는 더더욱이 모르는 음식이었고, 다시 돌아온 부산에서도, 전라도에서도 먹을 수 없었다. 부산에 살고 계신 숙모는 그건 싱싱하고 좋은 생선이 많았던 예전에나 먹을 수 있던 거라 했다. 지금은 그거 아무도 안 만든다, 만든다 해도 그 맛이 안 날 거라고 했다. 이제는 먹을 수 없다는 증언을 들으니 그 맛이 너무 그리웠다.

내 얘기를 들은 양인자 선생은 약간 놀란 것 같았다.

"칼린, 너 참 희한하다. 그렇게 외국인처럼 생겨가지고 어쩜 먹는 거는 그렇게 한국 사람보다 더 한국 입맛이니?"
"저…… 된장에 부추 박아놓은 것도 잘 먹구요, 장아찌 하나씩 꺼내 먹는 것도 좋아해요."
"그렇구나. 그 생선뼈 콩나물, 그건 정말 시골 음식인데, 그걸 네가 어떻게 아니……?"

선생은 시종 미소였으며, 그렇게 우리는 동향사람으로 옛날 고향 음식 얘기를 했었다. 그리고 2,3일쯤 지나서였나? 그날도 여느 때처럼, 내가 간식으로 감을 들고 호텔방에 들어갔더니 선생이 뭔가를 내밀었다.

"칼린, 선물 있어."

선생이 내놓은 것은 플라스틱 반찬그릇. 그 안엔 생선뼈에 고은 콩나물이 담겨 있었다. 직접 생선을 사고, 뼈를 발라 국물을 우려내었다 했다.

세상에…… 같은 고향 사람을 만나 먹고 싶은 음식을 얘기했을 뿐인데, 선생은 서울에서 십몇 년을 혼자서 살고 있던 나를 측은히 여겨 내가 그토록 먹고 싶던 '그' 콩나물 별미를 손수해온 거였다. 그것도 새까맣게 어린 후배를 위해서 말이다. 〈명성황후〉를 만들면서 선생의 남편인 김희갑 선생과 의견충돌도 있었고, 창작과정이 그렇듯 감정이 엎치락뒤치락 하는 사건들이 많았는데…… 그래서 나를 그냥 어리고 당돌한 음악감독 정도로만 여겨도 내가 별로 할말이 없을 정도로 그런 어려운 분이었는데…… 그분이 날 위해 내가 그토록 먹고 싶던 음식을 직접 해온 거다.

"그럼 우리 일 하자~"

생선뼈 콩나물 요리를 하는 사람의 마음이 있다. 맛이 그리운 나이가 되었다는 것, 사람이 그리운 나이가 되었다는 것. 내가 생선뼈 콩나물 요리가 그립다는 것은 그 요리가 내게 주었던 어떤 감정이 그립다는 것과 다르지 않았다. 선생은 내 표정을 읽고는 소녀처럼 웃었다. 순하고 따뜻하게. 잠시 나는 순하고 따뜻했던 부산에서의 어린 시절로 돌아간 것 같은 착각이 들었다.

우리는 다시 작업에 몰두했다. 하지만 사람에 대한 감동이 쉽게 물러 가주지 않았다. 아직도 〈오페라의 유령〉을 준비하던 1년을 돌아보면 그 순간이 가장 따뜻하다.

나는 언제나 양인자 선생의 가사를 좋아했다. 특히 뮤지컬 〈명성황후〉에서 어린 명성황후가 부르는 이 노래는 내가 가장 좋아하는 가사 중 하나다.

이상하다 눈꽃 날리네
눈꽃 날려 매화꽃 없네
눈꽃 녹아 흐른 후에 매화꽃 없네
매화 없는 봄봄, 봄이 아니네

미묘하면서 은근한, 그러면서도 모든 할 말이 다 전달되는 선생의 작품을 예전부터 존경했다. 나는 선생의 작품에서 연약하고 착한 여인의 마음이 왜 그리 절절한가 몰랐다. 한참 어린 나 같은 사람에게도 그토록 깊은 여심을 보여줄 수 있다니. 오히려 선생의 작품은 절제된 것이다. 돌아보니 흔했던 선생의 미소조차 하나 하나 다 소녀의 그것이고 그래서 모두 진심이었다. 생선뼈 국물에 곤 콩나물을 잊을 수 없을 것이다. 그 맛을 그리워하게 될 것이다. 마음이 차가워져 힘들 때면 선생의 마음이 전해져오던 그 호텔방의 시간들이 떠오를 것이다.

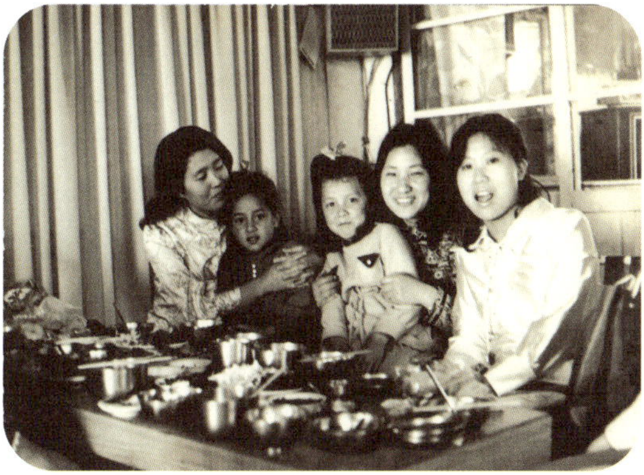

병 수집가 Bottle God

병 수집은 어렸을 적, 한 10살쯤 되었을 때부터 시작한 첫 취미 중 하나이다. 그때만 해도 아직 쓰레기 재활용이란 개념이 없었을 때였는데(그런 게 있었다고 해서 어린 내가 딱히 재활용이란 개념을 이해할 나이도 아니었지만) 그냥 예쁜 병들을 버리기가 너무 아까워 병을 모으기 시작했던 것 같다. 어린 마음에 다양한 색깔의 유리가 빛을 받아 반짝반짝거리는 게 너무 매혹적이었다. 어린 여자애들이 다 그렇지 않은가. 투명한 핑크빛과 반짝이는 다이아몬드에 뻑이 가듯 말이다.

꼴에 나도 여자라 어릴 때부터 뭔가 움직이고 반짝거리는 것들이라면 한참을 쳐다보곤 했다. 특히 벽난로에서 피어오르는 불꽃이라면 두세 시간이고 쳐다볼 수 있었다. 그러다 그 앞에서 잠들기를 좋아했다. 각이 많은 유리와 크리스털 그릇에 비치는 촛불도 좋아했다. 그래서 지금은 다 커버렸는데도, 집 안 구석구석에는 항상 초들이 널려 있다.

첫 번째 병이었던가? 파란 색깔이 너무 예뻐 쓰레기통에서 건져다가 창틀에 올려놓았는데, 아침 햇살이 병에 비칠 때면 빛이 병의 곡선을 따라 움직이면서 마치 사람을 호리는 여인이 살랑살랑 춤추는 것처럼 보였다. 불꽃의 색깔과는 다른 거였다. 색이 있는 유리를 투과한 빛이 그렇게 편안하면서 신비로울 수가 없었다. 이렇게 하나씩 차곡차곡 모으기 시작한 병들이 세월이 흘러 꽤 만족스러운 컬렉션이 되었다.

색깔이 예쁜 병, 모양이 특이한 병, 동물 모양, 키가 1미터가 넘는 것, 담배꽁초보다 작은 것, 화려한 그림이 박힌 것, 안쪽에 그림이 있는 중국 병, 물고기 모양 병, 중국 약병, 물병, 수제 병, 이제는 생산을 하지 않는 희귀한 것 등등. 내 눈에 띄었던 멋진 병이란 병은 다 모아들였다. 그중에서 특히 좋아했던 병들은 미국에서 만들어진 옛날 스타일의 약병과 식음료 병, 그리고 종이 라벨이 없는 병이다. 내가 미국을 떠나 한국으로 유학 올 즈음에 병 컬렉션이 300여 개가 넘었다.

지진 다발 지역으로 유명한 LA에서 몇 번의 지진에도 살아남은, 내게는 너무나 소중한 병들이다. 보통 사람들에게는 별거 아닌 그 유리병들이 내게는 왜 그리도 비싼 보석보다 더 예쁘고 아름답게 느껴졌는지 모르겠다. 유리에 빛이 반사될 때의 깨끗하고 투명한 느낌이 좋았던 것일까. 아니면 뭔가를 담았던 실용적인 물건이었다는 것 때문에 든든하고 좋았던 것일까. 기다랗고 넓은 선반 위에 장황하게 펼쳐진 병들이 제각기 눈부신 빛깔을 발할 때엔 맨해튼 야경의 스카이라인보다 더 환상적이었다. 아무튼 나는 나름대로 진지한 병 설치예술가가 되어 내 방에 거대한 유리병 컬렉션을 설치해놓았다. 점점 나는 '위대한 병의 신'이 되어갔고, 내 설치미술은 방문객들에게 꽤 인기 있는 예술품이었다. 많은 이들이 내 방에 와서 나의 병 컬렉션을 보고는 "진짜 병이 많구나! 이렇게 크고 이렇게 작은 게 있다니! 하나같이 너무 예쁘다!"고들

했으니 말이다.

한국에 올 때, 두고 올 수밖에 없었던 병 컬렉션. 주인이 없던 20년 가까이 박스에 들어가 빛도 보지 못하고, 이리저리 이사를 다니면서 많이 없어지고 또 손상되었다. 얼마 전 미국에 들어가 남은 병들마저 다 정리하고 아끼는 10여 개만 언니 집에 모셔놓고 왔다.

한국에서는 더이상 병을 모으지 않는다. 대신 미국에 있을 때는 크게 관심 갖지 않는 가면 수집에 열중하게 되었다. 하지만 그래도 내 부엌엔 여전히 유리병 3개가 싱크대 앞 창틀에 진열되어 있다. 은연중 어린 시절 마음의 고향을 자그맣게 옮겨놓고 싶었을까. 돌이켜보면 어린 시절 미국에서 느꼈던 포근함과 자연광이 색깔 있는 병을 통과할 때 주는 따뜻함을 나도 모르게 그리워했었나보다. 주둥이가 길고 섹시한 짙푸른 색의 병 두 개와 그 사이에 놓인 정열적인 빨간색 병 한 개. 고작 병 3개지만 설거지할 때마다 내게는 무엇보다 멋진 마음의 수집품이라는 생각이 든다.

어렸을 때도 그렇고 지금도 그렇고, 병을 수집한다 해서 일부러 돈을 주고 산 적은 없다. 가면은 여행을 하면서 마음에 들었던 것이나, 어떠한 상징물, 또는 마음에 꽂혔던 물건이기에 돈을 주고서 사들인 것들이지만, 몇 백 개에 이르던 병들만큼은 저절로 내 손에 쥐어졌던 예술품이었다. 얻어 오고, 주운 것들이며, 그냥 우연히 갖게 된 것들이다. 뚜렷하게 의지하여 모으려고 그랬던 것들도 아니다. 마치 살아 있는 것들의 인연처럼 그것들은 나에게 왔다. 그래서 더 아깝고 그리운 것 같다. 많은 일들이 돈으로 성공하고 실패하지만, 그것으로 되지 않는 것들이 더 소중한 법이다. 사람의 일이 그렇고, 내게는 또한 누가 다 쓰고 잊어버린 빈 병들이 그랬다.

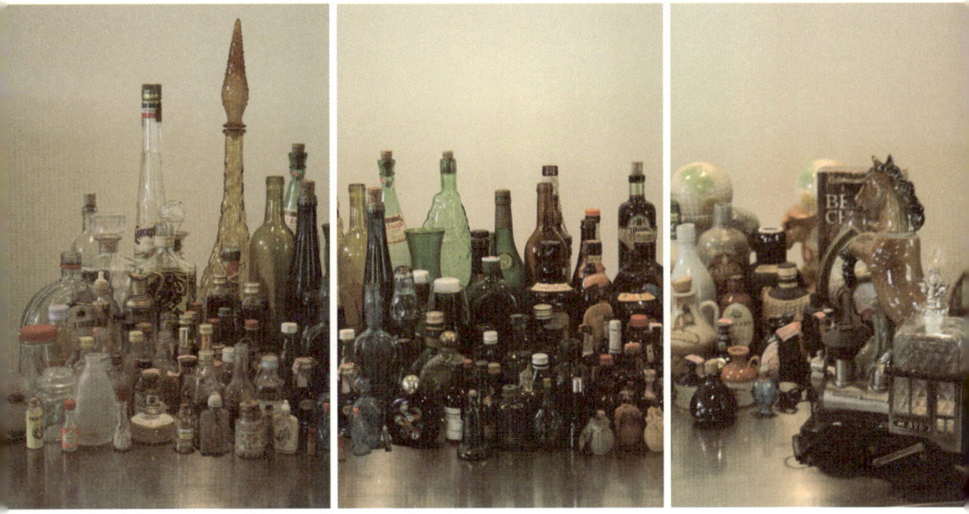

+ 버터플라이키스 Butterfly Kiss

키스 kiss
사랑하는 사람들이 입술과 입술을 맞대는
연인들끼리
가족들끼리
친한 사이라면 누구나

에스키모키스 Eskimo Kiss
에스키모 인이 서로 코를 비비고 인사하듯
두 사람이 서로 마주보고 코를 비비는
오래 비비다 보면 진하게 당신의 감동이 흘러나오는

버터플라이키스 Butterfly Kiss
깃털처럼 가벼운
입술의 그것보다는 더 가까운

사랑하는 연인들의 것은 아닌
가득, 사랑을 주어야 할 때

조카 캔디Kandy가 어릴 때다.
이모인 나와 만나면 우리만의 인사 '절차'가 있었다.
먼저 우린 입술에 가볍게 키스하고
다음 서로의 코를 싹싹 비비는 에스키모키스를 했다.
그다음
버터플라이키스를 했는데……

버터플라이키스는
두 사람의 오른쪽 눈을 서로 마주보게 한 다음
두 속눈썹이 서로 살짝 닿게 얼굴을 가까이 댄다.
그리고 눈을 깜빡깜빡거리면
마치 나비가 날갯짓하듯 속눈썹끼리 스쳐서
꼭 날아다니는 나비를 연상케 한다.
그것이 바로 버터플라이키스다.
간지럽기도 하지만
서로가 눈을 보고 하는 키스라
사랑이 가득 담긴 키스이기도 하고
언제나 서로를 미소 짓게 하는 키스이다.
사랑하는 아이에게 꼭 해줘야 하는 키스이다.

Hi Kandy!

Kiss Kiss

Eskimo Kiss Kiss

Butterfly Kiss Kiss

까르르르르……

I love you, 이모.

I love you, Kandy.

13시간, 리투아니아의 인연

"당신은 날 모르겠지만 한번 만났으면 합니다."
어느 날 전화가 왔다. 일 때문에 그런 전화는 자주 오는 것이라 펜과 노트를 들고 카페로 나섰다. 좋은 사람에 좋은 일이었으면 하는 마음은 언제나 가득하지만 허탕칠 때도 있어 큰 기대를 하지 않는 게 습관이 되었다. 재미있는 일일까? 귀찮은 일일까? 카페에 먼저 도착해 이것저것 생각하면서 자리 잡고 앉은 후 '차 후 15분 예의' 룰을 되새겼다. 어떤 약속을 해도 싫든 좋든 사람을 처음 만나는 자리에서 차를 시킨 후 최소 15분간의 대화는 예의.

나쁜 사람? 사기꾼? 예술가? 학자? 여하튼, 모르는 사람을 만날 때마다 그 사람이 어떤 사람인지, 또 어떻게 알아볼지 하는 긴장감이 배를 긁어 대고 있을 때, 갑자기 키 크고 장난기가 가득한 눈빛을 가진 남자가 테이블 너머 내 앞자리를 차지했다.

청바지에 단추를 풀어헤친 와이셔츠였나? 아님 완전히 다른 걸 입었는데 그런 이미지였다고 느꼈던 걸까? 비즈니스맨은 아닌 것 같았고, 나이는 나와 비슷하면서 왠지 젊어 보이고 자유로운 친구 같았다. 용건이 뭘까? 음악을 부탁하러? 국악을? 번역을? 어딘가에 출연을? 뮤지컬 무비를? 산이나 여행에 대하여? 판소리? 전통적인 소재로 그 무언가를? 아무튼, 그때 내가 하고 있던 일들이 그런 것이었고 이 사람이 '도대체 왜 나를 불러냈는지에 대한 용건'을 예측하느라 두뇌가 바빴다. 어찌됐든 맘에 안 들면 15분. 그래서 "네, 박칼린입니다. 어떤 일로……"로 대화를 시작했다. 하지만 내겐 대부분 만남이란 '일, 일 또 일'로 둘러싸인 것이었기에 다음 답변에 살짝 당황했다고 지금에야 고백한다.

그는 폴란드에서 영화 공부를 막 마쳤고, 아는 누나가 "한국 나가면 꼭 박칼린이란 사람을 찾아 가봐라"했다고 한다. "잘 모르겠지만 내 생각에 분명 얘기하다 보면 둘이 통하는 게 있을 것 같고 서로가 만나면 아주 좋은 인연일 것 같다"고 소개를 받았노라고 했다. 그래서 한국에 다시 왔을 때 이렇게 나를 찾아온 거라고 말이다.

흠…… 일이 아닌, 메이비maybe 일이 아닌, 혹은 일일 수도 있는, 하지만 지금 당장은 일이 아닌, 저스트 미팅 앤 토킹just meeting & talking인 그런 만남. 일에 지쳐 있을 때였다. 일이 아닌 만남이 너무도 신선했다. 아주 흥미 있는 오프닝 멘트, 담담하고 자신감 있는 멘트였다. 시간은 아직 11분이나 남아 있었고 앞에 앉아 있는 송일곤이란 친구, 결코 나쁜 사람 같진 않았다.

대화를 한참 하던 중 갑자기 내 머릿속엔 그 누나가 누군지 궁금해졌다. 그녀는 분명 송일곤이란 이 친구를 잘 아는 사람으로 또 그가 추구하는 세상도 잘 알았기에 나랑 만나기를 권장했겠지만, 나에 대해서 그녀가 무엇을 알고 있었기에 나를 만나기를 권했을까? 잡지기사나 인터뷰, 공연이나 TV? 그녀는 어디에서 본 걸로 나에 대한 '추측과 예상'을 했을 터. 그렇지만 송일곤 본인은 나에 대해 아무것도 모른다고 고백했다. 그냥 누나의 얘기만 듣고 '그런 사람' 하고 대화를 하기 위해 온 것뿐. 아무튼 대단한 거다. 특별한 용건 없이 그냥 만나기 위해 누구를 찾아간다는 것은.

이제 7분만 넘기면 되는 상황이었지만, 이 친구가 뭔가 마음에 들었다. 뭐랄까? 오랜만에 한 인간으로서 너무나 통일된 사람이었다고나 할까. 그, 자기 자신한테 꼭 들어맞는 키와 몸집을 가진 사람이라고 말하고 싶다. 복장이나 뭔가를 꾸미지 않아도 보기 드물게 부담 없는 자신감을 풍겼고 소프트한 목소리에다 일을 두려워하지 않은 흔적이 고스란히 남아 있는 두 큰 손, 해맑은 미소, 그리고 무엇보다도 살짝 빛나는 두 눈. 그 눈은 다양한 세상을 봐온 듯 풍성한 '꺼리'들을 가득 담고 있었다.

나는 송일곤이라는 이름은 처음 들었지만 일단 할리우드 근처에서 자란 사람들이 누구나 그렇듯, 나 역시 영화에 관심이 많았다. 그리고 세계를 조금이라도 구경 다닌 사람은 언제나 대화거리가 풍부하다는 것, 폴란드에서 영화 공부를 한 그는 나를 해치러 온 게 아니란 것이 확실했다. 우리의 버라이어티한 대화는 더욱 깊어만 갔다. 15분? 이 사람과는 가당치도 않은 시간이었다.

서로의 배경부터 물었던가? 기억 안 난다. 분명 나는 그의 폴란드 생활을 물었을 것이고, 나는 나의 세계탐구에 대한 갈망을 얘기했을 것이다. 서로의 일인 영화와 음악 세계에 대한 이야기들을 주고받았을 것이고, 확실하게 커피란 소재를 두곤 한참을 논했을 것이다. 밥? 먹었는지 그것도 기억나지 않는다. 종교와 정치 따윈 논하지 않았을 것이고, 일과 예술, 나라와 언어에 대해 얘기하고, 그리고 서로가 마음속에 담고 있는 작품들, 쓰고 있는 글들, 앞으로 작업할 창작에 대해 침을 튀기며 이야기를 했을 것이다.

간만에 유쾌, 통쾌했다. 그와의 대화는 뮤지컬인들 하고만 세월을 보낸 수년간의 공기와 다른 신선함을 풍겼다. 휴…… 속 시원하게 오만 가지의 대화를 한 후 시계를 보니 13시간이나 지나 있었다. 육체가 더 이상 견디지 못해 이상하다 싶어 시계를 보니 13시간이나 지나버렸던 것이다. 몸이 긴 기지개를 한 것처럼 시원했다. 그 시간을 채우려면 얼마나 많은 대화를 해야만 했을까? 그래도 지금 생각하면 짧았다는 생각밖에 들지 않는다.

13시간이 지난 끝에 시간은 이미 야심한 밤이 되어 있었고, 그와 헤어진 후 나는 수많은 대화 중 한 대목을 되새기면서 잠을 청했다. 우리, 폴란드와 스페인, 그리고 리투아니아를 함께 여행하면 어떨까 하는……

그렇게 나는 일곤을 처음 만났다. 그리고 그때 했던 말, 내가 처음 그에게서 느꼈던 대로 그는 그냥 빈말을 하는 사람이 아니었다. 우리는 정말 폴란드-리투아니아-스페인으로 떠났다.

그렇게 시작된 여행의 첫날, 폴란드 우쯔* 에 먼저 가 있던 송 감독이

---

* 우쯔Lodz
폴란드 중부에 있는 우츠키에 주의 주도로, 폴란드 제2의 도시이다.

바르샤바에 떨어지는 나를 마중 나오기로 돼 있었다. 그런데 난데없이 폴란드에 떨어진 그날부터 폴란드 대중교통이 파업에 돌입했다는 것이다. 낯선 바르샤바에서 상봉한 우리는 그 어느 곳으로도 갈 수가 없었다. 우리뿐만이 아니라 모든 관광객이 마찬가지였으니, 바르샤바에서 방을 잡기란 하늘의 별 따기였다. 모든 관광객들의 발이 묶여 있어 시내 호텔과 모텔, 여인숙은 말 그대로 초만원이었다. 한참을 그렇게 헤매다 겨우 찾은 방 하나. 조그만 침대 하나 달랑 있는 곳에서 우리는 그렇게 새우잠을 자며 앞날의 걱정 속에서 하룻밤을 보냈다.

어찌어찌해서 도착한 우쯔. 학기를 마친 송 감독의 기숙사 짐을 정리한 후, 우린 다시 바르샤바로 돌아오기로 돼 있었다. 바르샤바 역에서 기차를 타고 리투아니아까지 가야 했기 때문이다. 하지만 이것 역시 파업이 있기 전에 계획했던 일. 우쯔에서 바르샤바로 돌아올 길이 없었다. 버스, 전철, 기차 모두 마비된 상태였다. 하지만 우린 무슨 일이 있어도 돌아와야 했다. 리투아니아행 열차를 무조건 타야 했다.

글로벌하게 놀아왔다고 자부하며 살아왔던 나조차 파업중인 폴란드에서는 속수무책이었다. 이곳보다 더한 중국에서도 아는 한자 다 동원해가며 손짓발짓에다, 그림까지 그려가며 무사히 지내온 나였지만 폴란드어를 하나도 모르니 눈만 껌뻑껌뻑거릴 뿐 순 마네킹에 불과했다. 그 와중에도 리투아니아로 가야 할 시간은 어김없이 다가오고 있었다. 그때였다. 생명력 강한 송 감독이 기지를 발휘하기 시작한 거다. 그간 익히 폴란드어로 이리저리 뛰어다니며 바르샤바로 돌아갈 차편을 찾아 나선 거다. 그때 나는 태어나 처음으로 내가 '보호받는' 여자라는 느낌을 받았다. 살짝 고백하건대 그리 싫지는 않았다.

우쯔 터미널에서 사방팔방으로 돌아다니던 송 감독은 마침내 바르샤바로 출발하기 직전의 그레이하운드 버스 한 대를 찾아냈다. 출발 직전의 버스에 막무가내로 올라탄 송 감독은 한 부부에게 사정을 읍소해 티켓 두 장을 확보했다. 당시는 둘 다 학생이었으므로 돈도 없었을 텐데 어떻게 그럴 수 있었는지…… 아무튼 송 감독이 마법처럼 바르샤바행 티켓을 가지고 돌아왔다. 어떻게 구했는지는 물어보지도 못했다. 부부가 우리에게 선뜻 자리를 내줬던 기적 같았던 기억만 있다.

그렇게 겨우 되돌아온 바르샤바 역. 하지만 우린 눈 앞의 광경에 또 한 번 놀라고 말았다. 역 광장에는 수백 명, 아니 수천 명의 사람들이 난민처럼 모여 있었다. 보따리에 보따리를 들고, 고작 신문지를 깔고 하염없는 시간을 견디고 앉아 있는 사람들. 자고 있는 사람들도 있었다. 그 사람들을 뚫고 역무원에게 리투아니아행 차편을 묻는데, 돌아오는 말이 청천벽력이었다.

"벨라루스 비자는 있으시지요?"
"!"

폴란드에서 리투아니아로 가는 여정에는 벨라루스라는 나라가 팔을 뻗은 듯 걸쳐져 있다. 기차는 그곳에 정차하지 않고 통과하기만 하는데, 리투아니아로 가기 위해선 그곳의 비자도 필요하단다. 맙소사.

리투아니아행 기차의 출발시간은 다가오고, 하는 수없이 우린 벨라루스의 비자를 받아야 했다. 송 감독이 다시 분주해졌다. 그가 없었다면, 리투아니아의 공기를 마실 수나 있었을까. 당시 그곳의 상황이 중국과 비슷했다. 웃돈을 얹어주면 불가능했던 꽤 많은 일이 가능했다. 웃돈도 얹어주고, 장사치처럼 꼬이기도 하고, 간청도 하고, 협박 같은 것도 하고…… 정말 갖은 모든 것을 동원해 그는 반나절 만에 벨라루스 비자를 받아왔다. 원칙대로라면 한 달도 더 걸리는 일이었다.

비자를 받자마자 우리는 바르샤바 역으로 내처 뛰었다. 하지만 그곳에서는 또 하나의 시련이 기다리고 있었다. 기차 운행이 무기한 연기되었다는 것이다. 아무리 외국으로 나가는 기차라지만 폴란드에 있으면 폴란드 대중교통 파업의 영향력 아래 있는 거다.

"비행기라도 타자."

역시 그였다. 수소문 끝에 다음날 리투아니아행 비행편이 남아 있다는 것을 알아냈다. 우리는 하는 수없이 폴란드에서 하루를 더 보냈다. 여전히 방 잡기가 하늘 별 따기였다. 송 감독은 친구에게 전화를 걸어, 친구의 친구인 바르샤바의 한인 유학생 집을 섭외했다. 그가 못하는 것은 무엇일까. 그렇게 우리는 일면식도 없는 남의 집에서 하룻밤 신세를 졌다. 겨우 술 한 병 사들고 쳐들어가서 말이다.

그렇게 일박을 하고, 다음날 우리는 일찍 바르샤바 공항으로 향했다. 1시 비행기인데 12시 50분이 되어도 탑승 안내방송이 없었다. 비행기가 안 뜨고 있었다. 결국 한 시간이 지난 후에야 비행기 탑승 안내방송을 들을 수 있었다.

비행기에 오르면서도 걱정은 끊이지 않았다. 리투아니아 여행은 원래 미국에 있는 이모가 모든 것을 세팅해주었다. 나는 그냥 리투아니아에 가기만 하면 되는 거였다. 원래대로라면 기차역에서 현지 가이드를 만나 이모가 짜준 루트대로 따라가기만 하면 되는 거였다. 그런데 기차역이 아닌 공항에 떨어지게 되었으니 그와 만날 길이 없었다. 미국에 있는 이모한테 전화를 걸 수도 없는 상황이었다. 겨우 비행기에 오른 나는 송 감독에게 말했다. 지금은 그밖에 없지 않은가.

"그래도, 다행이네요."
"칼린, 여긴 폴란드예요. 아무것도 장담할 수가 없음."

하지만 마침내 비행기가 움직이기 시작했다. 그 와중에도 송 감독은 안심하긴 이르다고 했다.

"칼린, 여긴 폴란드예요. 아무것도 장담할 수 없어요. 리투아니아에 도착해야 진짜 리투아니아에 도착한 거예요."

하긴 리투아니아에 도착해도 그다음에 뭘 어떻게 해야 할지 계획이 없으니 막막하긴 한 거였다. 하지만 나는 그 상황을 즐기고 있었던 것 같다. 누가 나보다 더 안달해주고, 챙겨주고, 자기 일처럼 걱정하는 것을, 그리고 조금도 예상치 못한 상황들이 계속되는 것을 말이다. 두렵다는 느낌보다는 '이거 점점 더 재미있어지는데?' 하고 설레고 있었던 게 맞다. 사방팔방으로 뛰어다녀야만 했던 송 감독에게는 미안했지만, 계획대로 되지 않는 여행에서 정갈하게 짜여진 여행에서는 느낄 수 없는 스릴을 만끽하고 있었다. 비행기가 뜨고 겨우 한숨을 돌리고 있던 송 감독 옆에서 몰래 숨길 수 없는 진한 미소를 지었던 기억이 있다.

어찌됐건, 비행기는 1시간 남짓 하늘을 날아 리투아니아에 도착했다. 그렇게 개고생을 했는데 비행기는 1시간 날았을 뿐이다. 리투아니아 땅을 밟은 우리는 서로에게 "이제, 뭘 하지?" 농을 치며 공항을 두리번거리며 돌아다녔다. 아무런 계획도, 행선지도 없었다. 이제 내가 뛰어다녀야 했다. 원래대로라면 폴란드는 일곤, 리투아니아는 칼린이 책임지기로 했으니…… 어제 기차역에서 만나야 했었던 사람을 어찌 오늘 비행장에서 만날 수 있을까? 나는 정말 그야말로 아무것도 할 수 있는 것이 없었고 그냥 미국에 전화할 방법만 찾아 헤맸다.

그때였다. 저 멀리 누구를 대접하느라 그런 것처럼 옷을 곱게 입은, 조그마한 체구의 할머니가 우리를 향해 걸어왔다. 선한 얼굴이라는 게 있다. 사람들 얼굴 많이 본 나는 안다. 그 할머니가 그런 얼굴을 하고 있었다. 악하다는 말을 모르는 그런 얼굴이라는 게 있다.

"Are you Kolleen?"

"Yes."

"I've been waiting for you."

처음 보는 할머니가 나를 기다리고 있었다니. 이게 무슨 소리인가. 공항에서 누가 나를 기다리고 있을 거라곤 상상도 못했다. 누구에게 연락할 수도 없었는데…… 게다가 우리 계획은 하루 전날 기차역에서 만나는 거였는데, 하루가 지나고 공항인데, 인연이라는 게 어떻게 그럴 수 있나.

"폴란드가 파업중이라는 얘기를 들었지. 기차역이 마비되었을 테니 혹시 비행기로 오지 않을까 싶어서 기다리고 있었어."

그녀는 그 인연을 아무렇지도 않게, 당연히 그래야만 한다는 듯 말하고 있었다. 그러면서 주머니에서 포일에 싼 뭔가를 건네주는 거였다. 포일을 열어보니 빵 한 덩어리가 나왔다.

"먼 길 오는 손님이 마을에 도착하면 우리는 마을 앞까지 마중을 나가. 이 빵을 줘야지. 오느라 배고플 테니 어서 먹어. 우리는 원래 그래."

그 말이 끝나자마자 쏟아지려는 눈물을 참아내느라 힘들었다. 그때 송일곤을 만나 왜 리투아니아에 가자고 했는지 내 마음을 정확히는 몰랐다. 누구를 만나고, 무엇을 느끼고, 이렇게 어려울 줄 모르고 했던 약속이었다. 사람에 대한 믿음은 있었으나, 송일곤이 정말 나를 리투아니아로 데려다주리라고는 상상도 못했다. 그가 이렇게까지 내 한쪽의 먼 고향을 생각해주리라고는 생각지 못했다. 생전 처음 보는 사람에게 먼 길의 허기를 달래주려고 이틀을 기다려 빵 한 덩이를 건네는 인연이 있을 거라고, 정말 상상도 못했다.

"리투아니아 여행에 필요한 건 다 준비해뒀어. 통역자도 있고, 운전기사도 있어. 니들 지낼 호텔도 잡아놓고. 이제는 마음 놓고 네 할머니, 할아버지의 나라를 둘러보렴."

마음속 눈물이 멈추지를 않았다. 하지만 잘도 숨기면서 빵을 씹어 먹었다. 무슨 맛이었는지는 기억에 없다. 엄마의 나라, 처음 간 곳이었다. 아마도 우리가 만난 것은 기다리고 견뎌온 인연 때문이라는 생각을 한다. 리투아니아 빌니우스에서 내가 울음을 참으며 씹어 먹어야 할 빵 한 조각이 기다리고 있을 줄 내 어찌 상상이나 했을까. 다 그러려고 송일곤이 나를 기다려 만나겠다고 그랬나보다. 다 그러려고 폴란드의 기차는 파업을 했고, 우리가 만나왔던 게 아닌가 싶다.

22's HANDS

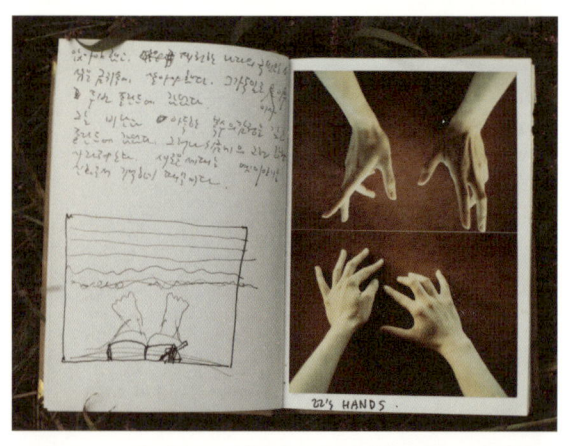

우리의 여행은 사건사고의 연속이았다. 아무튼, 사진 찍어줄 이기 없어 셀카를 찍다보니 매우 친근한 포즈가 나왔다. 서로 아끼는 사이지만 절대 연인은 아님

캘리포니아 여행 California Loop

LA에 살던 유년 시절, 엄마는 주말마다 내 손을 잡고 사막에 갔다. 큰언니, 작은언니도 아닌, 유독 막내딸인 나와 함께 3시간 반짜리 모하비사막 여행을 떠났다. 엄마가 운전대를 잡고, 막내딸이 조수석에 탄 모녀의 드라이브 여행이었다.

나이가 들면서는 점점 혼자 여행을 다니기 시작했는데, 이때는 이미 우리 집 식구들이 엄선한 캘리포니아의 고리 California loop가 만들어져 있었다. 엄마, 언니들과 같이 혹은 제각기 여행을 다니며 찍어둔 캘리포니아의 명소를 엮으니 자연스럽게 출발점과 도착점이 겹치는 둥근 고리 모양의 여행코스가 만들어졌는데, 이렇게 다니면 캘리포니아를 빠짐없이 한 바퀴 돌 수 있었고, 라스베가스까지도 들렀다올 수 있는, 꽤 훌륭한 순환 루트였다. 짧게는 4,5일, 길게는 1,2주가 걸리는 캘리포니아 여행. 아마도 캘리포니아에 사는 사람들이라면 자신들만의 캘리포니아 루프를 따라 여행을 하는 사람들이 꽤 있을 거다.

한창 시절엔 3,4년간 이 루트를 따라 자주 여행을 떠났던 것 같다.

한국에 나온 뒤로는 한동안 가지 못했지만 말이다. 이 황금루트는 이러하다.

일단 새벽 4시쯤에 LA를 출발해서 해변가를 따라 나 있는 1번 고속국도를 탄다. 캘리포니아 웨스트코스트라인California West Coast Line을 따라 북쪽 샌프란시스코 방향으로 올라가면, 왼쪽으로는 푸르디 푸른 태평양 바다가, 오른쪽으로는 장엄한 산맥이 펼쳐진다. 그렇게 해변가를 끼고 가다가 따뜻한 햇살에 수영을 하고 싶으면 아무도 없는 해변가에 들러서 잠시 수영과 선탠을 할 수도 있다. 따뜻한 햇빛을 받으며 자유로운 수영. 캘리포니아 여행의 가장 큰 매력 중 하나이다. 그렇게 몇 시간을 달려 LA와 샌프란시스코 중간에 도착하면 뜬금없이 불쑥 솟아 있는 거대한 성을 발견할 수 있다. '아니, 유럽도 아니고 미국에 무슨 성이 있어?'라고 생각할지 모르지만, 진짜다. 그곳엔 어마무지하게 거대한 성 허스트캐슬Hearst Castle이 떡하니 버티고 서 있다.

이 성을 지은 사람은 출판재벌 윌리엄 허스트이다. 마릴린 먼로가 활동하던 영화의 황금기 시절, 여러 잡지Red Book를 발간하여 억만장자가 된 그가 만든 집이다. 들리는 소문에 의하면, 이 사람은 계속 집을 짓지 않으면 죽게 되는 저주에 걸렸기 때문에(그가 그렇게 믿었기 때문에) 기를 쓰고 집을 지었다고 한다. 방이 100개가 넘고, 수영장 2,3개, 벽난로가 몇 십 개나 된다고 하니, 그 저주 한번 무시무시했던 모양이다. 이탈리아를 여행하다 어느 식당의 벽난로가 마음에 들면 엄청난 돈이 들든 말든 그 벽난로를 뜯어왔고, 그리스를 여행하면서는 웬만한 재력가는 살 수 없는 진귀한 보물을 구해와 성을 치장했다고 한다. 성 안을 꾸민 물건들이 값비싸고 희귀한 것이 많아서 웬만한 박물관보다 더 멋진 곳이다. 말 그대로 죽어라 지었기 때문에 중구난방으로, 그것도 엄청나게 거대한 성이다. 지금으로 치자면, 플레이보이 맨션을 지은 휴 헤프너보다 훨씬 더 화려하게 살았던 사람인데, 매일 밤 그곳에서 영화배우들, 유명인들을 초청해 파티를 했다고 한다. 지금은 캘리포니아 주 소유의 관광지가 되어 나 같은 일반 관광객들도 구경할 수 있는 곳이 되었지만 말이다.

한국으로 치면 과천 정도 되는 곳에 성이 세워져 있는 것인데, 이를 하루 만에 다 볼 수는 없어 3시간짜리 투어로 만들어놓은 게 있다. 그 코스를 돌며 밥을 먹은 후, 다시 해변으로 나가 북쪽으로 올라간다. 올라가다보면 세계에서 가장 키가 큰 나무가 있는 레드우드 숲Red Wood Forest과 만나게 된다. 여기서 대자연에 다시 한 번 숙연해지고…… 나무가 몇 십 층짜리 건물과 키가 같다라고 생각하면…… 아무튼, 고개가 절로 숙여진다.

구불구불 길을 돌아 처음 도착하는 주요 도시가 샌프란시스코인데, 일단 도착하면 기라델리 초콜릿 공장을 구경하시라. 그리고 샌프란시스코 만 지역San Francisco Bay Area에서 싱싱한 해산물을 저녁으로 먹는다. 그다음! 지금도 있을지 모르겠지만, '리알토'라는 영화관에서 영화 한 편을 본다.

이 영화관은 이제는 거의 찾아볼 수 없는 영화관 세계의 골동품이자 고집쟁이 영화관으로 옛날 영화를 볼 수 있는, 일명 리바이벌 씨어터revival theater이다. 이 영화관의 가장 큰 매력 포인트는 물론 옛날 영화를 볼 수 있는 것이기도 하지만, 이 영화관에서는 영화를 보면서 담배를 피울 수 있다는 것이다. 그리고 맥주도 판다. 올드 무비를 매우 분위기 있게 즐기는 매우 쿨~한 영화관. 그래서 많은 '아티스트' 들이 모인다.

이렇게 샌프란시스코에서 하룻밤을 묵고, 다음날은 아주 일찌감치 또 다른 대자연의 향연인 요세미티국립공원 Yosemite National Park 으로 가 산과 바위와 나무와 물에 대한 경배를 한 후, 이어지는 산맥을 타고 세 쿼이아국립공원 Sequoia National Park 으로 넘어간다. 이곳은 세계에서 가장 부피가 큰 나무가 있는 곳으로 유명한데, 우리나라에서 자라고 있는 세쿼이아 나무의 100배는 되어 보임직한 크디큰 세쿼이아 나무들이 가득한 곳이다. 자연에 대한 경이로움에 나도 모르는 사이에 가슴이 벅차오르고 눈물이 나는, 그런 곳이다. 꼬옥 들러서 나무를 만져봐야 한다.

그렇게 하루나 이틀을 산맥을 돌아 동쪽으로 내려오게 되면 언제 숲이 있었냐는 듯, 황량하고 뜨겁게 타오르는 사막이 나타난다. 한없는 일직선의 고속도로를 몇 시간을 달려 드디어 도착하는 곳은 이름도 무시무시한 죽음의 계곡 Death Valley. 섭씨 40도가 넘는 뜨거운 바람이 불고, 타이어가 타버릴 것 같은 '지옥 같은 계곡'이다. 해수면보다 낮은 지역이라 온갖 신비로운 자연의 모습이 가득 담겨 있는 곳이다. '화가의 팔레트' 라 불리는 오색빛깔의 언덕이 있고, 소금결정체가 깨진 유리처럼 솟아올라 있는 땅 '악마의 골프코스'도 있다. 어찌나 뜨거운지 여름에는 아예 출입이 금지되어 있는 곳이다. 서부개척시대에 동부에서부터 그 큰 미국 땅덩이를 건너온 청교도 이주민들이 이곳을 건너지 못하고 모두 죽었다고 하니, 그 살인적인 열기가 어느 정도인지는 아마 대충 짐작이 갈 듯!

그들이 건너지 못한 그곳을 자동차로 편하게 건넌 뒤(대자연에 대한 경외를 잊지 말라!) 동쪽을 향하여 한참을 달려 죽음의 계곡을 빠져 나오는 산맥을 하나 더 훌러덩 넘는다. 그것도 딱 해질녘에 맞추어 말이다. 그러면 일몰에 온 산이 붉게, 거대하게 물드는 장관과 마주할 수 있다.

그러고 나면 사막 한가운데 세워진 요지경 세상, 라스베가스의 불빛이 저 멀리서 보이기 시작한다. 사실 허스트 캐슬만큼 뜬금없이 세워진 것이 라스베가스라 생각하는데, 사막 한가운데에 도박과 쇼와 온갖 놀거리로 가득한 환락의 도시를 지었다는 게 나한테는 늘 신기한 일이었다. 만약에 인류가 멸망하고, 외계생명체가 땅속에서 라스베가스를 찾아낸다면 얼마나 당황스러워할지 궁금하다. 황량한 사막 모래 속에 이집트의 피라미드(룩소호텔)와 로마황제의 궁전(씨저스팰리스), 그리고 파내도 파내도 끝이 없는 카지노 칩들을 만나게 될 테니 말이다.

언제 사막의 모래 속에서 사라질지 모르니, 라스베가스에서 할 수 있는 모든 놀이들은 다 즐긴 후, 즉 심심풀이 카지노와 웅장한 쇼(서커스, 마술쇼 등)를 보고, 다시 대자연 속으로 들어간다. 그랜드캐니언을 거쳐 오색빛깔의 하바수 폭포를 본 후, 집으로 돌아오는 길에 멕시코에 잠시 들러 가재를 먹고 데킬라를 마신다. 그리고 샌디에이고를 잊지 않는다. 멋진 씨월드 수족관, 동물원, 사파리를 들러보면 좋다. 그렇게 다시 LA로 돌아오면, 캘리포니아 루프가 완성된다.

시간이 많이 없을 경우, 요세미티, 그랜드캐니언을 들르지 않고 샌프란시스코에서 내려오는 직진도로를 타게 되는데, 이때 보게 되는 주변의 풍광 또한 경이롭다. 미국의 농장은 미국 땅덩이만큼 거대한데, 그 길을 달리다보면 그 규모가 얼마나 큰지 직접 눈으로 확인할 수 있다.

직선도로를 달리는 3,4시간 동안 양옆에는 배추밭만이 펼쳐져 있을 수도 있다. 언덕? 강? 그런 건 못 본다. 오직 배추밭뿐이다. 목화가 터지는 시즌이면 목화만 보며 3,4시간을 달려야 한다. 산이 있고, 계곡이 있고, 평야가 있는 한국의 아기자기한 지형과는 달라도 너무나 다른 모습이다.

이런 광경을 볼 수 있는 곳이 바로 캘리포니아고, 이것이 우리 가족의 캘리포니아 여행이다. 차로 여행하는 것을 즐기는 나에겐 지금 당장 떠올려도 마구 설레어지는 여행코스이다. 늘 들르는 곳이지만 갈 때마다 새로운 걸 발견하고, 느끼게 된다. 어린 시절 엄마와의 캘리포니아 여행에서 시작된 무엇 때문에 한국에서도 그렇게 여행 다니는 것을 좋아하게 되었나보다. 아마도 이것이 구름투어의 시초가 아닐까 싶다.

아무리 강조해도 지나치지 않는 말: 아무리 작은 여행일지라도 그 속에서 엄청난 것을 배우고, 느끼고, 자랄 수 있다. 그러니, 캘리포니아를 여행하려는 분들, 칼린표 캘리포니아 루프에 한번 도전해보시길! 캘리포니아는 자연에 대한 경외감과 신비로움에 흠뻑 젖을 준비가 되어 있는 사람들 모두 환영!

15살 때쯤 엄마와 남미 일주를 했다. 오른쪽 아래는 마추픽추를 내려다보며 이 순간을 담아가고 싶다는 생각을 하고 있을 때 저 멀리서 엄마가 몰래 찍어준 내가 가장 아끼는 사진

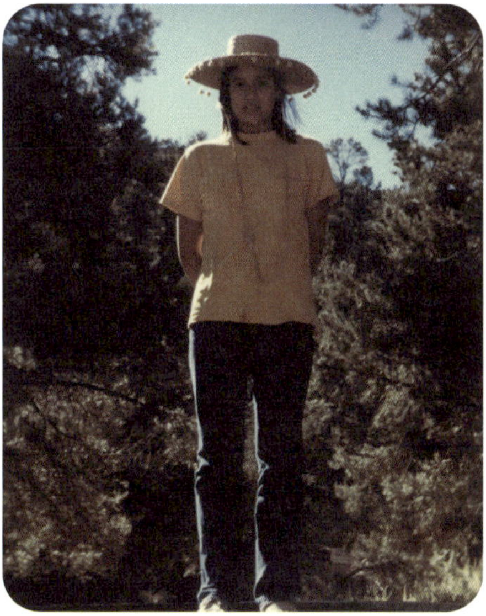

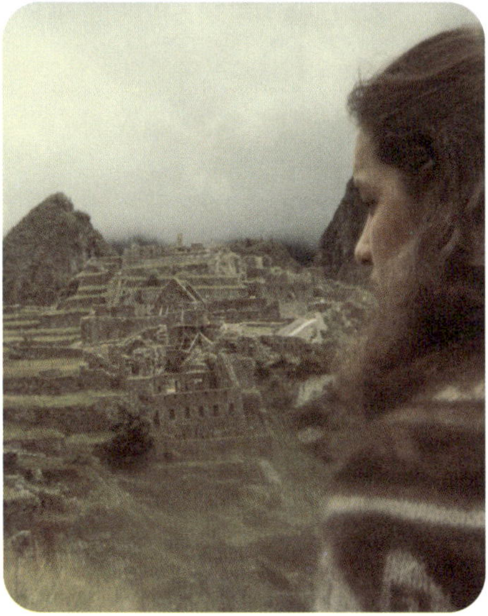

✚ 공연은 계속되어야 한다

10년이 지나면 강산도 변한다. 해서 이제는 이 얘기를 할 수 있을 것 같다.

11년 전, 나는 뮤지컬 〈겨울 나그네〉의 음악감독이었다. 〈겨울 나그네〉에서 주인공 민우를 좋아하는 여자 캐릭터 이름이 은영이다. 클럽에서 일하는 아가씨. 최인호 원작 소설의 내용은 다 알 거다.

그런데 그 은영 역은 더블도 아니고 무려 트리플 캐스팅이었다. 그랬는데도 불구하고 그 세 명 모두 다음 주 공연에 못 나온다는 거다.

"뭐, 뭐라구요? 우리가 더블을 왜 두는데? 더블도 아닌 왜 트리플인데! 다시 얘기 좀 해보이소. 한 명도 공연을 못 해요, 그날? 이런 거 때문에 세 명이나 뽑은 거잖아."

하지만 아무리 얘기를 해도 무조건 세 명 다 못 나온다는 거였다.

너무 긴박한 상황이었던지라 세게 화낼 겨를도 없었고, 배우의 상식을 놓고 잘됐네 잘못됐네를 따질 형편도 아니었다. 은영이란 역할은 노래와 춤도 잘해야 했고, 또 무엇보다 연기를 잘해야 했다. 공연하던 배우들 중에서 대역으로 쓸 만한 애들이 있어도 연기가 되면 노래가 안 되고, 노래가 되면 체구나 춤이 은영 스타일이 아니었다. 또 생긴 게 맞으면 연기가 안 되고…… 그런 식으로 그 역에 딱 맞는 배우가 한 명도 없었다. 지금은 뮤지컬에 필요한 노래, 춤, 연기 이 세 가지 조건을 두루 갖춘 배우들이 점점 많아지고 있지만, 그 당시만 해도 그런 배우들은 드물었다.

고민 끝에 우린 앙상블 배우 중 연기와 외모가 은영 캐릭터에 가장 근접한 '은정'이란 배우를 캐스팅하기로 했다. 모든 스텝들이 은정에게 달라붙어 연습을 시켰다. 연기는 곧잘 하고 원래 춤도 잘 췄기에 공연까지 남은 3,4일 동안 집중적으로 노래 연습을 시켜야만 했다. 물론 작품의 주인공을 맡은 배우가 고작 3,4일 연습하고 무대에 선다는 것이 말이 안 되는 거였다. 하지만 어쩌겠는가. 이미 주연인 트리플들이 공연 펑크를 낸다는 것부터가 말이 안 되는 거다.

공연 날짜가 다음날로 다가왔다. 정말 은정은 죽을 만큼 연습했다. 얼마나 애가 탔을까. 모든 배우, 특히 언더스터디*나 앙상블은 이런 찬스가 오기만을 기다린다. 부러 마음에서 나쁜 일을 기원할 수는 없겠지만, 주인공이 무대에 오르지 못하는 일이 일어나기를 꿈꾸는 것은 어

---

*언더스터디understudy
주연배우들과 함께 연습하며 공부하는, 아직 미완성이고 부족하지만 장차 주역을 맡을 가능성 있는 배우들을 언더스터디라고 한다. 그래서 준비가 아직 안 된 경우, 공연에 서지 않을 수도 있고, 준비가 되면 서기도 한다. 주인공의 역할을 추후에 할 수 있도록 그 역만을 공부하는 배우이며, 일반적으로 해당 공연에서는 다른 역으로 참여하지 않는다.

찔 수 없는 일일 거다. 그래야 자신에게도 주역의 기회가 올 수 있으니 말이다. 그래도 대부분은 그 역을 미리 공부하고 있던 언더스터디나 커버*가 자연스레 빈자리를 채우게 되는데, 그때는 상상도 못할 긴급한 사태가 벌어진 것이다. 그야말로 땜빵, 누구보다 은정이 가장 혼란스러웠을 거다. 겁도 나지만, 그래도 찬스가 왔다고 생각했을 것이다. 그때를 돌아보니, 은정의 생각을 물어볼 겨를조차 없었던 것 같다. 이쪽의 흔들림 없는 철칙이 있다면, "공연은 계속되어야 한다!The show must go on!"일 것이다. 물론 그것은 은정도 깊게 받아들이고 있는 원칙일 터였다.

나 역시 그랬다. 뮤지컬 〈아이다〉의 막을 올리기 전날(한 편의 뮤지컬 작품을 공연하는 데 있어 가장 바쁘고 힘든 날) 우리 집안의 가장 큰 어른인 친할머니께서 돌아가셨다. 나는 아침에 그것을 예감한 듯싶다. 카센터에서 차 수리를 기다리며, 바깥의 햇살이 너무 따뜻해서 눈을 감고 얼굴을 하늘로 던진 채 볕을 쪼이고 있었다. 눈 감은 그 속에서, 갑자기 할머니가 빵긋 웃으시면서 "나 간다……" 그러시는 게 아닌가. 10분 뒤 아빠로부터 할머니가 임종했다고 전화가 왔다. 그 당시 한국엔 아빠 말고 나밖에 없어서 나라도 당장 부산으로 내려가야만 했었다. 하지만 작품을 무대에 막 올리기 직전이라 몸이 이미 탈진해 있었다. 고맙게도

---

* 커버cover
해당 작품의 앙상블을 맡고 있는 배우들 중에서 만일의 사고에 대비해 주역들의 역할을 연습해놓고 주연이 비었을 경우 대신 그 역을 맡는 배우를 커버라고 한다. 주로 주인공 이름 뒤에 붙여 '로저 커버', '미미 커버' 라고 부른다. 주역 커버로 비게 된 앙상블 자리에는 스윙(swing)이 대신하게 되는데 보통 한 작품에 남녀 한두 명씩 배정되어 있다. 이들은 앙상블의 모든 역을 나눠서 연습하기 때문에 매우 어렵고도 중요한 자리이다.

내가 조금이라도 잘 수 있게 두 친구가 부산까지 운전해주겠다고 해서 그날 마지막 연습이 끝나자마자 밤 11시에 부산으로 향했다. 그렇게 아빠와 할머니 장례를 새벽까지 지키고는 해 뜨기 직전 서울로 차를 몰고 오면서, 그 사이 조금 눈을 붙였다. 그리고 그날 아무렇지 않게, 멋지게, 〈아이다〉의 첫 공연을 올렸다.

관객은 절대 몰라야 한다. 만약 부모님이 돌아가셨다고 해도 '공연은 계속되어야 한다'는 지켜져야 한다.

〈겨울 나그네〉의 상황은 〈아이다〉 때와는 좀 다른 것이었지만, 여하튼 첫 공연 날은 반드시 온다. 배우와 함께 며칠을 연습한 결과 무대에서 노래 부르기에는 어려울 것 같다는 불안감이 딱 그 전날부터 걷잡을 수없이 솟아나기 시작했다. 배우의 잘못이 아니었다. 은영의 노래가 모두 어려운 노래들이었다. 아주 중요한 1막을 마감하는 노래, 중요한 신을 혼자의 노래로 끌고 가야만 했다. 따라서 은영에게는 놀라운 테크닉과 게임의 승패를 책임져줄 선발투수와도 같은 체력이 필요했다. 그래서 우리는 공연 당일, 미안했지만 또 다른 최후의 시나리오를 짜놓을 수밖에 없었다.

은정이 무대에 섰다. 은정은 열심히 연기를 하고 신들린 듯 춤을 춰주었다. 아주 잘했다. 은정의 사연을 아는 사람이라면 모두 눈물이 날 것만 같이 잘해주었다. 은영 역으로 은정을 뽑기를 잘했다는 생각이 들었다.

한편, 최후의 시나리오는 이런 거였다. 혹시 '라이브-립싱크'라고 들어봤을까? 그때 내가 만들어낸 말이다. 그날의 첫 공연은 이렇게 이뤄졌다. 지휘를 맡고 있던 나 대신 작품의 작곡가인 김형석 씨가 지휘를 하고, 은영의 연기와 춤은 은정이, 은영의 노래는 피트 한쪽에 쭈그리고 앉아 어둠 속에 숨어 내가 마이크를 잡고 불렀다. 그렇게 '라이브-립싱크'라는 게 탄생했다. 은정과 나는 오전에 서로의 입모양과 호흡을 익혀 최대한 똑같아 보이려고 연습에 연습을 했다. 은정도 무대에서 흘끔흘끔 피트의 나를 훔쳐보면서 내 입모양과 자기 입모양을 맞춰주었다. 나는 등에서 식은땀이 흘러내리는 것을 느끼며 노래를 했다. 피트에서의 내 목소리가 객석에 들리지나 않을까, 행여나 대사에서 노래로 넘어갈 때 목소리가 다른 게 티가 나지 않을까, 입모양과 호흡을 못 맞추면 어쩌지, 내 쪽에서 가사를 까먹으면 어쩌나, 혹은 은정이 가사를 까먹으면 어쩌나……?

돌아보면 형석, 은정, 칼린…… 우리가 〈겨울 나그네〉의 트리플이었다. 2시간 반의 공연이 끝나고 관객들은 정말이지 우레와 같은 박수와 환호를 보내주었다. 그거면 됐다. 충분하다. 그 순간, 그것을 지키느라 심장이 터지더라도 공연은 계속되어야 하고, 관객은 절대 몰라야 한다.

대표도 초조하게 첫 공연을 사수하고 있었다. 어땠냐고 물으니, 말이 걸작이 되어 돌아왔다.

"눈물 나더라, 야……"

그때, 그 말에 내가 마음으로 뭐라고 답했더라.

'뭘요…… 공연의 막은 무조건 올라가야 하니까요.'
정도가 아니었을까.

천 년

 부산에서 자그마한 국악학원을 다니던 80년대 후반 시절로 거슬러 올라간다. 어느 날, 학원 선생이 "칼린, 우리 같이 청학동 가자!" 했다. 나는 새벽 6시에 아빠한테 쪽지 하나 쓰고 청학동으로 향했다.

 '저, 청학동 갔다 올게요.'

 나중에 들은 얘기지만, 아빠는 내가 부산 영도에 있는 청학동엘 갔다 온다는 얘기인 줄 알고, 점심때부터 한참을 기다렸다고 한다. 핸드폰도 없던 시절, 아빠는 지리산 청학동에 간 딸을 애타게 기다렸다.
 그렇게 김영민 선생과 함께 청학동으로 향했다. 그곳이 정확히 어딘지, 얼마나 걸리는지도 모른 채 말이다. 지금은 편하게 갈 수 있는 곳이지만 그때만 해도 부산에서 청학동까지 가는 교통편은 정말 대단히 복잡했다. 부산에서 진주까지 고속버스를 타고, 다시 진주에서 하동, 또 다시 하동에서 3시간 넘게 일명 '덜덜이버스'를 탄 후, 비탈진 산길을 올라야만 겨우 청학동도 아닌, 삼성궁도 아닌 묵계리에 도착할 수 있었다. 거기서 또 걸어야 한다. 덜덜이버스는 당시 하루에 세 편 정도. 어떨 때는 청학동 집행인 댕기머리 소년과 함께였고, 어떨 때는 푸닥푸닥대는 닭 몇 마리와 함께였다.

지금의 청학동은 관광지가 되어서 음식점도 많고, 보여주기 위한 '전통의 무언가'가 많이 생겨났지만, 그 시절의 버스 종점이 묵계리는 조그마한 초가집 몇 채만 겨우 있었던 인적 드문 산골짜기 마을이었다. '세상에, 이렇게 조용한 마을도 있구나'라는 생각이 들 정도였다. 버스에서 내려 선생과 나는 계곡을 따라 바위와 흙을 밟아가며 한참을 산 깊숙이 산행해야 했다. 그래야만 비로소 목적지인 삼성궁에 도착할 수 있었다. 아는 사람 아니면 길을 찾을 수 없는 산길이었고, 바위로 만든 성문을 통과해야만 간신히 사람의 흔적이 있는 자그마한 초가집터를 발견할 수 있었다.

그런데 그렇게 반나절을 부산에서 달려 왔건만, 도착하니 아무도 없는 빈 집이었다. 지리산 산꼭대기에 싸늘한 바람소리만 잔잔하게 들려왔다. 어찌나, 고요하던지! 김영민 선생은 혼자 날 거기 버려둔 채 집주인을 찾아오겠다고 숲속 어디론가로 사라졌다. 그렇게 혼자서 지리산 남방을 한눈에 내려다보고 한참을 남해에 눈 팔고 있을 때, 토굴에서 일하다가 나오는 한풀을 만났다. 아, 이분이 여기 집 주인. 이분을 찾겠다고 숲속으로 사라진 우리 선생도 없는 자리에서 나는 누구의 소개도 없이 삼성궁의 주인 한풀을 그렇게 처음 만났다. 이게 앞으로 20여 년간 얽히고설킨 인연이 되리라고는 생각지 못했다. 지금은 이분을 모두 한풀 선사로 알고 있을 거다.

한풀. 그는 하얀 한복을 입고 있었고, 머리를 길게 길렀다. 키는 작지만 단단한 체구의, 나보다 몇 살 많아 보이는 남자. 느껴지는 기운으로나 첫인상으로도 너무나도 범상치 않은 사람이었다. 우리 선생조차 그 앞에선 예의가 깍듯했으니 말이다. 그날 밤에 산에 같이 있던 그의 수자들을 만날 수 있었는데 나이가 많든 적든, 모두가 이 한풀이라는 사람에게 존경을 표했다. 처음의 나는…… 그를 어떻게 대해야 될지 몰라 난감했다.

첫 만남에서부터 그는 나에게 선비도 아닌, 선사도 아닌, 스승도 아닌, 그렇다고 무인도 아닌, 말로 표현하기 너무 부족한, 뚜렷이 이도 저도 아닌, 하지만 모든 관계일 수 있는 그런 사람이 되었다. 처음 만난 날, 밤을 꼬박 새며 얘기하다가 그가 '한실'이라는 계명을 내게 하사하기도 했으니 말이다. 그곳에선 적어도 3년은 '검' 수행을 해야만 이름을 받을 수 있다 했는데, 나는 그와 대화를 한 지 하루 만에 이름을 받게 되었던 것이다. 한실. 큰 계곡이라는 뜻으로, 그는 내게 이 이름을 선물하며, 어머니처럼 이 세상 사람들을 모두 포용할 수 있는 큰 사람이니 그렇게 지었다고 했다. 정말 그런 내가 그런 사람으로 보였는지는 모를 일이다. 아마도 그렇게 살라는 말이었을 것이다.

첫날밤에 그는 내게 '한국의 5000년 역사'에 대한 무수한 얘기를 해주었다. 그 얘기들에 무엇이 들어 있었는지, 무엇에 매혹이 되었던 것인지 그후 나는 정작 나를 그곳에 데리고 간 국악 선생도 없이 혼자 청학동을 다니기 시작했다. 나는 주말마다 그가 돌 하나하나를 옮겨 만들기 시작했던 삼성궁의 옛 터전으로 향했다. 하루 세 번뿐인 버스를 타고, 비포장도로를 지나, 길도 나 있지 않는 산을 오르며, 선물로 산 사과 한 박스를 들고 힘들게 힘들게 그를 찾아갔다. 친구 한 명 만나기엔 무지하게 힘든 길이었지만, 그 길은 내게 너무나 큰 휴식과 영감을 주는 길이었다. 인적이 드문 산속을 주말마다 찾는 것이 좋았고, 그런 곳에 사는 그와 '한국과 세계'에 대해서 얘기 나누는 것이 좋았다. 지금의 삼성궁을 다녀온 사람이라면, 거대한 돌탑과 멋진 한옥을 상상하겠지만, 20여 년 전의 그곳은 지금과는 전혀 다른 모습이었다. 지금의 그럴듯한 돌탑도 돌 몇 개에 불과했고, 훨씬 조촐하고 자연의 모습에 가까운 그런 데였다. 단지 그와 뜻을 같이하는 수십 명, 때로 몇 백 명 가까이 되는 수자들만이 몇 년에 걸쳐 오고가는 그런 곳이었다.

그들이 수련하는 건 단일민족으로서의 한민족, 한국의 올바른 역사와 그 정신이었다. 그들이 연마하는 무술 역시 신라시대부터 내려오는 한국 고유의 무술이었고, 그들의 복장도 고조선시대의 의복을 복원한 것이었다. 그때만 해도 한국사회는 지금과는 비교도 할 수 없을 정도로 '단일민족'이라는 자부심이 대단히 강했다. 그런 그들의 가장 큰 선생인 한풀 선사는 아이러니하게도 이방인의 모습을 하고 있는 나와 끈질긴 인연을 맺었던 것이다. 희한하고도 신기한 우정이 아닐 수 없다.

우리 대화는 국경과 역사와 종교를 뛰어넘는 것들이었다. 그와 나는 옳고 그름을 따지는 이 세상에서 벗어난 또 다른 세상을 얘기했다. 나는 뛰어난 무술인이었던 그의 검술 얘기를 듣는 게 좋았고, 말을 탔던 나는 그에게 소소한 말 얘기를 해주는 게 좋았다. 하지만 그 무엇보다 내가 특히 감동을 받았던 건, 말을 하면 말 그대로 해내는 그의 삶의 자세였다. 매우 보기 드문 삶의 자세라고나 할까.

그는 뭔가를 한번 하겠다고 결심하면 반드시 해내는 사람이었다. 보통 사람은 상상조차 할 수 없는 엄청나게 빠른 속도로. 그는 미루는 법이 없었다. 그런 그의 모습은 그 누구도 부끄럽게 만들었다. 그와 나는 같은 눈높이에서 세상을 바라보고 이야기를 나눴을 테지만, 무언가를 '해냄'에 있어서만큼은 그 누구도 그를 이길 수가 없었다.

어느 날이었다. 삼성궁 터를 거닐면서 내가 그에게 이런 말을 했다.

"여기 말이 몇 마리 있으면 좋을 것 같군요……"
"좋은 생각이오. 내 그렇게 해놓으리다."

말을 존경하는 나로서는 물론 정말로 진지하게 말한 거지만, 다음 주에 가보니 진짜로 말이 몇 마리 살고 있었다. 정말로 그럴 수 있으리라고는 상상조차 하지 못했던 일이었다. 아는 사람은 알겠지만, 말을 기른다는 건 정말 손이 많이 가는 일이다. 24시간 지켜보면서 신경을 써줘야 하는 동물이기 때문이다. 그런데 그는 진짜 자신이 말한 그대로 말을 기르고 있었다. 늘 거기 그렇게 말을 기르고 있었던 것처럼 너무나 능수능란하고 편하게 말이다.

또 어느 날이었다. 그가 내게 물었다.

"이 자리에 뭐가 있었으면 좋겠소?"
"글쎄요…… 나무는 무수한데 여기에 물이 없으니 연못이 있으면 더……"
"그럼 내가 연못에 달을 띄워 드리리다."

나도 쉽게 말한 것은 아니었지만 그는 그렇게 대답했고, 나는 그 대화를 잊고 있었다. 2주 후, 나는 다시 청학동을 찾았다. 그런데 세상에…… 진짜 삼성궁 한복판에 엄청 큰 연못이 생긴 게 아닌가. 잉어 몇 마리 띄울 수 있는 그런 작은 연못이 아니라 작은 호수라 해도 과언이 아니었다. 허허벌판이었던 곳이, 그것도 지리산 한 꼭대기에 연못을 만들다니, 연못 얘길 꺼낸 건 나였지만, 진짜 연못을 보게 될 줄은 상상도 못했다.

"실, 내가 연못에 달을 띄워 드린다고 했잖소……"

그는 그 2주 동안 손수 삽으로 땅을 파고, 물을 끌어와 연못을 만들었다. 그리고 보름달 뜨는 시기를 맞추어 연못을 완성했다. 그의 말대로 달빛을 예쁜 연못에 띄워주었다. 그 옛날 신라시대에 궁궐 연못을 가로지르는 다리까지 놓인 그런 연못 말이다. 한풀이 한실 때문에, 한 사람이 한 사람 때문에…… 가능한 일인가 싶었다. 너무 벅차기도 하고, 겨우 스물한둘이었던 어린 나로선 수백 명이 우러러보는 그런 대선사에게 기꺼워 아무런 말도 할 수 없었다.

이뿐만이 아니었다. 잠시 탑 몇 개 쌓고 오겠다고 하면, 한두 시간만에 탑 수십 개가 쌓여 있고, 내일 여기에 뭔가를 지어야 한다고 하면, 진짜 허허벌판에 뭔가가 지어져 있었다. 나도 그 당시엔 산과 돌길 타는 속도가 남들보다 빨랐지만, 바위들을 탁탁 디뎌가며 산을 오르는 그의 가벼운 발걸음은 따라갈 수가 없었다. 그는 뭐든 엄청 빠르게, 그리고 정확히 하는 사람이었다. 당연히 검을 잡을 땐 그 누구도 당할 자가 없었다. 그 작은 체구 어디에서 그런 어마어마한 힘이 났던지. 그가 움직일 때마다 그 모습이 무협지에 나오는 고수의 허무맹랑한 무인처럼 느껴졌다. 말로만 들었다면, 현실에 있는 사람이 아니라고 생각했을 것이다. 그는 산을 날아다니는 사람이었다. 정말이다. 내가 보장한다. 나는 봐왔으니까. 그가 일으킨 삼성궁의 변화를 처음부터 봐왔으니까.

"실님은 여기 나무 베는 거 싫어하죠? 자연 해치는 걸 싫어하니까. 근데 내가 나무 몇 개만 벨게요. 안 베면 오히려 해롭기도 하니까…… 미안하오……"

청학동 자연 속에서 나고 자란 사람이, 나보다 그곳의 자연에 대해, 형편에 대해 훨씬 더 많이 알고 있는 사람이 그의 땅에서 나무 베는 것도 옆에 있는 내 감정에게 물었다. 내 감정이 상할까봐 양해를 구하고 베곤 했다. 그는 그렇게 강하면서도 타인을 생각하는 마음이 크고, 소박한 사람이었다.

우린 자주, 부산 시내에서 만나기도 했다. 우리 둘이 거리를 지나가면 사람들은 우리를 적어도 세 번 이상 다시 뒤돌아서 쳐다보곤 했다. 그도 그럴 것이, 서양인처럼 생긴 키 큰 여자가 수염과 머리를 길게 기르고 고조선 복장에 목검을 가지고 다니는 사람과 단둘이 걸어가는 모습은 너무나 이질적이었을 것이기 때문이다. "어? 저기 외국인 여자" "어? 저기 청학동 사람" "어? 둘이 같이 다니네?" 사람들은 그렇게 꼭 세 번을 뒤돌아보며 우리를 구경했다. 지금도 이런 모습은 보기 드문데, 80년대 부산 시내에선 오죽했을까. 그렇게 모든 사람들의 이목을 끌었던 우리지만, 정작 우리들은 그런 것에 전혀 신경 쓰지 않았다. 겉모습은 전혀 닮은 구석을 찾을 수 없었지만, 우리는 그 누구보다 말이 통했으니 말이다. 언제나 찻잔을 앞에 두고 네댓 시간씩 얘기하다가 헤어지곤 했다.

"이 세상 사람이 아닌데, 왜 이 세상에 있어요?"

우리의 대화는 이러했다. 이런 얘기를 주고받을 수 있는 특이한 우정을 쌓아갔다. 우리의 대화 속에선 모든 것이 환상 같았고, 몸이 가벼운 세상, 신선 같은 세상, 건강한 걸 먹고, 건강하게 사는 세상이 펼쳐졌다. 대화는 인간의 20대 초반처럼 너무나 아름다웠고, 그래서 지나가버린 젊음처럼 언제나 여운이 짙었다.

그러던 어느 날, 내가 잠시 미국에 갔다 온 사이, 그의 제자들이 내가 한국인이 아니라는 이유 하나만으로 나와 그 사이를 가로막았다. 나와 그의 편지를 중간에서 가로채기도 했고, 청학동을 찾아간 나를 다시 돌려보내기도 했다. 물론 그 제자들도 자신의 스승을 지키고 싶은 생각에서 그랬겠지만, 이 모든 것을 나중에 알게 된 나는 아주 많이 가슴이 아팠다. 그렇게 순수하게 또 아플 수 있을까. 아마도 그럴 수 없을 것 같다. 내 안의 타인 때문에 스무 살 시절에만 겪을 수 있는 통증 같은 게 있다. 그때가 그랬다.

그렇게 연락이 끊긴 지 20년쯤 되었을 무렵, 아마도 2006년이었던 것 같다. 구름투어를 하며 하동을 돌다 우연히 지리산을 지나며 다시 찾게 된 삼성궁. 20년 만에 다시 찾은 삼성궁의 모습은 너무나 많이 바뀌어 있었다. 그리고 정말 영화의 끝 장면처럼…… 한풀과 다시 만났다. 20년 동안 못한 이야기는 짜다. 그래서 첫 몇 달을 만날 때마다 서로를 붙들고 울기만 했다. 우리 사이에 20년이라는 잃어버린 긴 시간이 있다고 생각하니 그 누구를 탓할 수없이 억울하고 아까웠다. 그후로 지금까지 우리는 신선들이 사는 세상 같은 것에 대해 얘기하며 그렇게 가끔 만나는 인연이 되었다. 예전엔 몰랐는데 그와 있으면, 자꾸 내가 살아보지 못한 어마어마한 시간이 느껴진다. 고작 몇 십 년을 사는 삶이지만 가령 천 년 같은 인연은 있을 거라는 생각이 든다.

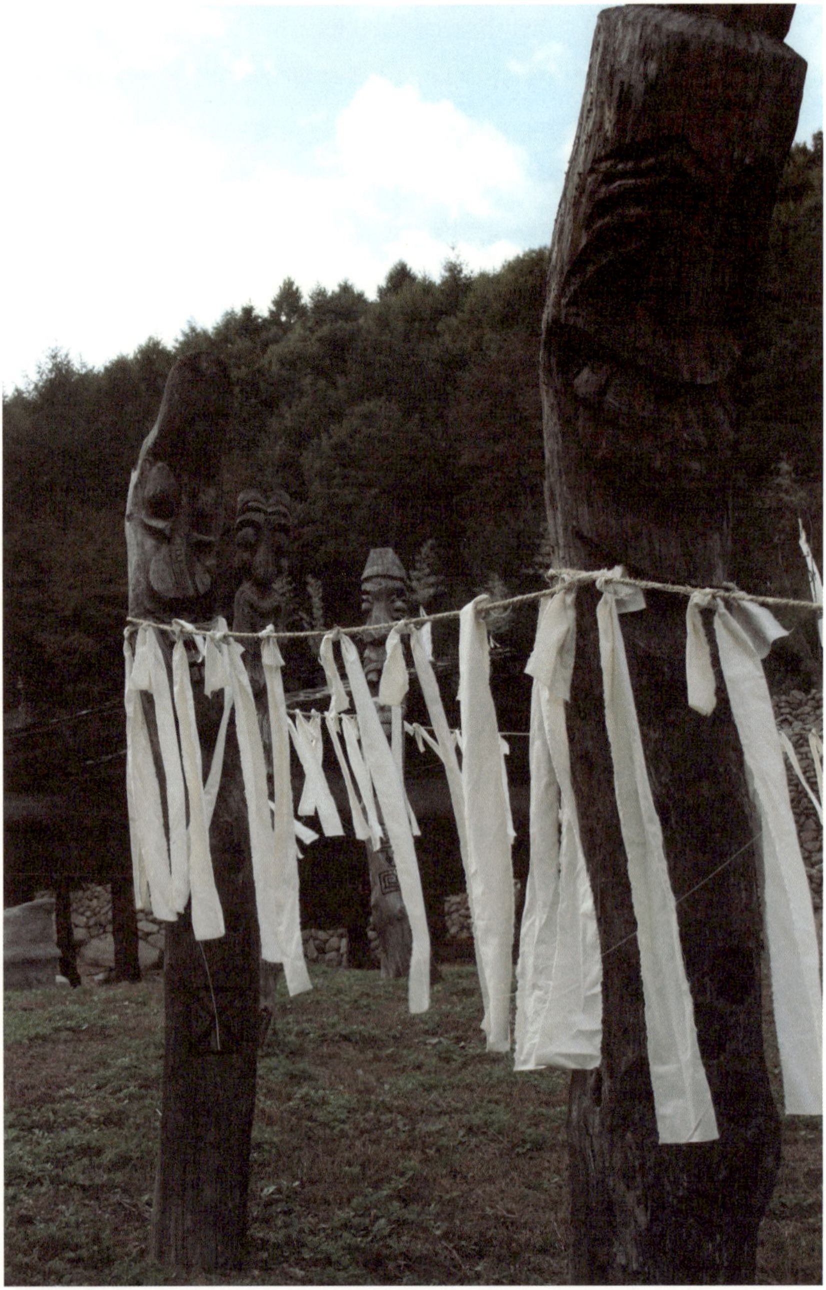

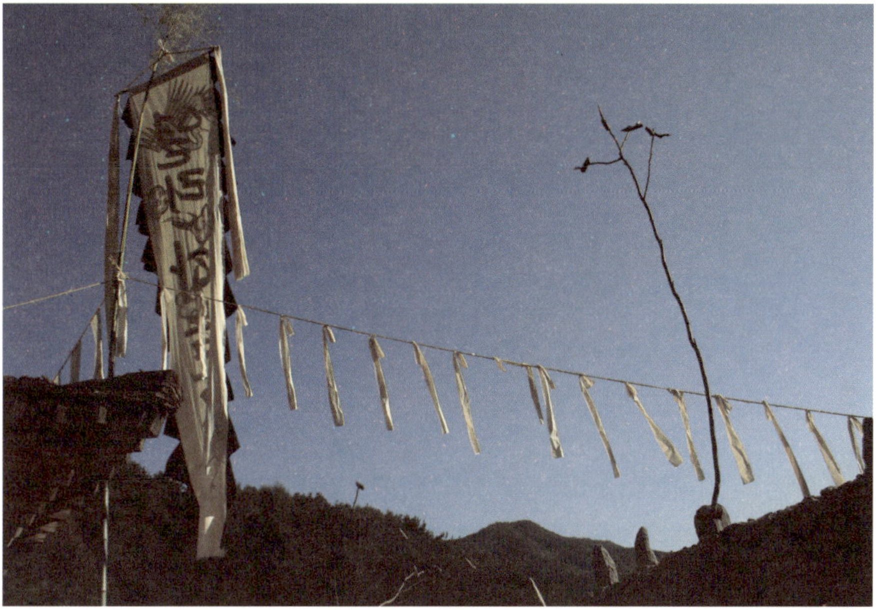

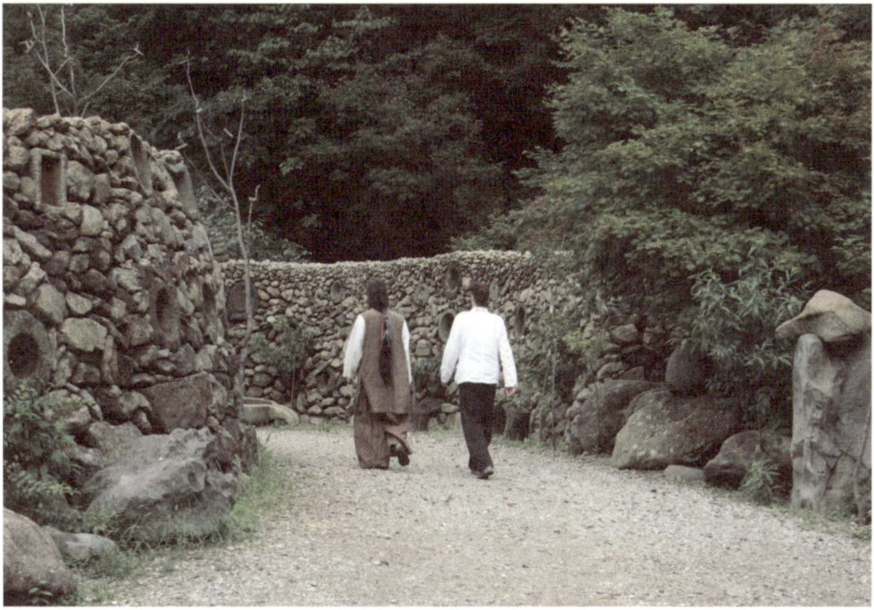

✚ 지금으로부터 천 년하고 몇 백 년 전

지금으로부터 천 년하고 몇 백 년 전.

아시아 대륙 중서부쯤 어딘가에 바람이 일고 있다. 건조한 미풍이 머나먼 길을 달려 산과 대자연을 건너 뜨거운 정오에 마을 경계선에 도착한다. 사막인 듯한 대륙의 황야 한가운데, 그 오래 전 하나의 소국 小國이었던 이 도시엔 여기저기 미색의 깃발들이 햇살을 받아 지붕 위에서 팔랑거리고 있다. 분주한 장터의 풍경이다. 깃발과 같은 미색의 두터운 천의 천막 주위로 갖가지 물건을 파는 상점들이 자리 잡고 있다. 분주한 상인과 여유롭게 걸음을 옮기는 행인들의 다양한 모습들은 일상적이고도 평화롭다.

이때만 해도 자연과 가까이 살았던 소국인들. 구름 한 점 없는 맑은 하늘 아래서 있는 그대로 살았던 이들은 뜨거운 모래와 흙을 밟기 좋아했고, 바람을 안고 춤을 췄으며, 맑은 햇살을 맞기 위해 눈을 감고 수시로 하늘보기를 좋아했던 사람들이다. 몸을 가볍게 감싸며 하늘거리는 자연색의 옛 복장과 등 뒤로 길게 늘어뜨린 머리다발들은 한낮의 장난기 있는 바람에 날리고 있다. 그렇다. 이곳엔 늘 바람이 분다. 바람, 미색, 모래, 건조함, 평화, 고요함.

북적대는 상인들을 뒤로한 장터의 뒷골목 한 모퉁이. 이들과 비슷하지만 풍기는 그 뭔가가 다른 한 여인이 누군가를 기다리는 듯 서 있다. 젊은 나이의 이 여인은 큰 키에 짙은 밤색 머리를 반 묶어 올리고 나머지 길고 구불구불한 머리는 허리 아래까지 늘어뜨리고 있다. 수수하지만 고급스러운 머리장식과 곱게 물들인 연분홍 겉옷에 장식된 화려한 황금빛과 연두색 자수는 그녀가 평민이 아님을 말해준다. 얼핏 보면 오늘날 우리가 상상하는 옛 이야기 속의 선녀나 공주와 같은 모습일 수도 있으나 그 여성스러운 겉옷 트임 사이로 살짝 보이는 그녀의 복장은 그리 흔한 것이 아니다. 무예복武藝服 형태인 하얀 비단바지와 알록달록하지만 잘 길들여진 신발은 그녀가 분명 활동적인 여인임을 말해준다.

펄럭이는 넓은 소맷자락 안에 숨겨져 반만 보이는 문서 두 묶음도 보통 물건이 아니다. 그 누구에게도 빼앗겨서는 안 되는 중요한 문서 같은 게 있다. 가령, 수천 년 전에 사라진 고어古語의 암호 같은 것으로 쓰인 문서다. 누군가의 중요한 운명을 손에 쥔 것처럼 긴장한 눈빛으로 그녀는 그렇게 그곳에 서서 누군가를 기다린다.

그녀 뒤로 다박다박 숨죽인 말발굽 소리가 들려온다. 남의 눈에 띄지 않게 복잡한 장터를 뚫고 어떻게 여기까지 왔을까. 충성심 깊은 눈을 한 말이 그녀를 향해 사뿐사뿐 걸어온다. 말은 황금빛 모래색 털을 가졌다. 곧은 등 위로 한 치의 흔들림 없이 고요히 한 사내가 앉아 있다. 그의 긴 머리 역시 바람에 조용히 흩날리고 있다. 검은 옷깃을 덧댄 옅은 황토색 도복, 말 등줄기를 따라 흘러내리는 겉옷이 그와 말을 마치 하나인 것처럼 보이게 한다. 말과 오래 수련한 하나의 자태를 하고 있다. 단단한 몸이고, 강직한 기가 느껴진다. 한 점 흐트러짐 없는 자세의 이 무예인은 아무런 장식 없이 등 뒤로 검 한 줄을 매고 있을 뿐이다. 그가 말을 여인 옆에 멈춰 세운다.

겉으로 봐서는 둘이 어떤 사이인지 알 수 없다. 무예인의 검에 새겨진 문양과 여인의 연둣빛 자수 문양이 같다는 것으로 둘이 아는 사이라는 걸 어렴풋이 넘겨짚을 수 있을 뿐이다. 사내와 여인, 이들은 결혼한 사이도, 애인도 아니다. 하지만 사내는 그녀의 남자이고, 여인 역시 그의 여자이다. 그들은 서로 사랑 그 이상의 무엇을 나누어가졌다. 같은 문양을 나누어가졌다.

서로를 바라보는 얼굴에 많은 감정들이 섞여 있다. 누군가의 얼굴에서 무엇인가 큰일 때문에 떠나가야만 하는 비장함이 느껴진다. 때문에 서로의 얼굴에 숨길 수 없는 안타까움이 서려 있다. 서로에게 마지막이 될지도 모르는 큰일일 것이다. 순간의 가슴 먹먹한 감정들은 말로 표현될 수 없어 바람도 입을 다물고, 침묵만이 소리 없이 흐르고 있다.

사내와 여인은 그렇게 서로를 잠시 바라보았다.

말이 없어도 서로가 해야 할 일을 안다. 여인이 들고 있는 중대한 글자들은 가령, 왕의 일일 것이다. 그녀는 왕을 돕고, 나라를 돕는 일을 하였을 것이다. 사내는 무예에 능한 군사의 지휘자였을 것이다. 그러나 눈에 보이는 군사가 아니라 보이지 않는 곳에서 군사를 일으키고 나라를 돕는 일을 하였을 것이다.

여인이 문인文人이라면 사내는 무인武人이었을 것이다. 확실하고 구체적인 것은 사내와 여인은 평범하게 만나 함께 삶을 꾸릴 수도 있었건만, 정해진 운명을 받아들이기로 했다는 것이다. 이 사소한 그 옛날의 장터가 사내와 여자의 운명이 어긋나는 상징이다. 다음 삶에서도 생각 나라고 뚜렷한 모습을 하고 있다.

다시 볼 수 없을지 모르는 상황이다. 사내는 여인을 바라보며 어떤 일이 벌어져도 "당신을 꼭 다시 찾겠다", 그런 의미의 한마디 말을 했을 것이다. 그리고 분명히 잠시 서로를 바라보았다. 곧, 여자는 글자를 품고 서쪽으로, 사내는 검을 쥐고 동쪽으로 흩어져갔다.

어떤 기억은 너무도 생생하게 평생토록 사람을 따라 다닌다. 첫연주, 첫사랑, 첫키스. 이 얘기도 그렇다. 어렸을 적부터 '기억'나던 이 얘기를 나는 9살, 10살 무렵부터 말로 표현할 수 있었고, 이 장면은 한 치의 오차 없이, 언제나 이 모습 그대로 오늘날까지도 나를 따라다닌다. 세월이 흐르면서 감정이나 장면이 옅어지기는커녕, 나이가 들면 들수록 더 강렬하게 다가온다. 마치 영화의 한 장면처럼, 1분 남짓한 짧은 순간이지만 그 대륙 한 가운데 놓인 지형의 모습, 상인들의 얼굴, 입고 있던 옷의 촉감, 도시의 색깔, 바람의 세기와 온도까지, 그와 말〈馬〉에서 풍기던 내음 등…… 이 모든 세세한 모습이 내 기억 속에 생생하게 새겨져 있다.

그래서 그때, 내 기억을 말로 표현할 수 있었을 그때, 나는 가족들한테 나의 기억을 얘기해줬다. 그리고 그들은 이 얘기를 나와 같이 소중하게 생각해줬다. 내 첫생生의 기억을 말이다.

나의 오른쪽 어깨 너머에는 내가 9,10살 정도였을 때부터 날 따라다니며 지켜주는 수호신이 있다. 얼굴은 안보이지만 언제나 검을 쥐고 말을 탄 채 날 바라보는 한 남자가 있다. 긴 머리에 옛 복장을 한 그는 절대 말이 없다. 다만 항상 곁에서 바라보며 나를 지켜준다. 정말 아무도 믿어주지 않을 것 같은 얘기. 하지만 내 가족들은 항상 나만큼 소중하게 여겨주었다.

너무도 생생한 옛 기억과 지금 이 순간에도 보이는 수호신의 모습. 나는 거의 마흔이 넘은 어른이 되어서야 이 두 장면을 연결시킬 수가 있었다. 너무 오래 걸렸지만 말이다. 그 장터에서 헤어진 그는 약속을 지키지 못했다. 그 생에서 나를 찾아오지 못하였다. 나는 모른다, 우리가 다시 만나지 못한 그 이유를…… 그것은 운명만 아는 것이다. 단지 그 생에서의 우리의 공통된 운명은 거기서 그렇게 끝나갔을 뿐이다.

하지만 꼭 찾겠다는 약속을 지키기 위해 그는 전생의 그 모습 그대로 이생으로 나를 찾아왔다. 몇 차원의 세계를 건너뛰어야 전생과 이생이 내 믿음처럼 이렇게 차곡하게 포개질 수 있을까. 그는 날 찾아와 '저만치'의 거리에서 나를 지켜주고 있다. 하지만 만날 수는 없다. 만질 수도 없다. 겹겹이 쌓인 천 년의 세월과 시공간을 건너 뛸 수 없어 그냥 저 멀리서 나를 바라보며 지켜주는 것이다. 나는 이것으로 이생을 만족한다.

그리고 나는 또 그를 다시 만날 수 있는 후생을 기대한다. 그것으로 행복한 사람이다. 그래서 그때 그와 다시 만나기 위해, 그가 날 쉽게 찾을 수 있게 나의 흔적을 세계 곳곳에 뿌리며 남기고 다닌다. 파리, 일본, 리투아니아, 그랜드캐니언, 중국, 페루, 브라질, 스페인, 또는 지리산 청학동…… 내가 누비고 다녔던 모든 곳에 나라고 그가 알아챌 수 있는 나의 작은 흔적을 남기고 떠난다. 혹여 다음 세상에서 우리가 같은 시공간에 존재할 수 있다면, 설령 다른 모습이어도 그가 나를 쉽게 찾을 수 있게 나는 내가 여기 지나왔음을, 이것이 나의 흔적임을 남기고 떠난다.

그렇다.
그 사람이 평생을 의식하지 못할지라도, 어떤 기억은 너무도 생생하게 평생토록 그 사람을 따라 다닌다. 첫연주, 첫사랑, 첫키스…… 그리고 첫생.

✚ 웰컴 투 데니스!Welcome to Denny's!

태평양을 사이에 두고 사는 나와 언니 둘은 몇 년에 한 번 꼴로 만난다. 우리 식구는 다 합쳐 다섯 명에 불과하지만 그렇게 뿔뿔이 흩어져 오래 살았던 탓에 한 나라에서 함께 만나기가 힘들다. 우린 언제나 농담으로 웃지만 그래서 모이는 때가 있으면 가족사진을 찍어 두는데 그 유물이 고작 두 개뿐이라고 하면 짐작이 갈 것이다. 여하튼 서로 보기가 힘들어서인지, 아님 원래 여자들이 말 많은 종족이어서인지, 자연스레 생긴 집안풍습이 하나 있다. 내가 미국으로 들어갈 때면, 아님 딸 셋이서 어디든 한 곳, 한 나라, 한 도시에서 만나기만 하면 우린 장황한 '간만에 수다 떨자' 의식을 반드시 치르게 된다. 나라마다 다른 특성이 있어 만남의 장소가 다르지만, 한국에선 사우나에서, 낯선 국가에선 호텔방에서, 중국이면 딤섬집, 그리고 이 의식이 유래된 본고장인 LA에서 만날 때면 언제나 데니스Denny's라는 밥집에 모여 밤새는 것이 박가 집안 딸내미들의 전통이 되었다.

24시간 하는 전통 미국식 다이너Diner인 데니스는 베니건스나 티지 아이, 그리고 버거킹 사이의 가운데 수준에 위치하는 가족식당으로 서부 전지역에 깔려 있어 언제 어디에서나 밥을 편하게 먹을 수 있는 프랜차이즈식 식당이다. 한국으로 치면 중국음식점하고 비슷하다고 할까? 흔하고 편하고…… 그래서인지 30년 넘게 다니면서 음식에 대해 맛있다고 말해본 적은 없는 것 같다. 또한 세련된 곳도 아니다. 웨이트리스들도 언제나 퉁퉁하고 나이가 든 엄마형 아줌마들이다. 하지만 24시간 열려 있으며, 메뉴가 다양하고, 아침 메뉴와 파이를 먹을 수 있는 것이 장점. 그리고 커피는 무한리필이다. 중요한 건 8시간 넘게 앉아 있어도 아무도 눈치 주지 않아서 데니스는 많은, 아주 많~은 얘기를 나눌 수 있는 곳이다. 즉, 간만에 만난 딸 셋의 수다 의식을 치르기 가장 좋은 장소.

그 의식은 언제나 이러하다.

첫째, 밤 10시경 데니스에 가서 앉자마자 급하게 세 명 다 커피를 주문하고, 각자 파이 또는 가벼운 먹을거리를 주문한다.

다음, 첫 잔의 커피를 마시면서 일단 지난 몇 년간의 과거를 서로에게 업데이트해준다. 비지니스, 남자, 애완견, 커리어, 집 등.

그다음엔, 파이가 도착할 때쯤이면 서로의 현재 근황을 제각기 업데이트 한다. 비지니스, 남자, 애완견, 커리어, 집 등.

과거와 현재가 어느 정도 서로 업데이트가 될 때면 벌써 한두 시간이 지났기 때문에 커피는 최소 7, 8잔을 해치운 후이고, 프렌치프라이나 따뜻한 에피타이저를 추가로 주문해서 먹으며, 가장 중요하며 즐거운 시간인 '미래'에 대한 이야기로 접어든다. 비지니스, 남자, 애완견, 커리어, 집을 '제외한' 내용들로, 즉 가고 싶은 곳, 보고 먹고 싶은 것, 흥미로울 것 같은 일, 자기 자신의 발전을 위한 즐거운 일거리 등.

물론 언제나 이렇게 즐겁고 해피한 내용만 오가는 것은 아니다. 누구나처럼 과거를 꺼내다 보면 영락없이 다투는 순간도 있기 마련이다. 원래 그렇지 않은가? 특히 자매들이 모이는 자리라면.

한창 옛날 얘기를 하다 작은언니가 큰언니의 어렸을 적 실수를 우연찮게 끄집어낸다. 그럼 큰언니는 순간 얼굴이 시뻘게지며 목소리 데시벨이 높아진다. 짝수면 편이라도 먹겠는데, 이건 세 명이라 아군도 적군도 없다. 말이 돌다 돌다 사건의 화근이 내가 됐다가 켈리가 됐다가 또 킴으로 돌아갔다가 또 둘은 싸우는데 나머지 하나는 요리조리 전법으로 여기 붙었다 저기 붙었다가 덤탱이 썼다가.

한창 새벽이 된 그 즈음 엄마형 아줌마 웨이트리스가 슬그머니 테이블에 나타난다.

"More coffee for you girls?"

데니스 웨이트리스들은 분명 타이밍을 기가 막히게 맞추는 교육을 받는다고 나는 생각한다. 언제나 적절한 때에 나타나 커피리필 핑계로 레스토랑의 분위기를 조절하는 절묘한 카리스마를 가진 아줌마들이다. 갑작스런 그녀의 등장에 우린 먼 산 바라보며 커피잔만 만지작 만지작

거리다 급 서먹해진 분위기를 조금씩 누그러뜨리는 것이다.

"자~ 다음 화제."

그렇게 긴 시간을 싸우고 웃고를 반복하면서 새벽까지 우린 매우 집중력 있는 대화를 하게 된다. 같이 한집에서 산 적이 많지 않아서인지 이렇게 한 번 만나면 무슨 세미나인 듯 한 소재를 강도 높고 깊게 수다로 파기 때문에 아마 다른 집 자매들보다는 서로에 대해서 더 잘 아는 부분도 많은 것 같다. 우리는 그렇게 아직도 각자의 미래의 꿈과 희망, 과거의 아프고 좋았던 일들, 특히 각자의 사는 방식과 감정들을 서로 배우고 확인하고 가르친다.

20대부터 시작된 우리의 수다 의식이 딸 셋에겐 해가 갈수록 더 소중한 시간으로 발전해갔다. 미국에서 간혹 모일 때면 엄마조차 "니들 언제 데니스 타임하러 갈 꺼니~?"라고 할 정도니 말이다. 이렇게 어린 시절 데니스에다 터를 잡은 우리 세 자매의 인생 얘기 나누기는 나이가 들면서 세 자매 여행 Three Sister's Trip 으로 발전하게 되었다. 어린 시절에 비해 시간적, 금전적 여유가 생긴 우리들은 데니스가 아닌 제3의 장소 (예를 들면 아일랜드나 뉴올리언스)에서 만나 그곳의 음식과 술을 사이에 두고 '데니스 타임'을 계속하고 있다. 아일랜드를 여행할 때는 맥주 기네스가 있었고, 뉴올리언스에서는 스파이시 향신료 맛이 제대로인 랍스터가 있었다. 장소와 메뉴는 변했지만 여전히 그곳에서도 우리의 네버엔딩 수다는 계속되었다. 자매가 있는 사람이라면 누구나 이해할 수 있는 자매들끼리의 수다! 우린 데니스에서 시작했다. 여러분들은?

Coffin Girl

Markin; on tombs,
removingany artifact
from this cemetery, or
any act of vandalism,
defacement or damage
carried out on this
premises will be
aggressively prosecuted
under city ordinance
Section 5-377, 38-11,
38-12 and State Law
RS19:225

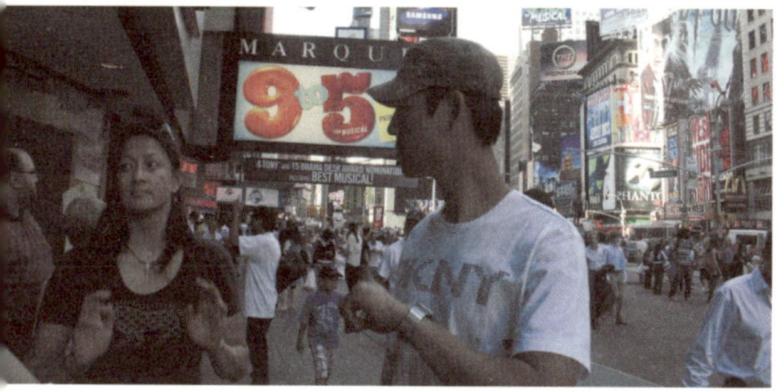
9 to 5
BEST MUSICAL!

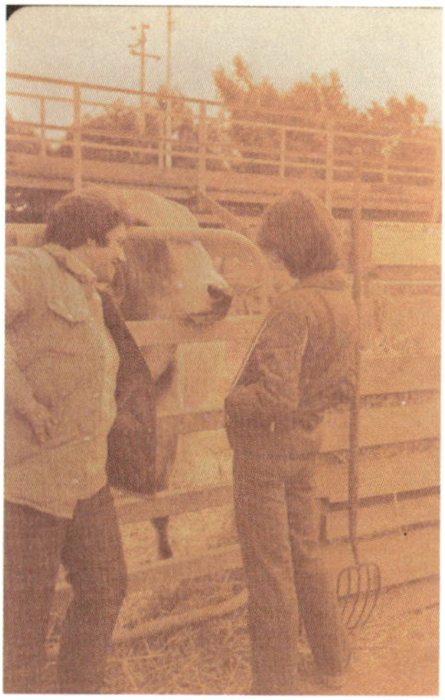

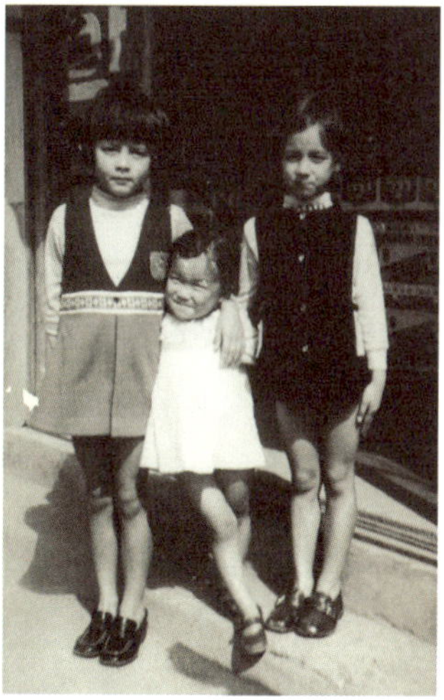

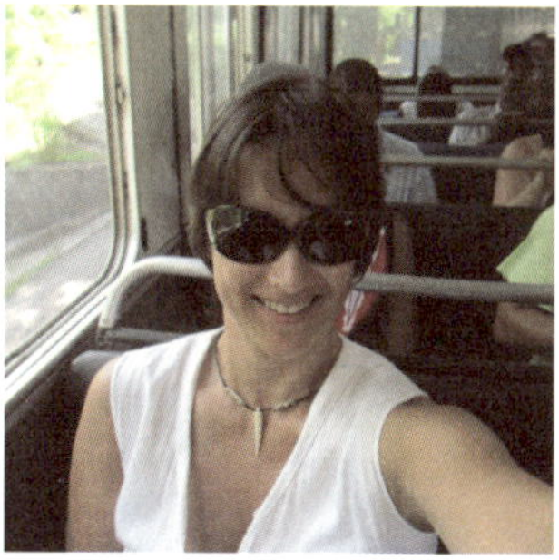

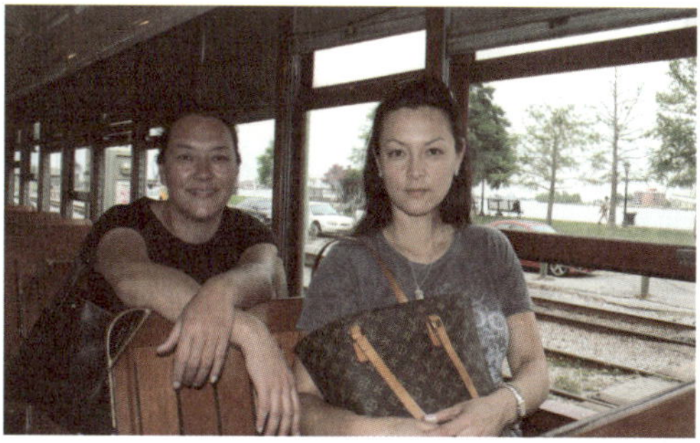

나의 뉴발란스 A/S기

이러저러한 우여곡절 끝에 우리 집에 얹혀살게 된 옆집 강아지 대추. 그 녀석이 아주 어렸을 때의 얘기다. 사실 나는 적푸리 마을의 대장인 우리 해태가 마을을 '접수'한 후 옆집에 강아지가 살 거라고는 생각조차 못했다.

어느 날 아침, 나는 여느 때처럼 뒷동산을 올라가려던 참이었다. 왕복 1시간 정도의 뒷동산은 아침에 일어나서 마음 편히 갔다올 수 있는 최고의 명상코스이자 운동코스다. 며칠 전 새로 산 뉴발란스 운동화를 한번 신어볼까?

산행 운동화에 유난히 신경 쓰는 나는 산행용 운동화를 살 때 나름대로 뒷산의 지형과 지질을 분석해서 그것과 가장 잘 맞는지 운동화 바닥을 살펴보는 등 아주 세심하게 고르고 또 고르는 습관이 있다. 특히 이번에 새로 산 뉴발란스 신발이 정말 마음에 들었다. 그래서 그날 아침도 뿌듯한 마음으로 신발장을 열었다.

잉?

어디 갔을까? 차에서 안 가지고 내렸나? 아무리 찾아도 보이지를 않기에 "에이, 내일 신어야겠다" 하고서 다른 운동화를 신고 산에 갔다. 아침 산책은 정신이 흐트러지면 안 되는 거라 침대에서 기어 나오자마자 옷과 신발 걸치고 바로 가야 한다. 그게 습관이 되어 몸에 배었다. 신발을 찾는 일이나 다른 어떤 것에도 정신을 빼앗기면 안 되는 게 나의 아침 산책이다.

그러다 그날 밤에야 다시 운동화 찾기에 열중. 차를 뒤져보고 집 안을 다 살폈다. 신발을 찾으려고 부엌 찬장과 냉장고까지 열어보게 된 나는 그제야 새 신발이 완벽하게 사라진 걸 깨달았다. 눈을 비비고 다시 봐도 없었다. 말이 되는가? 자고 났더니 새로 산 운동화가 없다니. 앞뒤 마당, 바비큐통 안까지 샅샅이 뒤졌지만 내 새 운동화는 나타나주질 않았다. 흠…… 쩝! 꿈이었나? 안 샀던가? 아닌데…… 분명히 샀는데…… 돈도 내고 영수증도 받았는데, 신발 박스까지 기억나는데? 한 짝만 없어졌으면 어딘가 굴러다니겠지, 하고 나중에 찾자고 생각하면 안심이 될 텐데, 한 켤레가 아주 퍼펙트하게 없어졌으니 내 기억력에까지 의심이 갔다. 아냐, 분명 샀다니까!

그로부터 며칠 후 아침. 현관문을 활짝 열어젖히고 아침 햇살을 가슴에 담으려는 순간…… 꺅! 저건 또 모야? 에고! 내 손바닥만한 강아지 새끼 두 마리가 마당 계단에서 이리 뒹굴 저리 뒹굴, 내 또 다른 신발을 입에 하나씩 물고 바닥에 배를 떡 하니 붙이고 엎드려 오물오물 씹고 있었다. 까만 눈 네 개는 나를 보면서 말이다.

해태 어디 갔나? 니네 발견되면 해태가 두 입에 삼켜 없앨 텐데…… 동네를 '접수'한 해태는 다른 개들의 존재 자체를 아예 인정하지도 않는다. 그만큼 동네 개념들에게는 무서운 존재다. 그런데 어디 동네 길 한가운데도 아니고 더군다나 우리 집 마당 안에서 저러고 있다니! 행여나 해태가 덮칠까 싶어 나는 덥석 새끼들을 내 품에 안았다. 도대체 어디서 나타났니? 누구 집 강아진고? 근데 니네들 진짜 귀엽다! 그러곤 골목에 놔주고 어느 집으로 가는지 지켜봤다. 바로 앞집이네? 거기에 개가 있었나? 흠…… 강아지들이 그 집 마당으로 사라지는 걸 지켜보면서 한 번도 보지 못한 앞집 마당을 살며시 엿봤다. 어머나, 엄마 개도 있었네…… 허걱! 내 운동화! 저…… 저기…… 내 운동화…… 내 운동화가 저기 있네.

알고 봤더니 이 녀석들이 자기 몸보다 더 큰 내 신발 한 짝씩을 물고 간 거다. 자기 집 담 돌을 넘어, 우리 집 대문 밑으로 기어 들어와, 문이 열려 있는 현관으로 침입하여서는, 하나씩 으! 입에 물고, 그 무거운 걸 계단 밑으로 끌고 가서, 다시 자기 집 마당의 바위 울타리를 넘었다는 것이다. 내 신발 사이즈는 265인데, 이 강아지들은 고작 내 손바닥만 했다. 그러니 거대한 운동화를 물고 가는 걸 보고 있노라면 귀엽다고 할 수밖에.

그런데 정작 내 삽살개 해태는 이 모든 걸 남의 집 불구경하듯이 보고 있었다는 것. 뒤뚱거리며 남의 집에 들어온 옆집 강아지들의 범행을 옆에서 멀뚱히 쳐다보고 있었을 집주인 해태를 생각하면 아직도 어이가 없다. 왜 애들만? 장담하건대 다른 강아지들은 얼씬도 못하게 하는데…… 귀신 잡는 삽살개가 맞긴 한 건지…… 그후 나는 앞집의 여러 강아지 중 황구새끼를 대추라 불렀다. 해태는 유일하게 대추만 집에 들어오는 걸 허락하고 자기 자식처럼 키웠다.

여하튼, 그날 오후 몰래 그 집 마당으로 들어가서 내 신발을 구출해 왔다. 한 짝만. 강아지들이 어디 숨겨 놨는지 아무리 찾아도 나머지 한 짝은 찾을 수가 없었다. 그래도 새 신발인데 너무 아까워서 보름이 넘게 틈날 때마다 마을의 구석구석을 찾아다녔다. 셜록 홈즈처럼 강아지들의 범행 경로를 역추적하며 내 운동화 한 짝을 찾아다녔다. 하지만 결과는? 노우프Nope!(없다!) 대추 녀석이 다 씹어 먹어 소화까지 해버렸는지, 아님 땅에다 묻어버렸는지, 나머지 한 짝은 마을 어디에서도 찾을 수가 없었다.

한 달쯤 시간이 지났을까. 문득 탁자 위에 외로운 운동화 한 짝을 올려놓고 보고 있자니 웃음만 나왔다. 운동화 하나로 무얼 하겠는가? 짝 잃은 젓가락은 과일이라도 찍어 먹을 수나 있지, 운동화 한 짝으로는 아무것도 할 수가 없었다. 딱 한번만이라도 신어보고 없어졌더라면!

그러다가 한 가지 방법이 생각났다. 뉴발란스에 이 황당한 사연을 보내고 양해를 구해서 신발 한 짝만 팔라고 해보는 것이었다. 말이야 되는 말이지만, 그 얼마나 웃긴 얘긴가? 사실 이건 말하는 사람도 듣는 사람도 황당한 얘기다. 옆집 강아지가 신발을 물어가 신발 한 짝만 팔라고 부탁하는 게 말이다. 하지만 이런 내 마음을 이해해주는 샹은 기꺼이 뉴발란스 고객센터에 우리 사연을 담은 이메일을 보냈다. "운동화 한 짝만 살 수 없을까요?"가 그때 보낸 이메일의 제목이었을 것이다.

그러고 나서 또 며칠이 지났을까? 한창 작품 연습을 하고 있던 나에게 샹에게서 이런 문자가 왔다.

ㅋㅋㅋㅋㅋㅋㅋㅋㅋㅋㅋㅋㅋ

ㅋㅋㅋㅋㅋㅋㅋㅋㅋㅋㅋㅋㅋ
ㅋㅋㅋㅋㅋㅋㅋㅋㅋㅋㅋㅋㅋ
오늘집에빨리오세용!

평소에도 저런 정신 나간 문자를 자주 보내는 샹이기에 이번에는 또 뭐가 신났나 싶어 재차 이유를 물었지만 샹은 계속 빨리 집에 오라는 문자만 남겼다. 참내…… 밤 10시까지 계속된 연습에 녹초가 되어 집에 들어간 나는 집에 먼저 와 있던 샹에게 이끌려 엉거주춤 부엌방으로 들어갔다. 샹은 문고리를 잡고선 흥분된 목소리로 이렇게 말하는 거였다.

"그동안 사람한테도 속고, 배신도 당하고, 억울한 일 많으셨죠? 그래도…… 아직은 살만한 세상이에요. 그죠?"

문을 열고 방으로 들어가니 새 뉴발란스 운동화 한 짝이 아닌 '한 켤레!'가 부엌방 조그만 의자 위에 가지런히 놓여 있었다. 세상에, 양쪽이 다 있다니! 운동화를 꽈악 껴안고 방방 뛰던 나에게 샹은 그제야 자초지종을 얘기해주었다.

처음 미국 고객센터에서 보내온 이메일에는 '단종된 제품이라 이젠 재고도 없고 미안하다'는 답변만 들어 있었다. 한편, 한국 고객센터에 보낸 이메일에 대한 답변도 보내자마자 왔는데, 뉴발란스 고객센터의 '신중한 회의' 끝에 우리의 '강아지 사건'을 어여삐 여겨 살아남아 있는 운동화 한 짝을 센터로 보내면 아예 새 운동화 한 켤레로 교환해주기로 했다는 것이다! 그래서 샹은 백화점으로 곧장 달려가 새 운동화를 받아왔다는 것!

  상황 자체도 믿기 어려웠지만, 우리의 진실한 얘기를 기꺼이 들어주고 믿어주었다는 것에 우린 뻑이 갔던 것 같다. 말도 안 되는 이메일쯤으로 여기고 곧장 휴지통으로 갈 수도 있었던 사연을 10만 원이 넘는 신발로 교환해주기로 결정한 뉴발란스 직원들은 얼마나 귀한 인격들인가.

  샹과 나는 그 일로 진심의 힘이 뭔지 새삼스레 느꼈다. 아무리 우습고 보잘것없는 얘기라도 진심을 담아, 진심으로 얘기한다면 그것을 읽을 줄 아는 사람이 있을 것이다. 그 진심이 통하는 사람이 분명 있을 거라는 신뢰가 생겼다. 진심은 때로 왜소해 보이고 구질구질해 보인다. 자신의 결핍을 솔직히 내보인다는 건 위험한 일이기도 하다. 많은 사람들이 강자에게 굽실거리고, 약자에게 냉담하다. 하지만 우리 삶이란 그렇지 않은 세상이 있어, 그러지 않은 사람들이 있어 살만한 거라고 생각한다. 운동화 한 짝이 오래 잊었던 것을 일깨워주었다. 살만하게 살겠다. 나는 결코 강자에게 굽실거리고, 나약한 자의 진심에 냉담하지 않으련다.

  한국 뉴발란스 고객센터 직원들은 그렇게 간단하게 사람을 감격시켰다. 우리 사연을 친절하게 읽어주고 우리 조그만 진심을 받아준 고산희 씨, 감사합니다.

3부

just stories

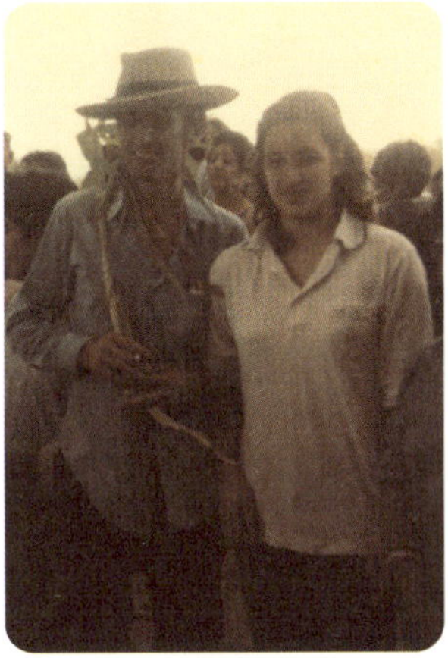

✽ 홀러덩 고개

1995년 겨울이었을 거다. 뮤지컬 〈명성황후〉로 바쁜 와중에 몇몇 배우들을 만나서 수다를 떨다가 설악산 얘기가 나왔다.

"말 나온 김에 가자!"

그때의 그 몇몇들은 당차고 독특해서 마음 안에서 그런 말이 나오면 충동적으로 당장 떠날 애들이었다. 그래서 아무런 준비 없이 밤늦게 설악산으로 출발했다. 11시쯤이었나? 차 안은 오랜만의 인스턴트 외출로 시끌벅적했고, 그때만 해도 설악산이 정확히 어디 붙어 있는지도 모르면서 나는 내 10년 된 르망의 머리를 동북쪽으로 돌렸다.

서울을 벗어나 경기도 어디쯤을 한참 달리고 있는데 갑자기 일행 중 한 명이 아무래도 자긴 오늘 늦게라도 집에는 들어가야겠다는 거다.

"어디까지 왔는데, 이제 와서 그런 말을!"

누군가 싶었는데, 아니나 다를까 우리 배우가 아니라 같이 딸려온 누구의 친구였다. 부모님 때문에 어쩌구 저쩌구…… 우리와는 삶의 주파수가 다른 그녀는 막상 멀리 가려고 하니 얽매이는 게 많았던 모양이었다. 모험정신도 없는 것 같으니라구…… 쯧쯧.

이미 춘천까지 갔으니 차를 돌릴 수는 없었다. 어디 가까운 시내에 들어가 시외버스터미널에 내려줄 테니 알아서 가라고 했다. 밤이 늦은 터라 차가 없을 수도 있었는데 어찌어찌 타고 간 모양이었다. 아까운 시간을 뺏긴 우리는 다시 분위기 업! 하고 설악산을 향해 두 번째 출발을 했다.

그런데 깜깜한 겨울밤에 터미널 찾는다고 뺑글뺑글 돌다가 동서남북 방향감각을 잃었다. 24시간 편의점이 있기도 전이었고, 작은 도시에 도로 간판 하나 제대로 붙어 있는 게 없었다. 도대체 이 마을에서 어디로 빠져나가야 설악산으로 갈 수 있는지 도무지 알 수 없었다. '충동 여행'인지라 지도도 없었고, 겨울 야밤에 문 연 술집도 없었다. 길에 다니는 사람 한 명 없었다. 그래서 시간을 낭비하며 또 뺑뺑 돌았다. 길눈과 방향에 밝은 내게도 그날 밤 어두운 길은 모두 똑같아 보였다. 뭔가에 홀린 것처럼 그 마을을 당최 빠져나갈 수가 없었다. 바람도 쏴아아 부는 게 분위기도 으슥했는데, 그때였다! 저만치 노인 한 분이 낡은 코트 깃에 추운 목을 깊숙이 파묻은 채 외롭게 다박다박 어딘가로 걸어가고 있지 않은가. 그러자, "야! 야! 저 할아버지한테 물어보면…… 나이 든 할아버지가 길 같은 건 모를 텐데…… 술 취한 거 아냐……? 혼자서 늦은 밤에……" 갑자기 좁은 차 안에서 갖가지 의견이 한꺼번에 쏟아져 나왔다.

그래도 설악산에 가려면 별수 있나.

"할아버지! 할아버지! 설악산이 어느 방향인가요?"

얼굴에 주름이 자글자글했던 노인은 천천히 얼굴을 든 다음 조용히 팔을 꺼내어 들고 말했다.

"이 길 따라가면 돼요."
"이거요? 지금 바로 우리 앞에 보이는 이거요?"
"그려요. 이거 따라 가다가 고개 하나 나오는데 그거 훌러덩 넘으면 바로 나와요."
"그렇게 가까워요? 이리로 가면 돼요?"
"금방이라. 가까워이."

어렸던 우리가 춘천에서 설악산이 '훌러덩 고개' 하나 넘어서는 나오지 않는다는 걸 어찌 알았으랴. 노인이 말한 '훌러덩 고개'는 자그마치 '춘천시를 옆으로 비껴가, 또 소양호 북단을 비껴가, 양구로 해서리 인제로 올라가, 한계령를 지나서, 미시령을 뚫어야만' 하는 거였다. 그래야만 동해가 보이고 설악산에 닿을 수 있는 거였다.

음...... 우리는 그날 밤 목적지까지 가지 못했다. 가도 가도 설악산은 나오지 않았고 이 고개 저 고개 기어 넘다보니 내 10살짜리 르망은 2시간 동안 내리던 눈에 하얗게 뒤덮인 꼬불꼬불한 훌러덩 고개 위에 주저앉고 말았다. 세 명의 설악산 원정대는 그 겨울밤을 미시령 고갯길 어느 모퉁이에 처박혀 눈 속에서 발발 떨면서 지새웠다. 어릴 때 모하비 사막의 겨울 산을 넘다가 그때처럼 차가 퍼지는 것을 경험했던 적이 있어서, 빨리 해가 떠서 차가 녹기만을 기다렸다. 하지만 다른 친구들은 완전 고립된 줄 알고 걱정 꽤나 했을 것이다.

다음날, 해가 뜨고 눈이 녹자 다시 차 시동도 걸렸다. 그리하여 우리는 설악산으로 갔고, 신나게 놀았다. 돌아오는 길, 원정대 3명은 한 번도 쉬지 않고 〈명성황후〉 1, 2막의 전곡을 목청 터져라 불러제끼며 왔다.

허허, 홀러덩 고개. 할아버지, 젊은이들한테 장난 한번 멋지게 치셨소~.

"고개 하나 '홀러덩' 넘으면 설악산이야."

칼린의 의식 Kolleen's Rituals

지금 와서 되돌아보니 나도 모르는 사이에 내가 주기적으로 하고 있는 것들이 몇 가지 있다. 이른바 '칼린의 의식'이다.

1. 할로윈 파티

몇 년 전부터 매년 10월 31일 밤마다 해태 집에서 열고 있는 할로윈 파티. 초대받은 사람은 모두 뜨악한 캐릭터로 분장하고 와야 한다. 창백할수록, 핏자국이 짙을수록, 괴기스러울수록 환영받는다. 참고로 그동안 파티에 초대받은 손님들은 대략 이러하다.

〈아담스 패밀리〉의 엄마처럼 머리를 산발로 풀어헤치며 칼질을 해대는 마녀, 걷지 못하고 통통통 튀어다니기만 하는 차이나 걸, 얼굴에 흰 밀가루를 뒤집어쓴 채 입이 찢어진 조커, 할복자살을 한 일본 무사, 뜬금없이 할로윈에 등장한 주책맞은 루돌프, 만주에서 독립운동을 한 독립투사, 되도 않는 스페인어를 하는 멕시코 졸부, 〈제5원소〉에 나왔던

밀라 요보비치(물론 남자다), 팔에 막대기를 넣어 움직이지 못하는 허수아비, 이마가 깨져 피를 흘리는 태국 처녀귀신, 분장실에서 콜 기다리다 목욕 가운 입고 죽은 금발 여배우, 역시 뜬금없는 꿀벌 등.

이 외에도 전혀 조합이 맞지 않은 손님들 여럿이 어디선가 등장해 같이 밥을 먹고 헛소리를 한다. 이 손님들은 모두 나와 멀쩡하게 일 잘하고 있는 동료이자, 배우이자, 제자들이다. 이날만큼은 기꺼이 자기 자신을 버리고(?) 또 다른 무언가가 되어 판타지의 세계에서 마음껏 롤플레잉을 즐긴다. 내 파티에서 처음 만난 사람들은 진짜 얼굴을 모르기 때문에 한참 후에 멀쩡한 모습으로 "그때 걔가 너였어?"라며 민망해하기도 한다.

이날엔 그 어떤 전기불도 켜지 않는다. 오로지 촛불로만 어둠을 밝힐 수 있다. 창문이란 창문에는 온갖 거미줄을 달아놓고, 몇 달 전부터 미국과 청계천 완구가게에서 사둔 쥐 모형과 박쥐 떼를 구석구석에 놓아둔다. 지난 번 할로윈파티 때 놓아둔 쥐 한 마리(?)를 안 치워서 그 다음 날, 연습하러 나가려다 기겁한 적도 있다. 거실의 큰 거울에는 셀로판지로 만든 붉은 손바닥 그림자를 붙여놓기도 했는데, 거기에 얼굴을 갖다 대면 마치 피 묻은 손이 자신의 얼굴을 더듬는 것 같은 느낌을 받게 말이다. 침실 옆에는 풍선과 옷걸이로 만든 행맨(목매달려 죽은 남자)을 매달아둔다. 꽤 리얼해서 사진 찍기 좋은 포토존이 되곤 한다.

잡초가 무성한 정원에는 파티에 온 사람들의 이름이 적힌 묘비를 세워둔다. 죽은 날짜는 물론 오늘이다. 저녁식사도 평범치 않다. 흰 쌀밥엔 모두 붉은 식용색소를 넣어 핏빛 밥(우웩)을 만들고 음료수도 핏빛이

다. 크렌베리주스이거나, 캄파리Campari처럼 붉은색만 도는 음료를 내놓는다. 사실 핏빛 밥은 손님들이 못 먹을 줄 알았는데, 껌껌한 곳에서 촛불만 켜고 먹어서 그런지 잘들 먹고 놀았다. 손님들도 만만치 않게 즐겨주니 고마울 뿐이다.

밤 12시가 되면 집 뒷산 공동묘지로 가서 보물찾기를 한다. 내가 낮에 미리 무덤에 숨겨놓은 보물을 찾는 거다. 보물은 은색 비닐 포장지로 싸놨기 때문에 달빛만 잘 비친다면 찾기는 어렵지 않다. 귀신이 곡할 노릇이지만, 종종 내가 숨겨놓지 않은 보물들을 찾아오는 경우도 있다. 그들에게 말하진 않았지만…… 크크.

미국에선 할로윈 파티가 하나의 전통일 만큼 당연한 것이지만, 한국에서는 그래도 아직은 낯선 파티이다. 내가 우리 집에서 할로윈 파티를 열었던 건, 그동안 일로만 만난 친구들이 이제껏 보여주지 못한 새로운 모습을 서로에게 보여주게끔 하기 위해서다. 선생으로, 학생으로, 배우로서, 음악감독으로서가 아닌, 조커로, 꿀벌로, 차이나 걸로 변장해서 180도 다른 모습을 서로에게 보여주며, 조금 더 가깝게 다가서고 다가가자는 것이다. 일명 속 안에 있는 '똘끼'를 제대로 보여주자는 날을 만들고 싶었던 거다. 술 마시고 망가진 모습이 아닌, 예의와 지조를 가진 '똘끼' 말이다. 룰만 잘 지킨다면 그 어떤 미친 행색과 행동도 이날만큼은 환영이다.

2. 크리스마스 파티

크리스마스 시즌이 다가오면, 일단 크리스마스트리를 제일 먼저 세운다. 그리고 그해의 테마 색을 정해 그 색깔의 장식품으로 장식을 한다. 지난해는 옅은 하늘색과 짙은 밤색이 테마였는데, 우리끼리 나름 '모로코 스타일'이라고 이름을 붙였다. 진짜 생나무를 세우고 싶어 과천까지 나가 나무를 수배해봤지만, 키 큰 나무를 구할 수가 없어서 대신 가장 리얼한 가짜나무를 사다가 장식했다.

크리스마스트리 장식의 가장 중요한 부분인 나무 꼭대기엔 그 해마다 올리고 싶은 걸 올려놓는다. 작년에는 나무로 조각한 흰나비 장식이었고(해태가 가는 곳에는 언제나 흰나비가 따라온다), 몇 년 전에는 샹이 만들어준 해태 얼굴 장식을 꽂아놓았다.

음식 메뉴는 해마다 조금씩 바뀌긴 하는데, 언제나 칠면조를 테이블 가운데 놓는다. 칠면조를 요리하는 건 한국에서 김장하는 것만큼 섬세하고 손이 많이 가는 일이다. 레시피는 생략하겠다(아마 요걸로 책 반 권 정도는 쓸 수도 있을 것~). 크랜베리 소스, 으깬 감자, 야채, 굴 스터핑oyster stuffing, 샐러드가 칠면조 주변을 메워준다. 사실 이놈의 칠면조는 한국에서 구하기가 쉽지 않다. 미군 부대 근처 마트에서 몇 주 전부터 예약을 해야, 원하는 크기의 칠면조를 구할 수 있다. 지난해에는 지방 공연 때문에 미리 받아두질 못해서, 크리스마스 이틀 전에 퀵 서비스로 배달받기까지 했다. 오토바이 뒷좌석에서 옷 벗은 칠면조가 '오빠 달려!' 하고 왔을 걸 생각하니 계속 웃음이 난다. 이렇게 준비한 칠면조는 몇 주 전에 미리 사 둔 크리스마스 트리 밑에 재워둔다. 크리스마스 기운이 흠뻑 스며들 수 있도록 말이다.

조촐한 식사 후엔, 벽난로에 불을 지펴 고구마와 군밤, 마시멜로우를 구워 먹으며 조쉬 그로반의 크리스마스 캐럴 음반을 듣는다. 그리고 선물 개봉을 하는데, 이때만큼은 다 큰 어른들일지라도 선물을 처음 받는 어린아이처럼 긴장한다. 게다가 포장지를 풀고 선물을 확인하면 호들갑을 떨며 기뻐한다. 뺨은 붉게 발그레해지고…… 아, 생각만 해도 따뜻해지는 크리스마스이브의 밤.

이날에 초대되는 친구들은 가족이나 다름없는 나의 삶의 군단들과 친구들이다. 칠면조를 예약하고, 장을 보고, 요리를 하고, 테이블을 세팅하고…… 한국의 명절처럼 우리도 이 모든 것을 같이 한다. 예전엔 제자들이 칼질조차 제대로 못해 나한테 욕을 언어먹기도 하고 냅킨을 제대로 접지 못해 잔소리가 나오기도 했지만, 과정 자체에 우리만의 애정이 담겨 있는 것은 확실하다. 한국명절과 재료만 다를 뿐, 쏟아붓는 정성은 똑같다.

내가 크리스마스 파티를 여는 이유는 몇 가지가 있는데, 우선 당연히 사랑하고 아끼는 사람들과 함께 크리스마스를 보내고 싶기 때문이다. 또 하나의 이유는, 내 군단들에게 격식이 있는 파티문화를 제대로 알려주고, 배우게끔 하기 위해서다. 고깃집에서의 뒤풀이, 왁자지껄한 엠티, 멋진 레스토랑에서의 외식도 물론 좋지만, 나는 이들이 제대로 된 파티의 시작과 끝을 배우기를 원한다. 파티를 열거나 초대받았을 때, 어떤 옷을 입고, 어떻게 준비해가고, 어떻게 행동해야 하는지 말이다. 그래서 나중에 내가 없더라도 훌륭한 호스트로서 손님을 접대하고, 자신도 즐길 수 있게 되기를 원한다. 처음엔 칼질도 제대로 못하던 애들이었지만, 지금은 꽤 큰 파티도 스스로들 준비해서 손님들을 접대할 줄 안다. 아…… 이런 나의 큰 뜻을 우리 애들이 알고나 있을지 모르겠다.

3. 생일 여행

신기하게도 내 군단들, 주변의 가까운 친구들은 5월생이 많다. 그래서 5월이 되면 서로 생일선물을 챙겨주기 바빴는데, 어느 해부터 "그냥 이러지 말고 다 같이 여행이나 가자!"고 한 게 의식으로서의 '생일 여행'이 되어버렸다.

처음으로 떠난 곳은 안동 하회마을. 민박집에서 2박을 하며 아침은 간고등어, 점심은 안동찜닭, 저녁은 헛제삿밥을 먹으며 왕처럼 보냈다. 물론 그 중간중간 근처를 돌아다니며 역사와 자연공부를 했고…… 봄날의 가벼운 여행이 된 우리만의 생일 여행. 황소자리와 쌍둥이자리만 동행할 수 있다.(참고로 사수자리인 민영이는 호적을 파 생일을 옮기겠다는 무서운 조건을 걸고 우리와 함께했다. 사실 우리가 같이 데려가려고 꼬드긴 거지만 아무튼, 본인도 동의했다. 그는 그때부터 5월 31일이라는 또 하나의 생일을 갖게 되었다.)

짧은 국내 여행이지만, 이 여행 속에서도 우리는 언제나 또 하나의 작은 의식을 치른다. 아침부터 밤까지 "생일 축하해"라는 말을 외치는 것이다. 밥을 먹을 때마다, 물 컵을 들고 "생일 축하해!"를 외치고, 오미자차를 마시면서도, 차 안에서 생수를 마시면서도, 심지어 사진을 찍고 나서도 "생일 축하해"를 남발한다. 하지만 어느 누구도 '했던 말 또 하냐'며 신경질 내는 사람은 없다. 그것이 암묵적으로 생겨버린, 우리만의 생일 여행의 규칙이기 때문이다. 무한하게 생일을 축하해 주자는 것! 사랑으로 죽여버리자는 것! 그것이 생일 여행의 목적이다. 하하하!

이 외에도 구름투어, 추수감사절 파티, 일요일 브런치 모임 등 소소하게 갖는 의식들이 몇 가지 더 있다.

언제나 나는 이러한 모임에 늘 새로운 사람 1,2명이 꼭 함께할 수 있도록 초대를 한다. 그래야 새로운 아이디어, 새로운 시각, 새로운 인생을 접할 수 있고, 우리만의 '매너리즘'에 빠지지 않는, 우리만의 '자뻑 파티'로 끝나지 않을 수 있기 때문이다.

내가 이렇게 나만의(우리만의) 의식을 갖게 된 것은 그만한 중요한 이유가 있다. 내가 어린 시절, 우리 엄마 때문이다.

어렸을 적 부산에서 살 때, 엄마는 매주 목요일 저녁마다 부산항 앞에 있는 씨맨스 클럽 Seamans Club에 우리 세 자매를 데리고 갔다. 그곳은 외국 선원들을 위한 서양식 레스토랑이었는데, 엄마는 그곳에서 우리 세 자매에게 식사 예절을 가르쳐주었다. 외식을 하는 것만이 목적이 아니라, 아이들에게 꾸준히 식사 예절을 가르쳐주기 위해 엄마는 그렇게 매주 목요일마다 우리에게 단정하게 옷을 입혀 그곳에 데려가곤 했던 것이다.

그리고 미국에 돌아가서는 정확하게 10주에 한 번씩 집에서 파티를 열곤 했다. 엄마가 가르치는 다양한 국적의 학생들이 주 손님이었는데, 우리는 우리보다 나이 많은 손님들을 접대하며 음식을 준비하는 요령, 사람들과 대화하는 요령, 새로 온 사람을 편하게 해주는 법 등을 자연스레 배웠던 것 같다.

공연계에 있는 사람으로서 내가 가끔씩 강의를 나가게 될 때, 꼭 빼먹지 않고 당부하는 말이 하나 있다. 자주는 아니더라도 가끔씩 공연을 꼭 보러 가라는 것이 그것인데, 이것 역시 하나의 의식으로 설명이 된다. 물론 휴일에 집에서 편하게 TV를 보며 시간을 보내도 된다. 하지만 공연관람은 그것보다는 한 단계 더 복잡하고 준비성이 필요한 의식이다. 날짜를 정하고, 같이 볼 사람을 정하고, 상대방의 취향을 고려해 함께 볼 작품을 고르고, 공연 전 저녁식사의 메뉴를 정해야 하는 것이 진정한 '공연 관람'이라는 의식의 의미이자 내용이다. 이를 통해 우린 사람과 사람 사이에서 소통하는 법을 배울 수 있고, 여러 가지 예禮를 함께 나눌 수 있는 것이다.

원래 나는 의례, 의식, 절차, 이런 것들을 되게 싫어하는 성격이다. 하지만 더 나은 삶을 위해, 나의 기쁨을 위해 뭔가를 꾸준히 하는 건 굉장히 중요하다. 그리고 그건 그렇게 스트레스 받는 일도 아니다. 밥을 먹기 위해 일하는 것 말고, 일상생활 말고, 여가생활 말고, 그 외의 어떤 일, 이벤트 같은 것 말이다. 누구는 당구를 배울 수도 있고, 누구는 궁중요리를 배울 수도 있다. 이 모든 것은 자기가 좋아하기 때문에 하는 것이고, 이는 인간이 이 세상을 좀더 의미 있게 살기 위해서는 반드시 필요한 것 같다. 왜 중요한지는 모르겠다. 그냥 내가 겪어 보니 좋다. 삶에 있어 중요하다. 이거 하나는 분명하다. 내가 즐거우면 남도 즐거워지고, 그들에게도 좋은 에너지가 된다는 거다.

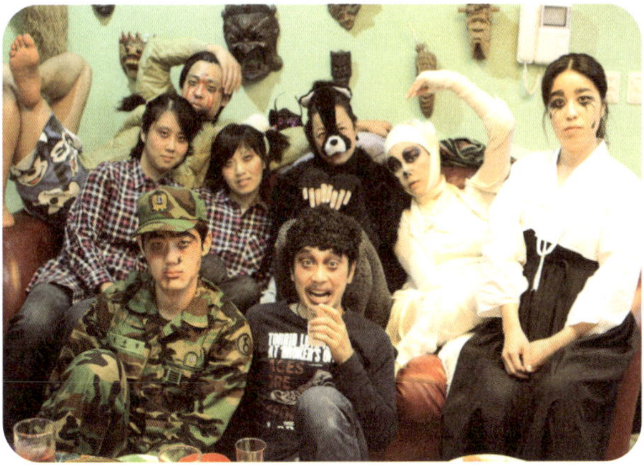

이문열 선생과 '리투아니아의 여인'

이문열 선생을 처음 뵌 건 90년대 초반, 뮤지컬 〈명성황후〉를 준비할 때였다. 당시 〈명성황후〉의 창작진이었던 이문열 선생, 작곡가 김희갑 선생, 작사가 양인자 선생에게 뮤지컬을 소개하기 위해서 당시 뮤지컬 제작사의 두 교수님 등과 함께 우리는 프랑스, 영국, 뉴욕을 돌며 뮤지컬 공연을 보러 다녔다. 그분들에게 뮤지컬이라는 장르를 선보이고 그 장르에 맞는 글과 노래를 쓸 수 있도록 말이다. 짧은 출장 기간 동안에 하루도 쉬지 않고 작품을 보고, 현지 프로듀서들을 만났다. 특히 영국에서는 세계 뮤지컬계의 마이더스인 카메론 매킨토시와도 만날 수 있었다. 하지만 세계적인 뮤지컬 작품들을 보러 다니던 당시 가장 특별하고 뚜렷한 기억을 준 것은 이문열 선생이었다.

주요 스텝들이 다 같이 떠난 출장이라 우리가 비행기의 2층 비즈니스 석을 모두 차지하게 되었다. 덕분에 조금은 자유롭게 비행을 즐길 수 있었던 것 같다. 와인 한 잔을 손에 쥐고 돌아다니며 얼굴을 익히고 이야기를 나눌 수 있는 시간도 있었다. 그때 처음 이문열 선생과 대화를 주고받았던 것 같다. 당시 나는 이문열 선생이 누군지도 잘 몰랐다. 문학계에서 그렇게 유명하고, 세계적인 소설가일 줄은 몰랐던 거다. 단지 뮤지컬 〈명성황후〉의 대본을 쓸 분이라는 것 외에는, 그 정도의 필력을 가진 작가라는 것 외에는…… 정말 무례할 정도로 몰랐다. 선생 역시 나에 대해서는 아는 바가 거의 없으셨을 터다.

이문열 선생과 대화를 하는 과정에서 내 어린 시절 고등학교 얘기를 하게 되었는데, 선생이 그것과 관련하여 몇 가지 질문을 했다. 엄마가 리투아니아 출신인 줄 아셨는지 아니면 얘기하다가 그게 나오게 된 것인지는 모르겠다. 아무튼 보통 사람들이 가질 수 있는 궁금증보다 나의 또 다른 조국에 대해 선생은 좀더 깊게 관심을 내비쳤던 것 같다. 선생은 보다 구체적으로 내가 어떻게 커왔는지, 내 부모님의 배경이 어떠했는지 물어왔다.

남들과는 조금 다르게 커온 내 배경 때문에 많은 사람들이 내 성장배경을 물어보곤 했지만, 그때의 이문열 선생만큼 진지하게 질문한 경우는 드물었다. 선생의 질문 하나 하나에는 단순 호기심이 아니라 나조차도 진지하게 내 자신을 들여다봐야 답을 할 수 있는 그러한 그런 긍정적인 집요함이 있었다. 그때의 내 대답은 나의 라이프라인을 그리는 듯했다. 어디서 태어나서, 몇 살 때 어떻게 한국과 미국을 오가며, 어느 나라에서 어떤 교육을 받았으며, 연애는 어땠으며, 친구들은, 앞으로 어디서 살 것이며, 내 감성의 주요한 색깔과 무늬는 어떠하며, 다문화 배경이 남긴 추억과 흔적, 사랑과 아픔…… 선생은 그런 걸 물어왔다.

아무튼 선생과 나는 그런 이야기를 하면서 영국에 도착했다. 우리의 일정은 이랬다. 낮에는 각자의 일을 보고, 저녁에는 공연관람, 그리고 밤에는 모시고 간 원로분들과 술을 마시며 공통의 작품을 만들기 위해 노력했다. 그렇게 하루하루가 지나고 있었다. 당시 20대 초반이었던 나는 거기서 초막내였다. 그러니 모든 것이 배울 것들이었다. 그런 와중에 개인적으로 시간이 나서 다른 분들이 쉬는 사이 이문열 선생과 국립박물관을 관람할 기회가 있었다. 이문열 선생도 다른 팀원들과 술자리를 하거나 다소 타이트한 일정이니 그냥 쉴 줄 알았는데, 새까맣게 어린 스텝인 나와 함께 선뜻 박물관에 동행해주었다. 솔직히 좀 의외였다.

선생과 나는 박물관을 돌아다니며 두서없이 이런 얘기 저런 얘기를 나누었다. 신기하게 그 몇 시간 동안 현격한 세대의 차이에도 불구하고 단 한 번도 대화가 끊기지를 않았다. 그만큼 선생은 얘기의 장이였다. 그림 하나를 앞에 두고도 선생은 그 그림의 역사와 거기에 얽힌 장구한 얘기를 술술 풀어내었다. 그러면 내가 거기에 몇 가지 얘깃거리를 얹는다. 선생님은 거기에 더해 다른 비슷한 얘기를 풀어내었다. 그런 식이었다. 예의 갖춘다고 억지로 대화를 끌고갔던 게 전혀 아니었다. 한 가지 주제에 대해 이야기가 시작되면 그것에 딸린 다른 얘기들이 오래된 나무의 숱한 가지들처럼 뻗어 나왔다. 어떻게 말이 그리 풍성할 수 있을까. 그것도 내겐 신기할 따름이었다. 이렇게 말하는 게 너무 부족한 표현이지만, 선생은 아는 게 너무 많았다. 가령, 박물관 일본관에 걸려 있는 어느 산수화를 딱 보고는 작가와 시대, 그리고 구성을 가늠해보더니, 대뜸 "이거 한국 건데 잘못 걸어놨네……" 일갈하는 게 아닌가. 그 한마디로 도도한 대영박물관의 학예사들 다 죽여버리는 거다. 그러니까 말이 양으로만 풍성한 게 아니라 한마디 한마디가 촌철살인이었던 거다.

 박물관에서 붙여놓은 안내문구들보다 선생의 설명을 들으면서 더 많은 역사와 내용을 알게 되었다. 나와 우리 언니들 또한 우리 나이에 비해 '월들리worldly'하단 말을 들으며 살아왔지만, 이문열 선생의 지식이랄까, 그것은 가히 지구적인 것이었다.

 그리고 2,3주가 흘렀을까. 함께 출장 온 어르신들과 우리는 뉴욕을 마지막으로 거친 뒤 모두 제각각 흩어지게 되었다. 제작사 대표와 지인들은 일본으로, 나는 한국으로, 이문열 선생 역시 해외 다른 나라 어딘가(기억이 나지 않는다)로 떠나게 되어 있었다. 제작사 대표와 다른 사람들은 모두 자기 목적지로 떠난 상태였고, 나와 선생은 비행기 시간이 남아 있었기 때문에 뉴욕 호텔에 좀더 머물러 있었다. 그렇게 이문열 선생과 나는 다시 단둘이 남게 되었다. 정오 무렵 하릴없이 호텔 방에서 쉬고 있는데 전화벨이 울렸다. 이문열 선생이었다.

 "칼린 씨, 이거 이상하게 생각하지 마시고…… 딱 한 시간만 나한테 시간 내줄 수 있소? 인터뷰라고 생각하면 인터뷰고…… 그냥 궁금해서 그러니…… 이거 이상하게 생각하지 마시고…… 딱 한 시간 정도면 되는데…… 이상하게 생각하지 마시고……"
 "네! 내려오셔요."

 나는 호탕하게 웃으며 그러시라 했다. 그 짧은 말 속에서 '이상하게 생각하지 마시고'를 적어도 세 번 이상은 들었던 것 같다. 안동 양반이라고 하셨던가? 여자와 단둘이만 있는 걸 너무 어색해했던 것 같은

데…… 아무튼 무슨 한 시간이 필요한지 영문도 모르면서 흔쾌히 내 방으로 초청했다.

잠시 후, 선생이 내 방문을 노크했다. 문을 여니 선생이 문 앞에 딱 서 있는데, 그때의 선생 모습을 아직도 잊을 수가 없다. 같은 호텔에서 방만 다른 방으로 이동하는 건데, 슬리퍼에 편한 복장이어도 그리 큰 흉은 아니었을 텐데, 선생은 정장을 갖춰 입고는 구두에, 겨울 코트까지 걸쳤다. 그리고 그 코트를 인터뷰하는 세 시간 내내 한 번도 벗지 않고 입고 있었다. 나는 침대 머리 쪽 끝에 앉고, 선생은 침대 아래에 있는 테이블 의자에 앉고서야 우리의 '인터뷰'는 시작되었다.

"칼린 씨는 리투아니아에 대해 얼마나 많이 알고 있지요?"

선생의 첫 질문이었다.

"음…… 계속 소련 지배 하에 있어 가보지도 못했고, 정보도 많이 없어요. 어머니도 어렸을 때 떠난 이후로, 가보시지 못했구요…… 어머니에게서 어린 시절 고향 이야기를 들은 게 다예요."

"내가 『리투아니아의 여인』이라는 소설을 구상중인데…… 신문에 연재가 될지, 어떻게 될지는 아직 모르겠네요. 칼린의 얘기라고 하는 건 아니지만, 누구의 얘기가 될지도 아직은 모르고, 지금 구상중인데, 그리고 이게 연재가 될 거라는 약속도 못하지만…… 아무튼 그래도 묻고 싶은 게 너무 많네요…… 물어봐도 되겠어요?"

"아, 선생님. 괜찮습니다. 뭐든요."

내 말이 끝나기가 무섭게, 선생은 나에게 질문을 쏟아내기 시작했다. 영국으로 가는 비행기에서는 '나'에 대한 질문들이 주를 이뤘다면, 그때의 '인터뷰'에서는 부모님의 성장배경에서부터 그들의 만남과 결혼, 부산과 미국에서의 우리 자매들의 성장기, 나와 언니들의 연애관, 문화의 차이가 주는 좋은 점과 어려웠던 점, 사고방식 등등…… 한 사람이 인생을 살면서 겪게 되는 여러 상황에서 내가 느꼈던 수없이 많은 감정들과 세세한 집안의 역사를 물었던 것 같다. 내가 대답할 수 있는 모든 것들을 자세하게 선생에게 답했다. 아무것도 숨기지 않고 말이다. 그렇게 '딱! 한 시간만……'이라던 인터뷰는 세 시간을 넘겨 끝이 났다.

다음날, 나는 한국으로 돌아왔다. 그리고 선생과는 뉴욕 이후에 연락이 뜸해졌다. 아니, 거의 끊긴 거나 다름없었다. 내게는 워낙 크고 먼 어른이기도 했고, 당시 내가 한동안 미국에 들어가 있었기 때문에 자연스럽게 연락이 끊기게 되었다. 몇 년쯤 지났을까. 가끔씩 생각나곤 했던 선생의 소식만 궁금했지 소설 『리투아니아 여인』에 대한 것은 까마득히 잊고 있었다.

몇 년 후, 나는 다시 한국으로 돌아왔다. 그동안 많은 일들이 있었고, 많은 사람들을 만났지만, 그렇게 바빴지만, 언제나 문득 이문열 선생이 생각나는 시간들이 있었다. 그분은 그렇게 존재감이 명징한 분이었다. 글을 쓰는 사람이라는 선생의 뚜렷한 역할과 선생이 만들어내던 단어와 언어들, 그리고 무언가를 표현할 때의 그 신중함이 잊혀지질 않았다. 아니다. 선생과 대화를 나누고도 그냥 이문열 선생이라는 사람 자체를 망각한다는 것은 불가능한 일일 것이다. 그래서 한국에 돌아와서 선생에게 제일 먼저 안부 엽서를 썼다.

"선생님, 잘 지내시죠? 기억하실지 모르겠지만 저 칼린입니다……."

엽서를 보내자마자 이문열 선생에게서 전화가 왔다.

"칼린 씨! 어디 갔다 이제야 왔어요? 그리고 한국에 왔으면 얘기를 하지 그랬어요!"
"잉? 그래서 선생님께 연락드렸잖아요."

이문열 선생과 통화하고 난 후 나는 뮤지컬 〈명성황후〉에 완전히 뛰어들게 되었다. 실은 나는 누구도 나를 찾지 않을 거라는 생각에 〈명성황후〉 제작진 그 누구에게도 감히 전화를 못하고 있었는데…… 아무튼 나는 다시 뮤지컬에 뛰어들었고, 그리고 또 시간이 흘렀다. 그리고 이문열 선생과의 연락도 다시 끊겼다.

그렇게 또 몇 년이 지났다. 〈명성황후〉 녹음 일로 홀로 호주에 머무를 때였다. 뜬금없이 이문열 선생에게서 전화가 왔다.

"칼린, 시드니에 있다면서요? 갈게요, 기다리세요."
"!"

선생이 당시 멜버른에 있었던 것이다. 제작사 대표가 선생에게 내가 시드니에 혼자 있다는 소식을 알려주었다. 선생은 내 소식을 듣자마자 밥 한 끼를 사 먹이겠다고 멜버른에서 시드니까지 곧장 날아왔다. 덕분에 나는 훌륭한 저녁 만찬을 얻어먹을 수 있었다. 이때도 세 시간 가량 끊임없는 즐거운 대화가 이어졌다. 리투아니아에 대한 얘기도 빠지지 않았다.

그리고 1994년쯤인가, 그 무렵. 리투아니아는 독립을 했고 자유롭게 여행할 수 있는 나라가 되었다. 당시 큰언니 남자친구가 CF 촬영감독이었는데, 갤로퍼 광고를 찍기 위해 리투아니아의 피가 흐르고 있는 우리보다 감히(!) 먼저 리투아니아를 다녀왔다. 그 친구 편에 받은 리투아니아 사진을 구경하고 있자니 또 이문열 선생이 생각이 났다. 보여드리고 싶었다. 리투아니아에 대해 관심이 있던 분이라 독립 이후 첫 공개 사진이라 생각이 들었던 나는 그 자료를 선생에게 드리고 싶었다. 소설이나 원고를 잊고 있었던 나는 선생에게 그저 나의 또 다른 고향의 멋진 모습들을 보여드리고 싶었을 뿐이다.

그 전까진 말로만 설명했던 리투아니아를 이젠 멋진 사진으로 표현할 수 있다 생각하고 이천에 있는 부악문원을 찾았다. 선생의 집이자, 글 쓰는 제자들을 위한 작업실이 있는 곳이었다. 선생은 언제나 그랬듯, 따뜻하게 나를 맞아주었고, 나는 선생에게 리투아니아의 보물들을 보여드렸다. 그때도 선생은 내게 쉴 새 없는 질문을 쏟아냈다. 나 역시 여느 때처럼 열심히 대답했던 걸로 기억이 난다.

겪어본 사람은 알겠지만, 사실 어른과 밥 먹기가 얼마나 어려운 일인가. 반대로 어른이 아이와 단둘이 대화하면서 밥 먹기도 얼마나 힘든 일인가. 그런데 선생은 무슨 일이 있을 때마다 꼬박꼬박 나를 챙겨주었다. 선생과라면 어른과 밥 먹는 게 불편하기는커녕, 두세 시간이 순식간에 지나갔다. 우리의 대화는 즐거웠고, 독특했고, 뜸 들이는 시간 없이, 충실했다. 부악문원을 다녀온 후 언제나 그랬듯 또 그렇게 선생과의 인연이 잠시 멈추었다. 리투아니아 역시 잠시 잊었다.
 그로부터 얼마 후, 나는 리투아니아를 찾았다. 잃어버린 무언가를 되찾은 것처럼, 나는 완성된 느낌으로 한국에 돌아왔다. 리투아니아를 만나고 오니 이문열 선생이 생각났다. 그간 이문열 선생은 내게 어떤 인연일까, 생각해본 적은 있지만 내 질문에 답하지 못했었다.
 그러니까 선생과 나 사이에는 리투아니아가 있었다. 왜 그분이 느닷없이 내 삶에 떠오르는가, 답하지 못했는데 선생에게는 리투아니아가 있었다. 내 또 다른 고향에 대한 애정을 그 같이 내보였던 분은 그분이 처음이었고, 유일했다.
 나 역시 잘 알지 못하는 고향땅에 대해 질문하고, 깊이 있는 관심을 내보여주었기에, 그런 선생이 있었기에 나도 내 뿌리에 대해 더 깊게 생각해볼 수가 있었던 것이다. 선생은 내게 말로써 리투아니아를 표현하게 만들고, 그리하여 리투아니아를 막연한 생각의 덩어리가 아니라 구체적인 무엇으로 소유하게끔 만들어준 것이다.
 감히 자꾸 연락하여 선생의 일을 방해하거나 그럴 수는 없다. 하지만 이제는 내 쪽에서 먼저 기억하고 싶고 내 마음속에 분명한 한 자리를 갖고 있는 분이다.
 선생의 『리투아니아의 여인』은 언제 한덩어리의 소설이 되어 사람들과 만나게 될까. 그 글에 내가 무슨 도움을 주었다든가, 그것이 내 얘기라는 둥 가벼이 굴 수는 없다. 하지만 선생의 '리투아니아의 여인'의 모습에 아주 조금은 내 모습이 녹아 있을 거라고 생각하고 싶다. 딱 그만큼이라도 선생과 무언가를 함께 나누어 갖고 싶은 것이다.

✱ 살며시 옷에 치마

파란 눈에 금발의 어느 외국 여인. 그 여인이 한국 노래를 부른다.

뭐, 요즘에야 흔히 볼 수 있는 모습일 것이다. 하지만 때는 지금으로부터 30년 전이다. 그것도 부산 바닥에서다. 때는 1970년대 초반, 아직 연탄불에 물을 데워 써야 했고, 버스안내양들의 '오라이, 오라이' 소리를 들을 수 있던 시절.

리투아니아계 미국인인 엄마는 자식 교육에 몸 바친 여자였다. 세상의 수없이 많은 지혜를 전해주기라도 하려는 듯, 엄마는 재잘거리는 세 딸들의 모든 질문에 늘 진지하고 사려 깊은 답변을 해주었다. 세상의 모든 아름다운 감정을 우리에게 새겨주려고 그렇게도 세게 안아주었다. 그런 엄마는 유난히 음악을 사랑했다. 엄마는 미국에서 소중히 간직해온 LP판 한 장을 한국으로 가져오셨다. 거기에 말러 교향곡 1번이 실려 있는데, 밤마다 그걸 틀어 우리를 재웠다. 그리고 빈소년합창단, 여러 발레 공연 등이 있을 때마다, 우리를 꼭 데리고 가셨다. 키가 큰 큰언니는 한국 무용, 작은언니는 개나리합창단, 그리고 나는 두 언니를 따라 피아노와 무용을 하느라, 딸 셋은 늘 바빴다.

이렇게 우리 집은 모두 예술을 사랑하고 음악을 했다. 그중 유독 노래만큼은 철저히 엄마 몫이었다. 원래 성악을 전공하다가 한국으로 오신 거였고, 또 한국인 아빠와 사랑에 빠진 것도 뉴욕의 한 대학에서 엄마가 부른 '아리랑'에 아빠가 매혹된 것이 결정적인 계기였다. 이게 우리 집의 '아리랑 전설'이다.

막내딸인 나에겐 그보다 더 기억에 남는 엄마의 노래가 있다. 제목도 가사도 몰랐던 그 노래는 어린 내 귀에 "살며시 옷에 치마 랄랄랄라⋯⋯"라는 가사로 들렸다. 어린 내가 그렇게 슬픈 곡조에 왜 그토록 끌렸는지는 아직도 모르겠다. 엄마가 이 노래를 부를 때면 나는 차분해져서는 조용하게 듣고만 있었다. 그 노래의 제목을 이제야 처음 찾아봤다. 그때의 그 노래는 금수현의 '그네'였다.

가사를 보니, '살며시 옷에 치마'가 아니라 '세모시 옥색치마'다. 엄마는 외국 여자였지만 한국의 팔도민요는 물론 가곡, 그리고 엄마가 '지구에서 이렇게 노래를 부를 수 있는 사람은 없다던' 이미자 선생의 노래까지 정말 한국 노래를 많이, 깊이 사랑했다. 그럼에도 나는 엄마가 '세모시 옥색치마'를 부를 때가 가장 황홀했다. 저 노래를 저렇게 부르는 사람이 우리 엄마라는 것을 자랑하고 싶어 사람들에게 "음⋯⋯ 저분이 울 엄니야"라고 하고는 했다.

그런데 재미있는 게 있다. 큰언니에게 '엄마의 노래'를 물어보니 나와 달리 두 번 생각지도 않고 당연히 '보리밭'이라고 한다. 비디오는 외국인, 그러나 오디오는 한국 가곡으로 딸들의 추억을 가득 메운 우리 엄마였다.

내가 태어나기 전 엄마 사진. 딱 떨어지는 수트, 단정한 머리, 그리고 브로치는 엄마 하면 떠오르는 가장 익숙한 모습이다

땡큐, 미세스 K 앤드 미스터 M

음악을 처음 접하던 시절, 지금의 나를 상상하게 해준 두 분의 선생이 있다. 한 인간으로서의 가치관, 철학, 그리고 지금의 내가 학생들을 대하는 데 어마어마한 영향을 미쳤던 두 분이다. 인생에서 내 가족만큼이나 소중한 두 분인데, 엄마, 이모, 오빠, 친구 등 다양한 명칭으로 불리어질 수 있을 만큼 격의 없는 분들이다. 로즈마리 크로보사 Rosemary Krovosa, 그리고 리처드 마이어 Richard Meyer 선생이다.

중학교 1학년이었던 시절, 아빠는 한국에 나와 계셨고 엄마와 우리 세 자매는 캘리포니아 패서디나에 살고 있었다. 나는 당시 엘리엇중학교에서 첼로를 하고 있었는데, 그 무렵 우린 패서디나에서 노스리지 Northridge로 이사를 하기로 돼 있었다. 엘리엇에서 한창 '스펀지처럼' 음악을 배우고 있던 터라, 엄마와 음악 선생은 나를 전학시킬 것인가 말 것인가가 고민이었나보다. 그때 음악 선생이었던 크로보사 선생이 덥석 자기가 나를 돌봐주겠다 제안했던 거다. 대학에 갈 때까지 선생의 집에서 살게 하면서 음악을 가르치겠노라 했던 거다. 당시 패서디나는 다른 학군에 비해 음악교육의 수준이 높았기 때문에 다른 곳에서 음악을 배우는 것보다 패서디나에서 계속 음악을 하는 것이 나을 거라는 나름의 판단이었던 것 같다.

미국에서는 특정한 한 학생에게 너무 관심을 보이면 다른 학생들이나 학부모들이 불공평하게 생각할뿐더러 되게 이상하게 보기 때문에 당시 미세스 K(나는 크로보사 선생을 이렇게 불렀다)의 결정은 대단히 파격적인 것이었다. 엄마 역시 교사였고, 사춘기 딸이 셋이나 되었으니 마음으로는 막내딸을 지원하고 응원해주셨지만 음악교육에 있어서는 시간적으로 도움을 줄 수 없는 상황이었다. 음악은 어릴 때부터 제대로 된 학습과 많은 가이드가 필요한 분야란 걸 미세스 K는 경험으로 알고 있었던 것이다.

그렇게 중학교 1학년 2학기부터 나는 미세스 K의 집에서 살게 되었다. 미세스 K는 중등 음악교사로서는 패서디나에서 예나 지금이나 명성이 대단한 분이다. 솔로이스트를 키워내는 교육자라기보다는 학교교육 제도 안에서 음악교육 시스템을 구축하거나, 이를 위해 어디선가 투자를 받아 돈을 끌어오거나, 인재들을 발굴하고 양성하면서, 보다 본질적으로 음악교육에 엄청난 기여를 한 분이다.

미세스 K의 집에서 산다는 것은 또 하나의 가족을 갖게 되었다는 것과 다르지 않았다. 너무나 자상한 선생의 남편 크로보사 아저씨와, 음악을 하는 선생의 자녀들 사이에서 나는 '첼로를 하는 막내딸'이 되었다. 학교 음악선생 집에 살면서 매일 등하교를 함께 한다는 건 음악의 세계에서 음악으로 숨을 쉬며 음악으로 밥을 먹는 것과 같았다. 보통 학생들이 등교하는 시간보다 훨씬 이른 시간인 새벽 6시, 나는 미세스

K와 함께 차를 타고 등교해서는 정규수업 전에 있는 음악수업을 함께 준비하고, 나 역시 그 수업에 참여했다. 방과 후도 마찬가지였다. 혼자서 집에 올 수 없는 상황이었기 때문에(LA에서는 차가 없으면 학교를 오가기가 힘들다) 자연스럽게 방과 후 음악수업에도 참여하게 되었다.

그러던 어느 날, 우리 학교에 음악과목 교생으로 리처드 마이어 Richard Meyer 선생이 오게 되었다. 같은 과목이었으니 마이어 선생은 미세스 K와 긴밀하게 관계를 유지했고, 당연히 나와도 가까이 지내게 되었다. 어느새 우리 셋은 떼려야 뗄 수 없는 사이가 되었다. 나보다 열 살 많은 마이어 선생, 마이어 선생보다 스무 살 많은 크로보사 선생, 총 서른 살의 나이 차에도 불구하고 우리는 서로에게 최고의 친구가 되었다. 그 무엇이 우리를 그렇게 엮었는지는 잘 모르겠지만, 어느새 많은 말을 하지 않아도 서로 통하는 그런 관계가 되어 있었다. 주말에는 마이어 선생과 공원에 가서 선생이 나를 위해 작곡한 노래를 직접 연주하며 노래를 부르기도 했다. 함께 영화를 보고, 새로 떠돌기 시작한 따끈따끈한 우스운 이야기를 공유하며 한바탕 깔깔거리며 많이도 웃었다. 음악이라는 도구를 통해 우리는 그렇게 우리의 삶을 나누었다. 무엇보다 두 분의 엄청난 사랑을 받으며 말이다.

시간이 흘러 내가 고등학교 진학을 앞두고 있을 무렵, 교생 실습을 마친 마이어 선생은 우연히도 내가 배정받은 존무어고등학교John Muir Highschool에서 가르치게 되었다. 그때도 나는 계속 미세스 K의 집에서 학교를 다니고 있었는데, 그때부터는 마이어 선생이 나를 픽업해 같이 등하교를 하게 되었다. 새벽 6시에 마이어 선생이 날 픽업하러 오면 같이 학교 가서 음악수업 준비를 돕고, 방과 후 역시 음악수업 준비를 돕다 선생과 함께 선생의 차를 타고 미세스 K의 집으로 돌아오는 것이 내 고등학교 시절의 일상이었다. 글자 그대로 음악수업으로 시작해 음악수업으로 하루를 마무리하는 일상이었다.

내 사물함 번호를 어떻게 알았는지 마이어 선생은 종종 사물함 안의 내 악기 케이스에 조그마한 선물을 넣어두곤 했다. 특히 마이어 선생은 내게 손수 편지를 써 몰래 주곤 했다. 당시에는 손으로 쓴 편지를 많이 주고받았다. 위트가 담긴 짧은 이야기, 조그마한 인형, 그림, 아기자기한 사진 등 소소하지만 섬세하고 따뜻한 마이어 선생의 마음을 그대로 느낄 수 있는 선물들이었다. 학교에서 마이어 선생의 인기가 워낙 높았기 때문에 우리의 소울메이트 같은 행동은 사춘기 친구들에게 많은 질투를 많은 불러일으켰던 걸로 기억된다. 허 참……

한편, 미세스 K는 엄마 같은 존재였다. 집에서 함께 요리를 하고 식사를 했으며, 함께 옷을 사러 가고, 성당에 갔다. 비단 엄마이기만 했을까. 선생은 가족과 떨어져 있는 고민 많은 사춘기 소녀의 엄마이자 이모, 친구, 언니가 되어 내게 입체적인 사랑을 주려고 했다.

미세스 K와 미스터 M, 마이어 선생과 크로보사 선생은 오퍼스Opus라는 음악캠프를 만들었는데, 방학 때마다 숲속 별장을 빌려 음악을 배우고 있는 학생들을 위한 워크샵을 열었던 것이다. 나 역시 처음엔 학생으로, 그다음 번에는 후배들을 도와주는 주니어 코치로, 학교를 졸업한 다음에는 강사로서 캠프에 참여하게 되었다. 마이어 선생이 작곡한 곡을 내가 먼저 시범으로 연주해보인 다음, 학생들과 오케스트라를 꾸려 선생의 곡을 다함께 연주하기도 했다.

미세스 K는 음악성이 있는 학생들을 모아서 현악4중주를 만들기도 했다. 음악을 총체적으로 이해하는 데 가장 좋은 방법 중 하나는 앙상블에서 연주하는 것이다. 미세스 K는 그런 것이 필요한 학생들에게 최고의 교육을 선사해준 것이다. 끝내주는 솔로연주만이 다가 아닌, 다양한 악기가 서로 어울려 조화를 이뤄내는 것이 음악이라는 걸 가르쳐주었던 것이다. 물론 나는 첼로로 앙상블에 참여했다. 공교롭게도 당시 앙상블 멤버들은 비올라를 했던 백인 친구 말고는 죄다 끝내주게 연주를 잘했던 아시아계 이민 2세였던 걸로 기억한다.

그리고 나는 한국으로 떠나왔다. 첼로를 전공했지만 첼리스트의 길을 선택하지 않았다. 하지만 지금의 나는 미세스 K와 미스터 M, 그분들이 있었기에 존재한다. 중고등학교 시절, 선생들을 따라 학교에 일찍 가야 했기 때문에 첼로를 전공하면서도 마칭 밴드에서 테너 색소폰을 배울 수 있었고, 콘서트 밴드에서 오보에를 배울 수 있었으며, 퍼커션을 배울 수 있었다. 또한 현악4중주와 합창 시간을 통해 다양한 음악과 하모니를 배울 수 있었다. 내가 가지고 있는 음악성, 클래식 음악을 바라보는 다양한 관점 역시 음악을 향한 그분들의 올바른 인도 덕분에 가능한 일이었다. 그렇게 그분들은 음악에 재능이 있는 학생들에게 모든 것을 쏟아붓는 최고의 선생들이었다. 갓 세상에 눈을 떠 모든 것을 스펀지처럼 받아들이는 어린 학생들에게 세상의 모든 색을 보여주고, 모든 소리를 들려주고, 자신 안의 모든 감각이 깨어날 수 있도록 모든 열정을 바쳐 헌신했던 분들이다.

선생들에겐 1년에 한 번씩 꼭 편지를 쓴다. 쓸 때마다 늘 고마움을 표현하려고 하는데, 그게 잘 되었는지는 모르겠다. 그땐 그분들이 얼마나 헌신적인 일을 하고 있는지 몰랐기 때문에 지금 뒤늦게 고마움을 표현한다고 해도, 역시 부족하다는 것 잘 안다. 매일 출퇴근 시간에 누군가를 데리러 가고 데려다줘야 한다는 것, 가족도 아닌 아이를 집에 데려와 가족과 떨어져 있기에 가족보다 더 큰 사랑을 주며 교육시켜야만 했다는 것, 그것도 몇 년이나. 그게 얼마나 큰 사랑이며 헌신인지, 그땐 미처 몰랐다.

지금의 나에게도 제자들이 몇 있다. 신기하게도 이들과 내 관계는 내 학생시절의 선생과 학생 관계와 너무나 닮아 있다. 나와 크로보사 선생과 같은 관계도 있고, 마이어 선생과 같은 관계도 있다. 어쩌면 내가 선생들에 대한 은혜를 갚는 방법으로 내 제자를 두고 이들에게 내리사랑을 하고 있는 건지도 모르겠다. 학교와 학원이 넘쳐나는 지금 이 시대에도 나는 이들을 내가 그러했던 것처럼 도제 제도 아래에서 교육시켜 왔다. 일뿐만 아니라 삶의 여러 부분을 공유하며 제대로 된 '사람'을 만들어내기 위해서이다. 누군가 그건 너무 케케묵은 교육방식이 아니냐고 물을지도 모르겠지만, 나는 다른 방법을 알지 못한다. 내가 내 선생들에게 그렇게 교육받았으니 말이다.

거듭 말하지만, 내가 내 인생에서 무슨 일을 하더라도 그분들에 대한 은혜는 다 갚지 못할 것이다. 그렇다면 결국엔 다른 이에게 내리사랑을 주는 것뿐일 텐데…… 내가 과연 선생들에게 받은 사랑과 헌신을 이들에게 다 내려줄 수 있을까, 그 역시 불가능하다는 생각이다. 그만큼 그분들은 나에게 엄청난 사랑과 가르침을 주었던 스승들이다. 다시 한번, 길게 그분들에게 감사함을 전한다.

Thank you, Mrs. K and Mr. M……

그 자리를 지키는 일

 무대에서는 자기가 맡은 게 무엇이든 간에 무조건 그 자리를 지켜야 하는 게 또 하나의 큰 원칙이다. 그 역할을 잘하고 못하고는 그다음 문제이다. '무조건' 그 자리에, 그 시간에 있어야 한다. 쉽게 생각하면 사실 누구나 무슨 일을 하려면 그 자리에 있는 게 마땅하니 이 원칙이 대수롭지 않게 느껴질 수도 있다. 하지만 이 원칙이 얼마나 드라마틱한 얘기들을 만들어왔는지 모른다.
 무대인생이란, 시계 같은 삶을 사는 것이다. 배우와 스텝이든, 음악감독이든, 연주자이든, 그 어떤 이유로도 당일 공연을 펑크 내거나 심지어 조금이라도 늦게 나타난다는 건, 사실 있을 수 없는 일이다. 무슨 일이 있어도 정해진 시간에 무대에 있어야만 한다. 출근시간에 차가 밀려 10분 늦게 출근한 회사원은 있을 수 있어도, 아픈 이를 치료하러 병원에 갔다가 1시간 강의를 미룬 교수는 있을 수 있어도, 10분이 아니라 1분을 늦는 배우와 스텝은 있을 수 없다.
 시간을 지키기 위해, 공연에 늦지 않기 위해 피자가게에서 먹지도 않을 피자 값을 지불하고 배달 오토바이를 얻어 타고 온 연주자가 있는가 하면, 차를 버리고 공연장까지 1km를 달려온 경우도 있다. 이건 내 얘기인데, 차는 말 그대로 '버렸다'. 공연이 끝나고 다시 찾으러 갔을 때 정확히 어디다가 두었는지 기억할 수 없었으니 말이다. 지금껏 공연을 하며 차를 버렸던 곳이 한두 군데가 아니다. 동호대교 한복판, 서초역 부근의 공사장 등……

'동호대교 사건'은 이러했다.

〈아이다〉를 공연하고 있을 때인데, 조선호텔에서 3년 만에 본 친언니 켈리와 차를 마시고 공연을 2시간 반 가량을 남긴 채 LG아트센터로 향했다. 쉬운 길이다. 동호대교만 넘으면 극장이니까……

"음, 오늘 차가 좀 많네. 일찍 출발해서 다행이군."

그러나 1시간 반이 지나도록 을지로1가에서 3가까지도 가지 못했다! 에이…… 설마. 처음엔 믿기지가 않았다. 분명 내 눈으로 시계를 보고 있으면서도 그 시간 안에 '거기서 거기'를 못 가고 있는 확실한 현실을 받아들이기가 힘들었다. 설마 하면서도 정말로 한 번도 안 타본 '퀵서비스 오토바이'를 타야 하는 건 아닐까 하는 예감이 들어 오토바이를 찾아봤다. 동대문 근처라서인지 하나같이 다 물건을 가득 싣고 있었다. 시내 한복판에는 차 버릴 데가 없다는 것도 그때 처음 알았다. 1시간. 설마…… 분명 이 안엔 가겠지. 45분. 45분! 갑자기 손에서 식은땀이 나고 가슴이 쿵쾅 쿵쾅…… 거렸다. 을지로4가 앞에서 진짜로 제시간에 극장에 못 갈 수 있다는 공포감이 밀려들기 시작하면서 일순간에 패닉 상태가 되어버렸다. 공연 30분 전 을지로5가 앞에서 하얗게 된 손으로 친구한테 전화를 걸었다.

"나, 큰일 났다……!"
"뭐라고? 어딘데? 진짜 큰일 났네! 야, 일단 끊고 기다려봐!"

22분. 전화!

"칼린, 무조건 동호대교까지 가라! 인도에 올라가더라도. 청담에서 오토바이 보냈으니까!"

지금까지의 내 인생에서 다리가 떨렸던 적이 딱 두 번 있었다. 어릴 때 칼을 든 갱 3명한테 붙잡힐 뻔했을 때와 그날. 다리가 달달달달…… 손이 덜덜덜덜……

15분. 차로 꽉 찬 동호대교가 보이기 시작했고 대교 반대편으로 2명이 탄 오토바이가 '쎄리' 달리는 게 보였다. 분명 '내' 오토바이인 것 같았다.

12분. 심장이 어찌나 빨리 뛰던지 진동하는 것 같았다. 나는 그들이 대교 남쪽으로 돌아오길 기다렸다. 오토바이와 내가 충분히 가까워지자 나는 즉시 동호대교 한복판에 차를 버리고 둘 중 한 남자와 '교대'했다.

8분.

"아저씨, 무조건 8시 안에 극장에 도착해야 해요! 무조건요!"

아저씨는 위험하게, 아주 위험하게 오토바이를 몰고 날 극장 정문에 정확히 8시에 '배달'시켰다. 우리 조연출이 엘리베이터를 잡고 있었고, 나는 피트로 뛰어들면서 복도에서 검은 옷으로 훌러덩 갈아입었다. 그렇게 헉헉거리며, 8시 3분경, 비로소 첫 다운비트downbeat를 주었다.

3분……

그날따라 객석 정리가 다행히도 그 정도 걸려주었다.

사실 이러한 '물리적' 현상들은 상대적으로 감당하기가 쉬운 것일지도 모른다.

한편, 감정을 다스려야 하는 일들이 있다. 집에 도둑이 들고 불이 나도, 자식이 아프거나 다쳐도, 할머니나 부모님이 돌아가셨다 해도, 공연을 못한다는 건 있을 수 없는 일이다. 아무리 마음으로 큰일 있어도 공연이 끝난 후에야 돌아가신 부모님께 달려가 펑펑 울어야 하고, 공연이 끝난 후에야 병원으로 달려가서 아이를 돌봐야 한다. 일반적인 직장인이라면 조퇴를 하거나 회사에 알리고 결근하면 되는 아주 '당연한' 일이 공연장에서는 쉽게 말조차 꺼낼 수 없는 이유가 된다.

이유는 단 하나다. 관객에게는 용서라는 말이 없기 때문이다. 관객들이 공연 관계자들의 개인적인 사정으로 공연이 삐그덕거리는 이유를 알아야 할 필요도 없으며, 이를 애써 이해해야 할 이유도 없다. 함께 작품을 하는 내부 스텝들끼리도 마찬가지이다.

무대란 약속과 신뢰의 공간이다. 이것은 대극장용 작품일 경우, 무대에 등장하는 30명의 배우에게도, 무대 뒤에서 움직이는 100여 명의 스텝에게도 공평하게 적용되는 원칙이다. 이들은 정교하고 세밀한 100여 개의 톱니바퀴가 서로 맞물려 있는 것처럼 공연을 하는 동안 일사분란하게 움직여야 한다. 단 한 명도 필요하지 않은 사람은 없다. 컴퓨터가 짜놓기라도 한 것처럼 밀도 있게 움직여야 한다. 공연중인 무대는 조금의 오차도 용납하지 않는 그런 공간이다.

무대인생을 사는 사람들의 긴장도가 남다른 것은 분명하다. 〈아이다〉처럼 장장 9개월 동안 장기 공연되는 작품에서조차 단 한 번의 결석도 허용되지 않는다. 이러한 절대적인 상황이 주는 긴장감은 일반인으로서는 소화하기 쉽지 않은 일이다. 늦어서도 안 된다. 매일매일을 정확하게 자신의 자리를 지키고 있어야 한다. 정말이지, 살면서 가장 커다란 집중력을 필요로 한다. 거기에다가 일정한 예술적 퀄리티를 계속 유지해야만 한다. 실로 엄청난 내공이 필요한 것이다. 결석? 결근? 병가? 휴가? 집안 행사? 아님, 단지 그날 정말 일하러 가기 싫어서 쉰다? 있을 수 없다.

감기를 아주 퍼펙트하게 걸려 쉰 목소리로 노래하는 배우, 몸살로 몸에 천불이 나도 콜링* 해야 하는 무대감독, 입술이 부르터도 트럼펫을 불어야 하는 연주자, 강행군의 공연 때문에 팔이 마비가 되어도 드럼을 두드려야 하는 드러머, 과로로 쓰러졌다가 몸을 가누지 못해 소파의자에 앉아 겨우겨우 지휘를 해야 하는 음악감독. 이 모든 것, 나와 내 주

---

* 콜링calling
백스테이지에서 무대와 모니터를 보며 공연의 모든 움직임을 컨트롤하는 스텝이 무대감독이다. 이들 중 가장 우두머리를 프로덕션 스테이지 매니저(PSM)라고 한다. 이들은 모니터를 보면서 공연에 필요한 모든 조명, 음악, 세트 등의 시작 또는 끝을 알리는 큐(cue)를 보내는데, 이 신호를 콜링이라고 한다. 이들의 'go!'라는 소리가 들리지 않으면 아무도 꼼짝하지 않는다.

변에서 일어났던 일들이다.

 내일 공연이 있는 자라면 어떤 이유로도 오늘 죽어선 안 된다. 쓰러지기만 하고 반드시 공연 시작하기 전까진 다시 살아나야 한다. 공연에서의 자기 자리를 지켜내야만 한다. 우리 뮤지컬은 이제 열몇 살이다. 이 애가 이만큼이라도 자랄 수 있었던 건 척박한 우리 뮤지컬에서 자기 무대인생을 살아왔던 모든 이들이 목숨처럼 자기 자리를 지켜냈기 때문이다. 가혹하게 들릴 수도 있겠지만 목숨처럼 그 자리를 지켜내는 것, 이게 우리들의 거대한 전통이었다.

뮤지컬 〈렌트2009〉의 한 장면

뮤지컬 〈아이다〉의 한 장면

중국소년과 나비 China Boy and the Butterfly

 1988년. 엄마가 중국 베이징에서 그 당시 가장 큰 호텔이었던 리도 베이징에 홍보 담당으로 몇 년간 일할 때였다. 천안문 사태 이전인 그때만 해도 아는 사람이 없이 혼자서 중국을 관광한다는 건 어렵고 험한 일이었다. 그렇게 중국은 쉽게 갈 수 없는 나라였기에, 베이징에서 일을 하고 계셨던 엄마를 보러 가는 일은 내게 미지의 나라 중국을 여행하기에 둘도 없이 좋은 기회였다. 대학생이었던 나는 시간을 만들어 중국으로 날아갔다.
 이미 한참 전에 중국에 가 있었던 엄마는 둘러볼 데는 충분히 관광을 해두었고, 또 일을 해야 했기에 나는 혼자 베이징 관광을 다녔다. 여행 도사인 엄마는 미리 볼 만한 것들의 목록을 짜주었다. 그 목록은 만리장성에서부터 전통악기점, 민속공예품시장, 골동품가게까지 내가 좋아하는 것들의 백화점이었다. 인민폐(RMB) 몇 푼 들고 매일 여기저기 베이징을 쑤시고 다녔다.
 각종 가게들이나 관광지 구경도 좋지만, 사람들이 사는 중국의 진짜 모습을 보려면 시장만큼 좋은 곳이 없다. 나는 유난히 재래시장을 좋아해 여행을 할 때면 언제나 그 나라의 재래시장이나 벼룩시장을 찾아다니곤 한다. 게다가 중국 재래시장은 흔히 접할 수 없는 볼거리들로 넘쳐나는 곳이다.

어느 하루, 리도 호텔에서 가깝고 가장 크다는 시장을 찾아 나섰다. 어릴 때 한국 재래시장을 많이 다녀봤기에 그리 낯설지는 않았지만 근처에 도착하고 보니 여지껏 가보았던 그 어떤 시장보다 월등히 큰 것 같아 조금은 긴장을 하기도 했다. 호텔에서 걸어왔기 때문에 한번 들어갔다가 방향을 잃으면 왔던 길을 다시는 못 찾아올 것만 같았다. 하늘을 올려다보고는 동서남북 한번 익히고 시장 안으로 들어섰다.

그 거대함을 어떻게 설명할 수 있을까. 그곳은 노량진 수산시장의 몇 배쯤 되는 하늘이 탁 트인 하나의 도시였다. 그 거대한 시장의 골목마다 상인들과 장보러 온 사람들로 가득했다. 나는 규모에 압도되어 조금 현기증을 느꼈던 것 같다.

가장 먼저 자극받은 것은 귀와 코였다. 조용한 카페에서 친구들이 담소를 나누는 소리를 레벨 제로라고 한다면, 그 시장의 소음 레벨은 숫자로는 표현할 수 없을 정도였다. 제각기 소리를 질러대는, 마치 수백 마리나 되는 오리 떼가 밥 먹기 직전 내는 아우성 같다고나 할까. 그 높은 음역대에서 끊임없이 재잘거리는 소음들. 음~ 오리 떼.

그다음 코를 자극하는 강한 냄새들, 다양하다고 해야겠다. 음식 냄새, 독특한 습기의 냄새, 동물 냄새, 더운 어떤 냄새, 쓰레기 냄새, 짠 냄새, 기름 냄새. 어떤 하나의 '시장'의 냄새가 아니라 모든 냄새가 제각기 독립적이고 강했다. 그 냄새, 인상 깊었다.

귀와 코가 익숙해질 때쯤 그제야 눈에 띄는 것들이 있다. 생선장수들은 누군가 원하면 생선을 반 마리만 팔고 나머지 반은 피가 흐르는 그대로 다시 물속에 넣었다. 한쪽에선 통으로 바비큐된 개들을 줄에 주렁주렁 달아 걸어놓은 채 팔고 있었다. 삶은 돼지를 끓는 송진에 집어넣었다 뺀 후 송진이 마르면 그걸 부수어 떼어내는 광경도 보았다. 그렇게 하면 돼지털도 같이 벗겨졌다. 베리 굿 아이디어다.

얼마나 눈요기를 했을까? 시장 골목길을 따라 그럴싸하고 흥미진진한 시장 풍경에 흠뻑 빠져 있던 나는 결국 길을 잃고 말았다. 미로 같은 시장 길을 돌아다니며 헤매다 마침내 어느 한 골목에 다다르게 되었다. 가게들이 없던 그 골목은 사람들이 붐비지 않아 다른 데보다 조용했는데 상인처럼 보이지 않는 어른과 아이들이 뭔가를 길바닥에 내놓고 팔고 있었다. 각자 자기 앞에 조그마한 보자기를 펼쳐 깔고 그 위에 보석 같아 보이는 무엇, 돌멩이, 향로, 접시, 수저, 찻잔, 반지, 작은 그림 등을 올려놓고 손님을 끌고 있었다. 개수가 많은 것도 아니었다. 작은 크기의 물품들을 방석만한 보자기에다 서너 개씩 올려놓고 말이다. 흠~ 특이한 골목. 이 사람들은 뭘 내다 파는 걸까? 보물도 아닌 것 같고. 골동품도 아닌 것 같고. 나중에 알게 된 것이지만 형편이 어려울 때 필요에 따라 이들은 집에 있는 물건 중 값나갈 만한 것들을 장터에 가져와 하나씩 팔아 밥벌이를 한다고 했다. 엄마의 동료인 중국인이 알려준 거였다.

민속공예품시장보다 그곳이 더 흥미로웠다. 어느 나라를 여행하든 그 나라의 특산품이나 기념품을 꼭 사야 하는 딱딱한 법칙이 있는 건 아니다(가면은 제외). 나는 물건이 아주 특이해야만 눈이 가고, 내 성격 때문인지는 몰라도 어떤 물건에 마음이 아주 깊숙이 꽂혀야만 구입하는 버릇이 있다. 하지만 그것도 어디까지나 내 형편에 맞을 때에만 구입하는데, 무리를 해서라도 어떤 물건을 반드시 소유해야만 한다는 욕심은 전혀 없다. 나는 특별한 뭔가가 내 눈에 띄길 바라는 마음으로 보자기 물건들을 찬찬히 살펴보았다.

  새까맣게 변한 은과 옥가락지와 귀걸이 같은 액세서리 종류가 꽤 많았다. 안쪽에 그림이 그려진 작은 병, 오래된 듯한 작은 접시를 비롯하여 작은 도자기들도 많았다. 특히 찻잔이 많았고, 뭐 이것저것 작은 물건들이었다. 보자기에 싸서 들고 다녀야 해서 다 작은 것들이었나? 서울 도깨비시장이나 인사동 바닥에서 볼 수 있는 그런 것들과 비슷했다. 아무튼 뭐가 뭔지 모르는 나 같은 사람에겐 그것들이 쓰레기통에 갖다 버려야 하는 물건인지, 박물관에 들고 가 전시라도 해야 하는 물건인지 도통 알 수가 없었다.

  하지만 그렇기 때문에 나는 물건을 살 때 언제나 자유롭다. 내 마음에 쏙 드는 물건만 사면 그런 건 신경 쓸 필요가 없으니 말이다. 그래서 초록 머그잔에 빨간 금붕어가 힘차게 그려져 있는 큼직하면서도 멋있게 낡은 중국식 찻잔 한 개와 투명하고 은은한 연둣빛이 나는 도자기 향로를 샀다. 그것들이 마음에 쏙 들었다. 찻잔은 내 큰 손에 딱 알맞은 사이즈였다. 손잡이에도 나름 장식이 되어 있었고 푸른색이 섞인 진한 초록이 아주 강렬하면서 특이한 색깔을 냈다. 향료는 처녀의 엉덩이를 연상케 하는 매끈하고 예쁜 실루엣을 띠고 있었다. 그 색조 또한 우유에다 연둣빛 물감을 탄 듯 옅었다. 그리고 중고인 만큼 향냄새가 이미 물씬 배어 있어 더 좋았다. 물론 거래는 손짓 발짓 몸짓, 옥신각신, 깎아달라, 미인계(?) 등으로 해결했다.

향료와 찻잔을 구입한 곳의, 옆의 옆의 옆에는 열한 살 정도 돼 보이는 한 꼬맹이가 대여섯 개의 물건들을 자기 보자기 앞에 놓고 팔고 있었다. 그중에 흰 옥돌로 조각된 나비가 단박에 눈에 들었는데, 좀 무거워 보였지만 실이 엮여 있는 걸로 보아 목걸이인 것 같았다. 조금 더 보고 있자니 오호호~ 너무 마음에 들었다. 특이하기도 하고, 내가 보기엔 마치 돌을 잘 다루는 조각가의 손에서 탄생했을 것 같았다. 그런 생각이 들자 당장이라도 사고 싶었지만 말끔하게 포커페이스를 하고 흥정을 걸었다. '중국에 가면 일단 부르는 값의 반부터 시작해야 한다'라고 누군가로부터 들어서였나? 그리고 이미 앞서 성공적으로 수확한 것도 있고 해서 좀 여유를 부리느라 바보같이 그 조그만 애와 흥정을 했던 거다.

지금 생각하면 그 돈이 얼마나 된다고 그렇게 냉정하게 값을 깎았는지 모르겠다. 그때 아이의 형편을 알았다면 흥정 따윈 하지 않았겠지만. 22위안을 불렀던 아이에게 그 반을 뚝 잘라 11위안을 내겠다고 했다. 아이는 깜짝 놀라 절대 안 된다고 했다. 더구나 미국 달러가 아니라 위안으로 내겠다면 22위안보다 10배는 더 받아야 한다 했다. 재미있는 것은 이 모든 흥정을 말 한마디 없이 했다는 거다. 내가 만다린어를 어떻게 알겠는가, 아이가 영어를 알겠는가…… 흥정은 실패했다. 나는 결국 그 나비를 사지 못한 채 호텔로 돌아왔다.

그날 밤 나는 엄마한테 오늘 재래시장에서 겪은 모험들을 늘어놓았다. 시장에서 봤던 특이한 물건들과 그 아이…… 그리고 사고 싶었던 나비 조각에 대해서도. 너무 갖고 싶었지만 결국 값을 깎지 못해 사오지 못했다고 했다.

"칼린, 여행하면서 맘에 드는 물건이 있고 값이 맞으면 그 자리에서 바로 사야 해. 그건 여행 다닐 때 기본 상식이야. 대개는 여행에서 갔던 곳을 두 번 가지 않잖아. 한 번 더 생각하느라 후회하는 사람 많다. 명심해라."

내 이야기가 끝나자 엄마가 했던 말이다. 그 말을 듣고 나니 나비 조각이 더 갖고 싶어졌다. 아마도 다시 살 수 없을 지도 모른다는 생각이 들어서였을 것이다. 밤새 그 나비가 눈 앞에 아른거려 잠을 한숨도 잘 수가 없었다. '내가 왜 그걸 안 샀을까? 그냥 살걸…… 왜 그랬을까?' 밤새도록 후회를 하며 아침이 되기만을 기다렸다. 그리고 다음날, 해가 뜨자마자 다시 그 거대한 시장을, 시장에 밀려난 그 골목을 찾았다.

하지만, 그래 아이가 어제 그 자리에 있을 리 없었다. 시장은 어제와는 또 다른 모습으로 바뀌어 있었고 '보자기장수'인 골목의 사람들은 하루치기 장사를 하고는, 그날의 밥벌이가 끝나면 다음날은 다른 곳으로 옮겨 다녔다. 게다가 내가 찾는 아이는 그런 사람들 사이에서도 더 조그만 물건을 팔던 꼬맹이에 불과했으니 말이다. 또 다시 길을 헤매며 그 미로 같은 시장을 샅샅이 뒤졌다. 아이와 그 나비가 어딘가에는 반드시 있기를 간절히 바라며 찾아다녔다. 하지만 아이는 보이지 않았다. 어찌나 내 행동이 멍청하게 느껴지고, 내 자신이 실망스럽던지.

얼마나 시간이 흘렀을까? 나비 찾기를 거의 포기 했을 때였다. 어느 골목을 걷고 있었다. 골목 끝에서 그 아이를 다시 만났다. 어제 그 아이가 틀림없었다. 어른, 아이 할 것 없이 그곳에 있는 모든 사람은 모두 인민복을 입고 있었지만, 그 아이라는 걸 알 수 있었다. 그만큼 간절했다. 수많은 인파 속에서도 내 눈이 그 키 작은 아이를 찾아냈다. 어제 그 아이가 확실했고, 아이는 어제와 똑같이 보자기 위에 조그마한 물건들을 펼쳐놓고 팔고 있었다. 나는 아이를 향해 쏜살같이 달려갔다. 제발 그 나비가 아직 남아 있기를…… 주문을 외웠다.

"내 나비! 내 나비…… 아~ 내 나비 있구나!"

나는 조용히 22위안을 아이에게 건네고 밤새도록 그리워했던 나비를 마침내 내 손에 쥐었다.

그게 옥인지 돌인지는 모른다. 그건 그냥 매끈하고 시원한 옥 같은 돌일지도 모른다. 납작하게 누른 바람떡 크기의 조각품, 나비 모양의 뿌연 흰 돌은 마치 하늘의 한쪽을 지나는 흰 구름처럼 '흐릿하면서도 투명' 했다. 거기에 솜씨 있게 나비의 날개와 몸통이 새겨져 있었다. 나에겐 너무 아름다운 작품이다. 그전이나 그후로도 그와 비슷한 물건을 본 적이 없다. 정말이지 나에겐 훌륭한 예술품이다.

이렇게 그때 얻게 된 물건 세 가지. 중국의 예쁜 추억들을 담고 있는 연둣빛 향로, 금붕어 찻잔 그리고 돌 나비조각. 연둣빛 향로는 지금도 집 벽난로 위에서 아침마다 향을 피우고 있다. 금붕어 찻잔은 미국 집의 보물 상자에 들어 있다. 다음에 미국에 가게 되면 꼭 한국으로 모셔 와야겠단 생각. 그리고 돌 나비조각은 그때의 그 매끈한 모습 그대로 내 목을 장식할 때도 있고, 전용함 안에서 쉬고 있을 때도 있다.

가면 컬렉션 Mask Collection

우리 집 현관에 들어서면 바로 보이는 거실 벽, 그곳에는 열몇 개 남 짓한 가면이 걸려 있다. 전국, 전 세계에서 모여든 국적도 생김새도 다양한 가면들. 이들은 나의 조촐한 '가면 컬렉션'이자 내 여행의 추억을 담고 있는 기념품들이다.

내 주변엔 여행을 즐기는 사람들이 많다. 엄마나 키미 언니도 예전부터 여행을 즐겼고, 꼭 돌아올 때면 특이한 기념품을 사오곤 했다. 나 역시 여행을 무지하게 좋아하고, 그곳을 추억할 수 있는 무언가를 사오는 걸 좋아한다. 특히 가면……

하지만 늘 그랬던 건 아니다. 예전의 나는 여행지에서 기념할 만한 그 무엇도 하지 않기로 유명했다. 기념사진 촬영은 고사하고, 관광지 이름이 새겨진 기념품은 쳐다보지도 않을 정도로 싫어했었다. 기념 촬영하는 게 왜 그렇게 유치해 보였는지, 또 천편일률적으로 찍어낸 기념품을 사는 건 왜 그렇게 민망했는지…… 마치 그러한 것들이 여행에서 느낀 나의 감동을 망가뜨리는 것 같았다. 아마도 나만의 여행을 '기념'

할 무언가가 '대량생산'된 것이라는 걸 이해할 수 없었던 모양이다. 지오다노에서 평범한 무지 티셔츠는 잘만 사 입는 나이지만 말이다.

하지만 언제부턴가 이런 '여행철학'에 내 스스로가 말리고 있다는 생각이 들었다. 여행을 다녀온 흔적이 하나도 없다는 걸 발견한 것이다. 엄마, 키미, 켈리는 어디 가더라도 멋있고 특이한 걸 잘만 구해오던데, 정작 여행지에서 오감으로 흠뻑 감동을 받고 오는 내 수중에는 기념이 될 만한 이렇다 할 물건들이 없는 거였다. 물론 남들에게 여행 얘기를 할 땐 순간순간의 감정, 특이했던 레스토랑의 테이블 색깔, 의자 다리까지도 빼먹지 않는 나였지만…… 왠지 이런 내 모습이 조금 섭섭했다. 그렇다고 공항에서 기념품을 사는 건 여전히 죽도록 싫었다.

그러던 어느 날, 내 방 벽에 걸어둔 가면이 몇 개가 있다는 걸 깨달았다. 어린 시절 한국에서 미국으로 갈 때 가져간 한국 탈 두세 개가 시작이었던 것 같은데, 나도 모르는 사이에 몇 개가 더 늘어나 있었다. 내가 처음으로 제대로 마음먹고 산 가면은 멕시코 전통 의례에 쓰이는 노란 개 가면이었다. 두껍고 무거운 가면인데, 꽤 마음에 드는 것이었다. 그걸 한국 탈 옆에 걸어두었는데 얼마 되지 않아 한국 가면을 벽에서 떼어내었다. 이유는 색감이 너무 강했기 때문이다. 오방탈춤과 각시춤에 쓰이는 탈이라 그 자체로서의 색은 화려하고 예뻤지만, 왠지 알록달록한 색이 나에겐 부자연스럽게 보였다. 그리고 그때부터 나만의 '가면 컬렉션'의 기준이 자연스럽게 만들어졌다.

나무 그대로의 색이 있을 것.
색이 덧칠해져 있더라도 낡고 바래 인위적으로 보이지 않을 것.

대량생산된 것이 아닐 것.

아무리 화려하고 비싼 가면이라도 이 기준에 맞지 않으면 내 눈에 들어오지 않는다. 나무 냄새가 느껴져야만 된다. 나무 그대로의 모습을 가지고 있는 가면이 내 눈에는 왜 그리 예뻐 보이는지 모르겠다. 벽에 걸어놓은 가면들은 아무리 봐도 지겹지가 않다. 오며 가며 볼 때마다 늘 마음이 편하고, 사진을 보고 있을 때보다 여행에서의 감흥이 훨씬 쉽게 다시 찾아온다. 그렇게 나도 모르는 새, 이미 모으고 있던 가면 컬렉션은 그때부터 내 여행의 기념품으로 채워지기 시작했다. 인도 여행에서 산 전통 의례에 쓰이는 가면, 리투아니아에서 산 마녀 할머니 가면, 태국 여행에서 가져온 관음상 가면, 국내 여행을 하면서 어느 절에서 가져온(정확히 말하면, 허락을 받고 떼어온) 도깨비 가면 등이 그것들이다. 그러다보니 각 지역이나 나라의 문화와 풍습도 자연스레 알게 되었다.

그렇게 하나둘씩 모인 것이 지금의 가면 컬렉션이다.

처음 우리 집에 온 사람들은 제각각으로 생긴 가면들을 보고 무섭지 않느냐고 묻기도 한다. 천만에. 이 가면들은 선한 얼굴을 가지고 그들의 영혼으로 날 지켜주는 친구들이다. 그래도 다른 사람들에게 무섭게 느껴진다면…… 그럼 적어도 집에 도둑은 안 들겠지…… 하하.

많은 건 필요 없다. 여행 하나에 소박한 나무 가면 하나면 된다.

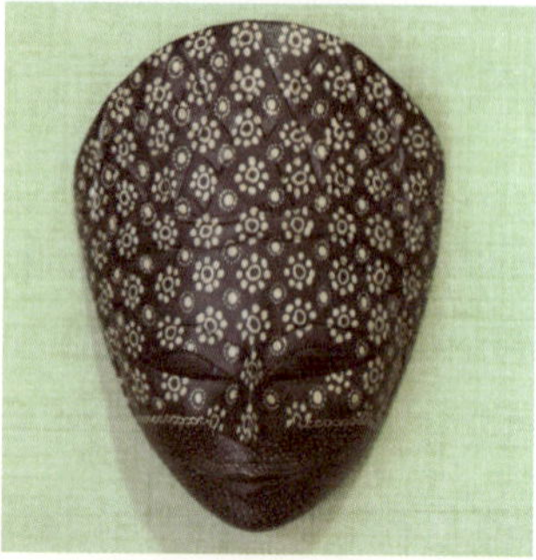
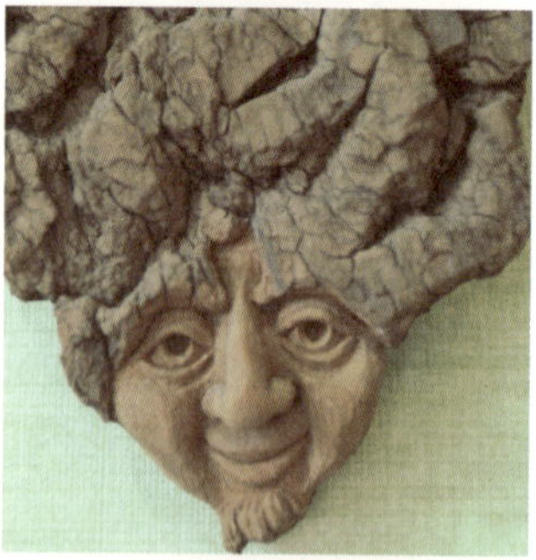
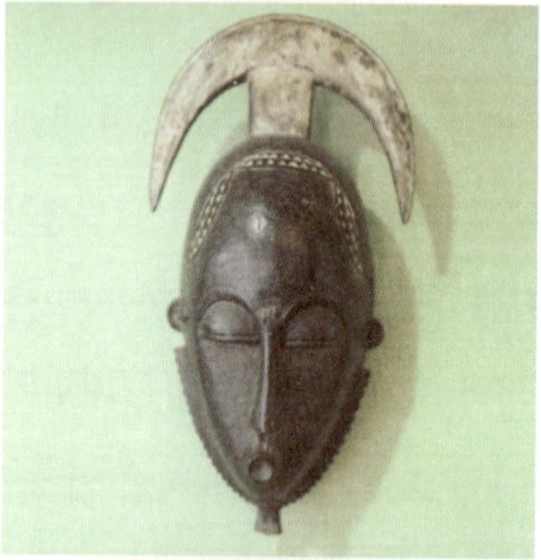
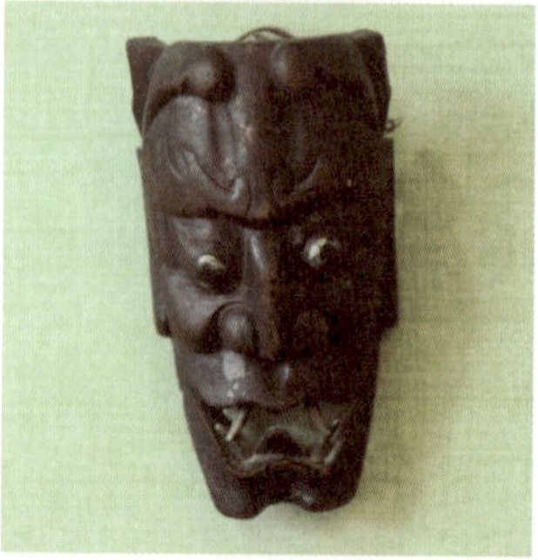

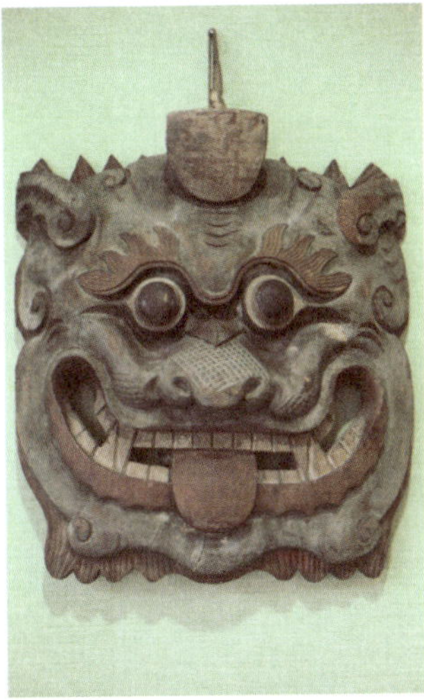
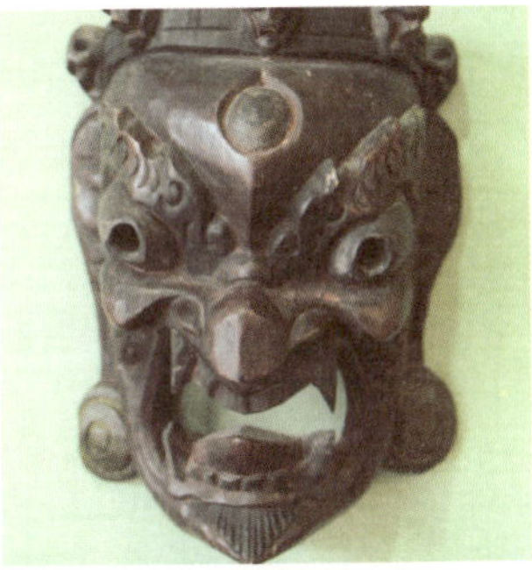
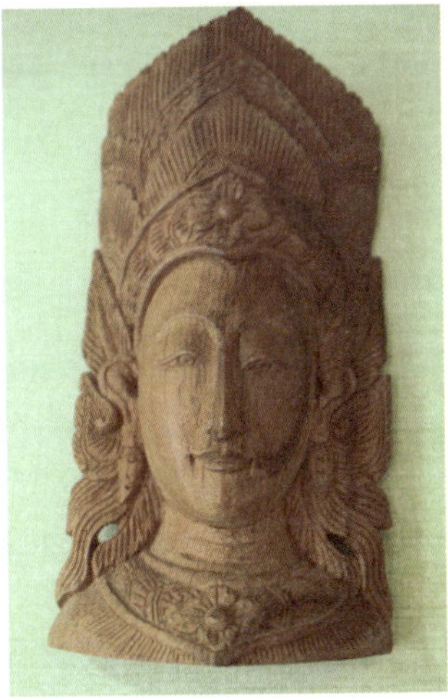

신림동 손님

대학원 국악과 시절이다. 나를 어떻게 생각했을까. 90년대 초반의 신림동 하숙집의 동료들은 말이다. 분명 동양인은 아닌데, 자기들도 잘 모르는 국악을 한다는 여자에 대해 말이다. 그 처음이 궁금하기는 하다.

그들이 나의 처음을 어떻게 생각했을지 궁금한 것처럼, 나 또한 그 시절의 한 남자가 되게 궁금했다. 같이 하숙을 하던 동생이었는데, 피부가 하얗고 말수가 적었다. 다 서울대 다니는 하숙집에 혼자 명륜동 성대를 다닌다 했다. 알고 보니 하숙집 주인아주머니 조카였다. 영문과를 다닌다고 해서, 영어를 곧잘 해서 나와 죽이 맞았는지도 모르겠다. 아니다. 죽이 맞은 다음에 그 애가 영어를 꽤 잘한다는 걸 알게 됐을 거다.

서울에 아는 사람이 적어 조금 심심했던 내게 그는 좋은 말동무였다. 그리고 아주 짧은 시간이 지났을 뿐인데 어느새 '내가 한국에서 가장 아끼는 남동생'이라고 언제나 말하게 되었다. 다른 사람들한테만 말이다. 그는 정말 말수는 적었다. 하지만 한마디 무슨 말을 하면 오랜 생각 끝에 나온 것이라는 게 느껴졌고, 듣는 이 역시 그만큼을 생각하게 하는 말들이었다. 그의 그 말들은 하나의 느슨한 이야기를 이루고 있었다. 꿈에 대한 것이었다. 나는 그 이야기에서 무언가 두근거리는 예술적 감수성을 느꼈다. 그러다 나는 어느 순간부터 그가 혼자 어떤 하나의 생각을 하고 있다는 것을 알게 되었다.

'이 멋진 사람은 예술을 하면 참 좋겠구나.'

처음에 그는 내게 구체적인 소망을 피력한 적이 없었다. 그저 어떤 예술적 호감들에 대한 서로의 교류만이 기억에 남아 있다. 그 친구의 이미지를 말해볼까. 조용한 팀 버튼, 아직 머리가 부스스해지기 전(그런 시절이 있었다면)의 수수한 팀 버튼? 생각이 기발했다. 하지만 그렇다고 호들갑 떠는 스타일은 아니었다. 아무리 기발한 생각이어도 속에서 오래 곰삭은 거여서 자기는 그게 그렇게 대단하다거나 기발하다고 느끼지 못하는 것 같았다. 하지만 처음 그의 생각을 듣는 입장에서는 '흠……' 할 수밖에 없는 것들이었다. 나를 기분 좋게 하는 깊은 생각에 빠뜨리게 하는 그 무엇들이라고나 할까.

둘다 젊었으니, 우리는 무슨 일을 하는 것처럼 열심히 친해졌다. 그리고 어느 한번은 그는 나와 또 이런 같은 '정신'을 가진 사람들 몇몇과 구름투어도 함께하게 되었다. 나는 음악을 공부하고 있었고, 그는 비주얼에 관심이 많았다. 그러니까 미술을 좋아했다. 그런 만큼 그림도 잘 그렸다. 머리도 좋았다. 예술에 관심이 있는 사람이라면 누구든 호감을 갖게 될 만한 재능의 소유자였다. 나는 그와 친해지면서 무언가를 계속 아까워했던 것 같다. 오해는 마시길. 남자로서 아까웠다는 게 아니라, 그의 재능이 아까웠던 것이다. 그 재능에 맞는 시절과 순간이 오지 않는 것에 아까워했다는 것이다.

우리는 곧잘 좁은 하숙방에서 버너 하나를 두고 팬케이크를 구워먹기도 했다. 그러던 어느 날이었다.

"누나, 나 영화하고 싶은데……"
"그래!"

그래, 해라! 영화라는 말이 튀어나오자, 그게 처음부터 그가 했었어야 하는 삶의 장르처럼 느껴졌다. 그는 그런 식이었다. 결코 충동적인 사람이 아니었다. 오래 생각하고, 그 생각을 다듬고, 또 다듬고, 결국에는 자기 것으로 만들었다. 내가 생각했던 것보다 그를 훨씬 많이 아끼고 아까워했었던가보다. 그가 영화를 한다고 하자, 내 일처럼 뛸 듯이 기뻤던 것이다.

그렇게 공표하고 나서는 포트폴리오 작품 제작에 돌입했다. 벌써 학교도 다 알아보고 했던 모양이었다. 한국영화아카데미. 지금은 국내에 많은 영화학교와 영화과들이 있지만, 당시에는 거의 유일한 종합 영화학교였다. 물론 대학에 연극영화학과들이 꽤 있었지만 영화만 전문적으로 가르치는 영화학교는 한국영화아카데미가 거의 유일했다. 임상수, 허진호, 봉준호. 현재 한국영화의 상징과도 같은 중견감독들이 그와 함께 한국영화아카데미를 다녔다.

그는 포트폴리오 작품으로 애니메이션을 택했다. 종이클립 두 개를 풀어서 곱게 꼬아 만든 인형에게 각각 남녀 역할을 부여했다. 딱딱한 쇠로 만든 인형이지만 충분한 감정이 나타나도록 했다. 수줍게 고개가 까딱거렸고, 손과 발이 조심스레 서로를 향해 대화를 하게 했다. 물론 영화학교 준비생일 뿐이고 초심자였으니, 게다가 많은 비용을 쓸 수도 없었으니 때깔 좋은 세련된 작품을 만들 수는 없었을 것이다. 하지만 역시 그처럼 아주 섬세한 작품이 아닐 수 없었다. 그렇게 오랜 생각과 결정 끝에, 그리고 자신이 결정한 것에 충실하게 준비에 준비를 하여 그는 한국영화아카데미에 입학할 수 있었다. 그이가 영화감독 장준환이다.

그 이후의 시간들에서 장준환은 굉장히 열정적이었다. 서로 볼 시간도 거의 없었던 것 같다. 그는 그만의 꿈을 향해 어느 때보다 가까이 가 있었고, 나 역시 내 삶의 장르를 열심히 찾아가고 있었을 때였으니 말이다.

그러다 장준환이 졸업할 때가 되어 연락이 닿았다. 졸업작품을 만드는 데 영화음악을 도와달라고 했다. 기꺼이! 〈2001 이매진〉은 존 레넌의 환생을 담고 있는 특이하고 장준환스러운 영화여서 더 함께하고 싶었다. 잘하고 싶었다. 그리고 내가 준환의 영화에 민폐나 되지 말아야 하는 생각. 그렇게 장준환은 자신의 꿈을 착실하게 현실로 만들어갔다.

졸업을 하고, 그는 완전히 영화인이 되었다. 그 내성적인 하얀 얼굴의 소년이 수십 명 사람들을 데리고 하나의 이야기와 그림을 그려나가는 한가운데 있지 않으리라고 나는 왜 한 번도 의심하지 않았을까? 나는 역시 무당이다. 소식은 자주 주고받지 못했지만 그는 영화인으로 계속 여전하리라고 믿었다.

"누나, 엔딩은 못 보여드려요."

또 어느 날 영화감독 장준환이 연락을 해와서는 〈지구를 지켜라〉라는 영화의 영문번역편집에 관한 검토를 도와달라 했다. 엔딩에 대한 주의를 듣지 않았어도 그 영화의 고유한 반전을 그만큼의 충격으로 받아들이지는 못했을 것이다. 눈으로 영어 자막을 좇느라 영화를 거의 보지 못한 탓이다. 나중에서야 충실히 보고 머리 뒤가 얼얼해지는 충격을 받았다. 영화에 이런 게 있구나. 음악과 다르고, 역시 종합예술인 뮤지컬과도 달랐다. 아니, 다른 영화들과 달랐다. 동시대 한국영화들과도 달랐다. 내가 받은 충격은 장준환 거였다. 장준환식의 서사가 주는 충격이었다.

한때 신림동의 객이었던 그는 이제 사람들에게 좋은 것을 자기만의 방식으로 주려고 노력중이다. 남에게 자기 것을 주면서 열을 낼 줄 알게 되었다. 신나할 줄 알게 된 것 같다. 정말 딴따라가 된 것 같다. 한 명의 장이를 장이의 시선으로 바라볼 때의 동료의식과 경외감이란 게 있다. 마냥 동생 같던 젊은 장준환을 이제는 한 명의 독자적인 예술가로 바라본다. 하지만 그래도 그는 언제나 "누나~"라고 날 불러주는 '내가 한국에서 가장 아끼는 남동생'이다.

나의 첫 기계뭉치 My First Gadget

어린 시절 한국에서 살다가 다시 미국으로 돌아갔을 때인 1976년. 그 당시 미국 집은 캘리포니아 패서디나 아니타 드라이브 136번지에 있는 한 주택이었다. 원래 그 집을 만든 아저씨가 재미있는 양반이었는지 평범한 주택과는 좀 다른 구조로 되어 있었다. 경사가 있는 땅에 지어져 집을 앞에서 보면 1층짜리 집이지만 들어가보면 밑에 층이 하나 더 있었다. 언덕 따라 만든 구조의 집이라 긴 계단을 따라 지하로 내려가면 파티를 열 수 있는 큰 방이 있었고, 그 방 끝엔 뒷마당으로 통하는 문이 있었다.

언니들보다 늦게 미국으로 들어간 나는 그 집에 도착하자마자 작은 언니랑 큰방을 쓰고, 큰언니 킴은 따로 자기 방을 썼다. 엄마는 언제나 그랬듯 현관과 가장 가까운 방을 썼다. 우리를 침입자로부터 보호하는 차원에서 어느 집에서든 엄마는 언제나 현관과 가까운 방을 썼다. 아빠는 한국 왔다갔다. 나는 9살이었고 어린 자매들에겐 지하에 있는 차가운 방이 조금 무섭기도 했거니와 어두워서 자주 내려가지 않았다. 그래서 지하실은 1년 동안 외면당했던 공간이다.

그러다 누구나 다 외계인으로 변해가는 '10대'가 된 세 자매. 워낙 저마다 개성들이 뚜렷하던 세 아이를 보면서 엄마는 우리에게 각 방을 줘야 한다는 생각에 지하실을 세 번째 방으로 새로이 꾸몄다. 이미 전 주인이 개조해서 파티장으로 썼었던, 범상치 않은 공간으로 거기엔 아저씨가 두고 간 프로용 당구대도 있었고, 옛날 전축과 수십 개의 LP판도 있었다. 지하실은 엄마 손으로 개조가 끝나자마자 내 아지트가 되었다!

직각으로 놓인 기다란 방 한가운데엔 당구대, 벽을 따라가다가 90도 꺾으면 기나긴 소파 겸 침대에 앉아서 한쪽을 바라보면 마당, 다른 쪽을 바라보면 지하인 그곳에서 나는 나만의 비밀스런 10살 인생을 꾸리기 시작했다. 비록 겁이 무척이나 많아서 어둠, 그리고 정적과 끊임없이 싸워야 했지만 어린 시절 내내 나는 그 지하실에서 온갖 상상의 나래를 펼치며 나만의 판타지를 그리고 딴에는 기발한 발명품을 만들며 지냈다.

어린 나이였지만 유난히 다른 사람이 내 사생활을 건드리는 걸 싫어했던 나는 가족들이 함께 지내는 집에서조차 막 새로 생긴 '나만의 공간'만은 노 터치였다. 언니들을 방으로 불러 비틀즈의 'I Wanna Hold Your Hands'를 전축에 걸어놓고(비틀즈가 누군지도 모르면서) 한국 살 때 할머니한테 배운 민화투를 당구대 위에 셋이 옹기종기 앉아 치곤 했었지만, 내가 부르지 않고서 누가 방에 온다는 건 절대금지였다. 누군가가 지하실 계단 문을 여는 것조차 싫어했다. 내가 알아채지 못한 채 사람들이 지하실로 불쑥 들어와 방해하는 걸 참을 수가 없었다.

뭔 10살 먹은 어린애가 그토록 까탈스러웠는지…… 나 원. 지금 나 같은 아이를 보면 한 대 쥐어박았을 것 같은데…… 원체 프라이빗private 하다보니(개인적이다보니) 사생활은 스스로 지켜나갈 수밖에. 이런 이유에서인지, 거기서 나는 내 생애의 첫 번째 발명품 '도어 알람'을 만들게 되었다.

어린 시절부터 기계의 작동 원리가 늘 궁금했던 나는 뭔가 뜯어보고 고치는 것을 좋아했었다. 뜯어보고 다시 붙이고 하는 것이 어린 시절 취미생활이었다.

호기심 많은 아이, 모든 것의 원리가 궁금했던 칼린은, 첫 번째 발명품을 만든 그날도 뭔가를 분해해 요리조리 살펴보고 있었다. 그날의 제물은 바로 고장 난 아날로그 알람시계. 시계 뒤에 고리를 잡고 있어야만 벨이 울려서 인간이 알람으로 쓰기에는 무용지물이었다. 시계 뒤의 손잡이가 부러져 더이상 쓸 수 없게 된 그 시계는 궁금한 물건은 뜯지 않고는 못 배기는 칼린 덕분에 철저히 분해되고 있었다. 한참을 가지고 놀던 순간, 이걸 지하실 문의 도어 알람으로 만들면 좋겠다는 아이디어가 반짝 떠올랐다. 그리고 내가 가지고 있는 모든 기계적 원리와 아이디어, 그리고 약간의 기술을 써서 마침내 나만의 도어 알람을 만들어냈다. 이름 하여 '칼린표 지하실 도어 알람!' 지금 생각하면 별것 아니다. 그냥 계단 위에서 문을 열면 시계 알람이 울리고 문을 닫으면 소리가 나지 않는 거였다. 다만 번뜩이는 아이디어가, 그렇게 고장난 시계들 나의 보물로 바꾸어놓은 것이다.

내 발명품 덕분에 그 이후로는 지하실 구석에서 뭔가를 하고 있어도 위에서 누가 문을 열고 내려오는지 알 수 있었다. 문이 열리면 아주 시끄럽게 도어 알람이 따르르르르르릉…… 울어댔으니 말이다.

 이 도어 알람이 사생활을 중시하는 소녀가 지하실에서 만든 첫 발명품이다.

 그걸 시작으로 나는 그 지하실에서 꽤 많은 걸 발명했다. 심지어는 우유통으로 컴퓨터도 만들어냈다. 하하하! (설명은 생략하겠다!)

 그 뒤로 엄마는 선물을 해야 하는 날이면 내게 멘사Mensa 퍼즐 책만 사주었다.

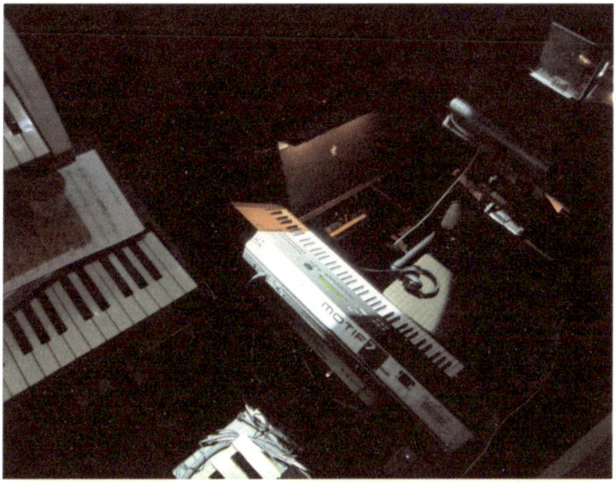
MOTIF

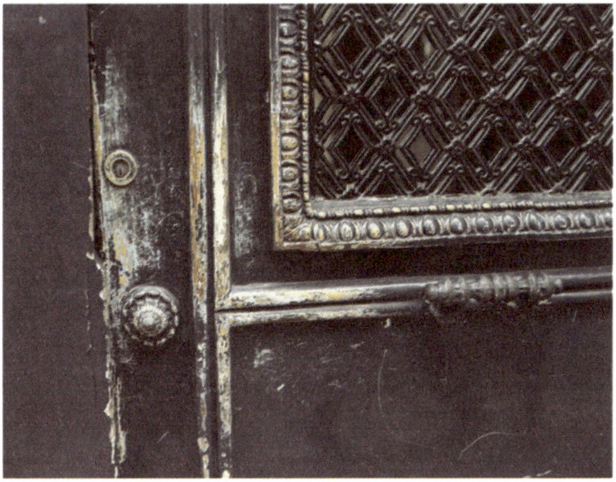

✱ 거장들

9살 때 만난 나의 인연 1 '미스터 영'이라는 선생이 어느 날 갑자기 "너 1인 5역 해!"라는 말에 내가 뮤지컬에 발을 들여놓게 되었다면, 역시 어느 날 갑자기 "너 우리 집에서 살아!"라는 말에 (미국에서는 있을 수도 없는 일이지만) 나는 '인연 2'인 중학교 음악 선생 집에서 살게 되었다. 이 두 선생이 10대의 나를 만들어주었다.

20대 시절, 세 번째 인연들과의 만남도 별다를 바가 없었다. 모두 하나같이 갑자기 다가온 운명들이었다. 천천히 스며들거나 자연스레 어떤 관계로 자라났던 것이 아니라, 내 의지나 의견과 무관하게 나의 인연들은 벼락같이 나타나 한순간에 나를 새로운 운명의 소용돌이에 빠뜨렸다.

되돌아보면, 그리고 굳이 시간의 단위로 쪼개보면, 10년에 한 번씩 내 삶을 관통하는 귀중한 인연들을 만나왔던 것 같다. 9살 때, 10대 시절, 그리고 20대였을 때. 강산이 한 번쯤 변할 때마다 새로운 인연과 만났다고나 할까.

그중 20대 초중반의 대학과 대학원 시절, 그러니까 어른이 되어가던 시기에는 내 음악인생을 완성시켜준 세 명의 거장들을 만나게 되었다. 호주, 인도네시아, 그리고 한국 등 모두 다른 국적을 가진 이 세 명의 거장들 즉, '인연 3'을 통해 나는 음악은 물론 인간의 격에 대해 배웠던 것 같다. 모든 게 그렇지만 나라는 인간의 됨됨이가 온전치 않으면 그가 가진 재능 또한 제대로 발휘되지 않는다. 음악이든 뭐든 인간이 먼저 되어야 하는 것이다. 나는 감히 이들에게서 그 거대한 것을 배웠던 것 같다.

첫 번째 스승은 인도네시아 사람이었다.

선생을 만날 당시 나는 칼아츠(California Institute of the Arts, 캘리포니아 예술대학)에 다니고 있었다. 선생은 칼아츠에서 인도네시아 가믈란 Gamelan 음악을 가르쳤다. K. R. T. 와시토디닝랏 Wasitodiningrat 선생. 선생은 인도네시아의 인간문화재급 예술가 중에서도 최고로 꼽히는 전설적인 인물이다. 인류의 문명을 외계 생명체에게 알리기 위해 우주로 쏘아 보낸 캡슐에 베토벤, 모차르트의 음악과 함께 선생의 음악을 집어넣었을 정도다.

어릴 때부터 타악을 좋아했던 나는 속도가 빠르고 금세 흥분되는 발리Bali 음악을 배우려던 참이었다. 어떻게 아셨는지, 나의 어떤 모습을 보고 그러셨는지 와시토디닝랏 선생이 어느 날 나에게 불쑥(나의 모든 인연들이 그러했듯) 내가 생각해보지 않았던 제안을 해왔다. 자바 음악의 여자 소리꾼인 쁘신덴Psinden을 해보라는 거였다. 발리의 가믈란 음악이 아주 빠르고 동적이라면 자바 가믈란은 매우 정적이고 명상하는 듯하다. 마치 한국 전통음악에서 정악과 민속악이 다른 것처럼 말이다. 나중에 들으니 선생은 쁘신덴을 가믈란의 꽃이라 여겼다고 한다.

선생은 내 노래를 전혀 들어보지 못한 상태에서 제안한 거였다. 아무튼 그래서 나는 그 후 허리 쪼이는 인도네시아 전통복장을 입고, 머리를 올리고, 내 체격에 맞지 않게 비음과 고음을 내는 가느다란 가성법으로 와시토디닝랏 선생과 가믈란 노래 공부를 시작했다. 불평 없이 했다. 그 정도의 거장이 뭔가를 권할 때 그것을 거절하는 건 아주 멍청한 짓이다. 이런 거장과 공부를 하면 배우는 게 음악뿐이겠는가.

자그마한 체구에 언제나 조용한 목소리, 때문에 언제나 귀 기울여 들어야만 했던 차분하고 소프트한 음성. 선생은 그 작은 목소리만으로도 100명의 시끄러운 연주자들을 컨트롤할 수 있었다. 와시토디닝랏 선생은 당신이 살아가는 데 있어 다섯 가지 규율을 갖고 있었다. 담배를 피우지 않는다. 커피를 마시지 않는다. 새벽 4시경에 일어나 일어나자마자 물 반 리터를 마신다. 술을 마시지 않는다. 그리고 가장 중요한 규율은 절대 화를 내지 않는다는 것이다. 선생은 이를 평생 지켜오셨다고 한다. 이 규율들을 우리에게 강요하지는 않았지만 개인 레슨을 받기 위해 얼굴을 맞대고 앉아 있을 때면 한 번씩 미소를 지으며 입술 사이로 조용히 새 나오는 정도의 목소리로 그 규율들을 얘기해주었다. "케이 (대학에서 나는 케이라는 이름으로 통했다), 화를 내선 안 돼. 네게 너무 안 좋은 거야. 그리고 커피는 건강에 좋지 않지." 그리고 미소. 선생은 당신 스스로 그 규율을 엄격히 지킴으로써 우리에게 자연스레 삶의 정갈함을 가르쳤다.

선생의 가장 큰 미덕은 '부드럽게' 다스리는 것일 게다. 사랑이 없으면 불가능한 방법이다. 모든 행동도 사뿐사뿐, 말도 조용조용, 웃음 역시 소리 없는 미소가 전부. 참으로 덕이 있는 분이었다. 맞아도, 틀려도 미소. 기뻐고 슬퍼도 미소. 이 '소프트'함을 이용해 내리사랑을 주었고, 음악과 더불어 철학과 삶의 가르침을 주었다. 선생은 모든 것에는 미소로 대응했다. 한국이었다면 아마 복도에서 뵈어도 그 자리에서 신발 벗고 넙죽 절을 해야 할 정도로 내 마음에 큰 획을 그은 선생이다. 나를 쁘신덴으로 덥석 선택한 이유는 여전히 모르나 대학 시절 그분과의 개인 레슨은 언제나 기다려지던 시간이었다. 겨우 몸만 어른이었던 그때의 나는 선생에게 삶의 주인으로서 살아가는 것을 배웠던 것 같다.

두 번째 스승은 카리스마 넘치는 영국 신사였다.

인도네시아에서 남쪽으로 한참을 더 가면 자바나 발리 섬보다 훨씬 더 큰 섬 하나가 있다. 바로 호주다. 그 멀리서 날아온 또 한 명의 '인연 3'. 한국에서 뮤지컬을 시작하고 첫 번째 거대 창작품이었던 〈명성황후〉. 당시 그 어린 나이에 창작을 한다고 다 써놓은 대학원 논문도 못 내고 작품에만 매달렸었다. 그때 나는 또 한 명의 음악인을 만난다. 피터 케이시. 그는 내게 분명 스승이다.

호주에서 피아니스트로는 천재라 불렸던 사람. 뮤지컬 배우이기도 했던 피터 케이시는 와시토디닝랏 선생과는 완전 다른 모습의 키 큰 영국신사다. 클래식, 팝, 뮤지컬, 다양한 쇼 음악까지, 작곡도 하며 편곡에 능한 음악의 만물박사다. 핸섬하고 지적인 그는 〈명성황후〉처럼 커다란 임무를 맡았던 애송이가 불쌍하고 안돼 보였던가보다. 그러니 거둬주었던 거겠지.

피터가 한국으로 오게 된 이유는 〈명성황후〉의 음악 편곡 때문이었다. 피아노 앞에서 〈명성황후〉 제작진인 우리와 세세하게 편곡 아이디어들을 논의한 뒤, 그는 호주로 돌아가 악보를 완성시키면 되었다. 이를 위해 피터와 내가 이틀을 함께 지내야만 했다.

나는 우선 피아노가 있는 연습실을 대여했다. 우리는 자그마한 소형 녹음기 하나, 이미 닳고 닳은 내 〈명성황후〉 초보 악보 한 묶음, 연필과 지우개 몇 개 쥐고 피아노 앞에 앉았다. 편곡이란 마네킹에 완성된 옷을 입히는 것과 비슷한데, 실제로 악보에 완성된 음표를 옮기기 전에 편곡자한테 '이러이러하게 해달라' '이러한 상황인데 이런 건 어떠냐' 등 음악 스타일과 형태를 논의해야 한다.

작품마다 이 작업은 다 다르다. 그래서 이 과정이 정말 재미있다. 우리는 피아노를 아낌없이 쳐대며 추상적인 악상들을 말로 풀었다가 노래로 풀었다가, 오케스트라의 여러 악기들의 고유한 소리들을 입으로 내가며 〈명성황후〉가 어떤 음악으로 만들어져야 할지 옥신각신이었다.

"심벌즈는 여기에서 쏴~, 드럼이 구궁 궁 궁~, 아니, 여기는 플루트 대신에 오보에가 띠리리릿~, 네, 거긴 트롬본이 빠빠빠바~, 이런 건 어떨까요? 여기선 혼이 더 좋겠네요."

그와 나는 그렇게 작은 녹음기에다 〈명성황후〉의 모든 음악을 구음으로 연주했다. 그에게서 아이디어가 떠오르면 그가 피아노에 앉고 나에게서 악상이 떠오르면 내가 피아노에 앉았다. 그가 현과 브라스를 들려주면 나는 한국의 리듬을 들려주었다. 하루 종일 우리의 상상들이 자그마한 녹음기에 녹음되었다. 얼마나 많은 음악을 입으로 연주했는지 저녁엔 목이 다 쉴 정도였다.

첫째 날엔 1막, 둘째 날엔 2막. 아쉽게도 우리 만남은 이틀 만에 끝났다. 이틀 후 그는 다시 호주로 날아갔다.

그리고 두 달 뒤, 그의 편곡이 완성됐을 때 나는 호주로 날아가서 그와 2주 만에 〈명성황후〉의 모든 음악을 녹음했다. 그렇게 짧은 시간에 오케스트라 음반 2장을 내는 셈 치면 결코 만만히 봐서는 안 될 일이다. 우리 둘 모두 매일 작업이 끝날 때쯤이면 녹초가 되어 혼절 직전이었지만, 그 2주 동안 피터는 전혀 피로한 기색을 내보이지 않았다. 요컨대 그는 진정한 프로페셔널이었던 것이다. 그는 묵직한 카리스마로 촌각을 다투는 녹음실의 민감한 연주자와 엔지니어들을 지휘했다. 그의 지휘는 기막히게 매끄럽고 확실했다.

그때 다른 것도 많이 배웠다. 음악뿐만 아니라, 음향과 녹음기술까지. 팝이나 작은 밴드 구성하고는 전혀 다른 오케스트라 녹음은 그때가 처음이었다. 그때의 지독했던 경험이 있었으므로, 이제는 어느 녹음실이든 내게는 편안하다.

모든 녹음을 끝낸 그날 밤, 피터의 와이프 캐서린과 함께 셋이서 멋진 시드니 항구를 등지고 저녁을 먹을 때다. 당시에 나는 배우와 보컬 코치로 일을 하고 있을 때였다. 음악감독이라는 말이 한국에 없었을 때였는데, 그 레스토랑에서 피터가 불쑥 그랬다. 함께 일해보니 칼린은 이러한 일이 적성에 맞는 것 같다고. 이런 일이라 하면 음악을 감독하는 일, 음악을 설명하는 일, 다른 사람에게서 음악을 끌어내는 일을 말했다. 이런 게 칼린 영혼에 맞는 일인 것 같다고 하면서, 고맙게도 나를 만나서 기쁘다는 말까지 해주었다. 그의 말이 없었다면, 나는 음악감독이 되지 않았을 수도 있다. 그의 진정한 지지가 있었으므로 한국 뮤지컬계에 막 음악감독이라는 자리가 생겨나기 시작할 때 선뜻 내가 그 자리에 설 수 있었던 것이다.

그 뒤로 그는 나의 멘토가 되었다. 한국에서 딱히 이쪽 계통의 선배가 없었던 내게는 멀리 떨어진 타국에서이지만 10여 년간 끊임없이 나를 지지해준 스승이다. 그는 나를 자기 막내 여동생쯤으로 대한다. 언제나 거장다운 정확한 의견을 주었고, 그의 충고들은 실로 적잖은 도움이 되었다. 그는 무엇보다 내가 가고 싶은 길을 너무 일찍 먼저 가 있던 사람이었다. 나는 그가 그 길을 먼저 걷고, 그리하여 내게 그 길을 걸으라고 했기에 나를 믿을 수 있었다. 그는 내게 음악인으로서의 자기 신뢰를 부여해준 인물이다.

지금도 피터와는 일이 아니어도 이메일을 주고받으며 서로의 삶의 근황을 나눈다. 바쁜 일정에도 언제나 '티타임'은 꼭 가져야 한다던 그의 조언이 있었기에 '마녀'인 내가 연습중인 배우들에게 혹독한 연습시간중에도 '차 마실 시간'을 주는 것이다. 그는 정기적으로, 그다운 성실함으로 '레이디 얼 그레이 티'를 떨어지지 않게 보내준다. 나는 지금도 그에게서 마스터의 염결함을 배워가는 중이다. 사부 피터 케이시에게서 말이다.

세 번째 스승 박동진 선생은 덕德과 예禮의 어른이었다.

대학원 다닐 때 서울대 국악과에서 잠시 하와이로 한국학회 세미나를 갔었다. 그때 그 학회에 외국인들을 위한 국악공연 프로그램이 포함

되어 있었다. 한국무용, 가야금, 그리고 판소리를 하는 명인명창 세 분을 모셔 국악을 알리는 공연이었는데, 원래는 계획에 없다가 영어를 한다는 이유로 어쩌다가 하와이에 머무는 동안 내가 무용 선생의 뒷바라지를 맡게 되었다. 선생의 공연 한복을 다리며, 통역도 하는 그런 일들. 선생들과는 서로 처음 만나는 것이라 사실 선생들은 내가 서울대 학생인 것도 몰랐고, 음악을 하는 것도 몰랐다. 국악을 공부하고 있었던 것은 더 더욱이 몰랐다. 당시 판소리 명창 박동진 선생은 늘 그냥 "한국말을 잘도 하는 양년"이라고 했다.

공연 팀은 하와이 섬들을 누비며 공연을 다녔고 식사도 늘 같이 했다. 투어가 거의 끝날 무렵이던 어느 날. 한국식당에서 된장찌개를 먹던 중 박동진 선생이 갑자기 나를 보고 그러는 거였다. 불쑥.

"자네는 소리를 해야 쓰겠네."

일순간 밥 먹던 일행 모두의 눈이 나에게 쏠렸던 것 같다. 아주 잠깐 식당 안이 쥐죽은 듯 조용했다. 하지만 나는 1초의 머뭇거림 없이 선생의 말을 바로 맞받아쳤다.

"선생님, 농담하시는 거 아니죠? 저 바로 찾아갈 겁니다!"
선생도 지지 않고 대꾸했다.

"내가 할 일이 없어서 어린애랑 농담을 하겠나?"

그러고는 서울 가면 바로 찾아오라고 전화번호를 불러주셨다.

옳거니! 실은 한국으로 돌아가면 판소리 공부를 해보려고 하와이 가는 비행기 안에서 선배한테 다른 선생의 성함과 전화번호를 수소문해 확보해두었는데, 나는 조용히 그 수첩을 꺼내 그분의 이름을 지우고 박동진 선생의 번호를 받아 적었다. 속으로 쾌재를 불렀다. 당대 최고의 거장으로부터 사사 받을 기회가 생긴 게 아닌가.

한국으로 돌아오자마자 음료수 한 박스 사 들고 선생을 찾아뵈었다. 그렇게 소리를 배우기 시작했다. 역시…… 어느 분야든 대가로부터 배울 수 있는 것은 그 분야의 기술만이 아니다. '기술'은 둘째다. '인연 3'의 다른 스승들과 마찬가지로 나는 인생의 또 다른 한 면을 박동진 선생으로부터 3년 간 사사 받으며 지켜볼 수 있었다. 딱 잘라서, 나는 그분으로부터 예의와 범절이 무엇인지 배웠다. 누구한테는 따분하게 들리겠지만 여자는 왜 치마를 입어야 되며, 남자가 양복을 입을 때 왜 흰 양말을 신지 말아야 하며, 왜 손을 포갤 때 오른손이 위로 가야 하며…… 선생의 이런 구체적인 가르침 속에는 타인에 대한 거대한 애정이 녹아 있는 것이다. 선생은 예의, 범절, 도덕, 의리와 같은 인간의 정신적인 아름다움을 아주 세세한 것에서부터 그 누구보다도 더 끔찍하고 중요하게 여겼다.

어느 하루는 〈적벽가〉의 유비와 관우, 공명 등의 인물들에 대해 이야기하면서 "옛날의 장인정신이 뭔지 알았던 사람들이 정말 멋있는 사람들이었다" 하며 눈물을 보이기도 했다. 그러니까 선생은 그러한 인간의 정신적인 아름다움을 일생을 통해 사랑해온 거였다. 그러니 선생이 추하게 누군가와 언성을 높이거나 타인에게 무례하게 말을 거칠게 한다거나 화를 내는 것을 본적은 물론, 상상할 수도 없었다.

송구스럽게도 본인이 선택한 학생에게는 레슨비를 받지 않는다 하여 나는 레슨비를 내보지도 못했다. "니가 나를 찾아왔으면 내가 받았겠지"라고 하면서 말이다. 하와이에서 오자마자 박카스 한 박스 사 들고 소리방에 갔을 때, 사실 그때 조금 욕을 먹었다.

"내가 니한테서 박카스 얻어먹을라고 소리 가르치냐? 그런 돈은 있다. 앞으로 들고 오지마라. 자, 앉아. 뭔 소리 나는지나 한번 들어보자."

그래서 레슨비를 전기세 내는 회비로 둔갑시켜 조금씩 냈다.

그렇다. 나는 나의 스승 세 분으로부터 물론 음악은 음악대로 배웠다. 인연 3의 첫 번째 거장으로부터 인도음악을, 두 번째 피터 케이시에게서 음악감독이라는 지평을, 그리고 세 번째 박동진 선생으로부터는 국악을 전수받았다. 하지만 이런 생각이 든다. 누군가 자기 일에 있어서 어느 경지에 도달했거나, 삶에 대한 깨우침이 있었을 때는 그럴 만한 보편적인 이유가 있다. 그러한 거장들이 제자들에게 단지 기술만을 전수할까? 여기 세 명의 선생들은 모두 자기 하는 일에 장인정신을 가진 분들이었고, 자기 분야에서 세계적인 거장들이었다. 만일 내가 이분들과 시간을 보낸 끝에 고작 얻은 것이 음악적 기술뿐이었다면 정말로 나는 멍청한 시간을 보낸 거였다. 그분들 역시 귀한 시간을 허비했던 걸 거다.

세 분의 거장에게서 음악을 배우면서 나는 그분들이 화내는 모습을 본 적이 없다. 그들은 모두 고요하고 부드러웠다. 그럼에도 범접할 수 없는 카리스마의 소유자들이었다. 게다가 공통적으로 모두 이상적인 신사였다. 가르침에 있어 자신의 것을 강요하는 선생이 아니라 제자들의 서툰 의견도 끝까지 경청하고, 제자들을 흔들림 없이 그들의 길로 이끌어갔다. 한마디로 요약할 수 없는 분들이지만 감히 내가 그분들에 대해 말해야 한다면, 나는 그분들을 삶과 음악의 양면에서 모두 위대한 경지에 이른 분들이라 칭하고 싶다.

이분들이 왜 나에게 자신들의 문을 열어줬고 왜 나를 선택했는지 알 수는 없다. '인연 1'에서도 그랬듯이 단순하게 보면 나는 엄청나게 축복 받은 사람이라고도 할 수 있다. 그러나 나의 노력 없이는 이분들이 나를 쳐다보거나 알아주지 않았을지 모른다고 생각한다. 그런 서로간의 에너지가 있었으니 인연이 될 수 있었던 게 아닐까. 내가 배우들을 캐스팅하듯 그분들은 내 눈에서 어떤 사랑의 징조를 보았을지 모른다. 사랑이었으니 음악적 기술의 교류가 아닌 삶이 서로 나누어진 것이 아닐까. 음악을 곁에 두고 안으로 삶을 배울 수 있었던 게 아닐까. 조심스럽게 생각해본다.

어찌되었던 간에 그분들과 나는 '인연'이 닿았다. 그분들과의 시간들이 깊숙이 내 안에 스며들었다. 그리하여 내가 무슨 음악 기술 같은 걸 누군가에게 가르칠 때 그것이 아주 조금 묻어난다. 그러나 세 분의 스승들만큼일까. 당치 않음이다. 몇 개의 매우 특별한 인연들은 한 인간을 한 순간에 바꿀 수 있을 정도로 강인하다. 그리고 그 정도는 되어야 인연이라고 할 수 있지 않는가. 처음 보는 사람일지라도 조금 더 사랑해야겠다. 나도 누군가에 그런 인연이고 싶기 때문이다.

나의 첫 행사 연주! 미국에서 중학교를 다니던 무렵 어느 은행의 금고 앞에서

중국여행에서 생긴 일 China Disaster

1994년쯤의 초겨울인 것 같다. 그 당시 아빠는 중국과 활발하게 무역을 하고 있었다. 주 아이템은 패브릭fabric, 특히 삼베(모시) 및 식당에서 쓰는 물수건. 그리고 목욕탕에서 없어서는 안 될 한국인의 필수품, 일명 이태리타월도 수입했다.

물건들은 배에 선적하기 전에 반드시 검사를 해야 했다. 적어도 바이어 쪽에서 먼저 챙기지 않으면 품질이 엉망인 물건을 실어 보내기도 하고, 여하튼 수준 이하의 물건을 보내기 일쑤였다. 그때만 해도 중국은 말 그대로 옛날이었던 것 같다. 지금에야 그렇지 않겠지만 예전엔 사람이 옆에 붙어 있지 않으면 말도 안 되는 황당한 물건을 받는 일이 예사였다.

당시 나보다 몇 살 많은 사촌 현복언니가 아빠 회사일을 돕고 있었는데, 이번에 언니에게 그 일이 떨어졌다. 중국에 직접 가서 선적할 물건을 확인하는 일 말이다. 그런데 아빠 생각에 언니 혼자보다는 영어가 되는 나와 함께 가는 게 좀더 안전하지 않을까 싶었던가보다. 그렇게 언니의 중국 출장에 동행하게 되었다.

내 여행이 늘 그러했듯, 출발 참 겁 없이 한다. 90년대 중반이래도 중국은 그리 만만한 나라가 아니었다. 외국인 여자 둘이 다니기는 더더욱 그러했다. 상하이를 거쳐, 심양-단동-베이징을 경유하여 서울로 돌아오는 게 우리의 출장경로였는데 유독 단동이 두렵게 느껴졌다. 북한과 접경지역이어서 어떤 정치적인 오해로 북한 측의 제재를 받을 수도 있었기 때문이다.

게다가 나도 그랬지만 언니도 중국어라곤 입도 뻥긋 못했다. 무식하면 용감하단 말이 딱 맞는 것 같았다. 그런데도 못 갈 데라고는 생각하지 않았으니 말이다. 상하이나 심양은 제법 큰 도시여서 기초적인 영어는 통했다. 그런데 심양에서 비행기를 갈아타고 단동으로 가려고 할 때는 뭔가가 이상했다. 공항 분위기가 뭔가 심상치 않았다. 그 어디에서도 단동행 비행기 안내문을 찾을 수가 없었다. 사정을 알아보니 중국 항공사가 파업을 한 거였다. 항공사가 파업이니 우리는 오갈 데 없는 고아였다.

막막했다. 중국돈이라도 얼마 바꿔 기차나 버스 다른 편을 찾아 가자고 했지만 은행도 문을 닫은 시간이었다. 수소문 끝에 어떤 수상한 아저씨를 통해 어렵게 그리고 비싸게 암시장에서 돈을 환전했다. 우리는 일단 여관을 찾아 하룻밤을 심양에서 보내야 했다. 처지가 더도 덜도 없이 딱 국제미아였다. 그 시절의 심양 여관방이라면 말 안 해도 어찌 생긴 곳인지는 상상이 갈 것이다.

다음날이 밝아 기차역으로 향했다. 말 한마디 통하지 않아 손짓발짓 해가며 겨우 겨우 단동행 티켓을 샀다. 나야 영어권에서 살아서 그렇다

쳤도, 한국에서 쭉 살아온 사촌언니까지 그렇게 한자를 모를 줄은 몰랐다. 영어도 안 통하고 한자는 모르고. 나는 어느새 플랫폼에 서서 기차, 시계, 티켓을 종이 쪼가리에 그림으로 그리고 있었다. 그러면서 입으로 '푸우, 푸우~' 기적 소리를 냈다. 사촌언니는 옆에서 무슨 지진아처럼 단동이란 한자를 지렁이처럼 그리고 있었다. 둘 다 정상적인 인간의 모습은 아니었다. 어쨌든 그렇게 해서 말 한마디 없이 단동행 티켓 두 장을 구할 수 있었다.

기차를 타려고 가는 그 짧은 길에서도 어찌나 뭔가를 달라는 아이들이 많던지. 다 들어줄 수가 없어 못 들은 척 그들 앞을 지나치면 뒤통수로 단박에 욕설이 날아왔다. 중국어는 몰라도 중국 욕은 다 알아들었다. 욕설은 의미가 아니라 느낌을 전달하기 위한 것이니, 말을 몰라도 아이들의 감정은 똑똑히 느껴졌다.

어렵게 심양에서 단동으로 가는 기차에 몸을 실었다. 무척 오래된 기차였다. 객차 안은 승객들로 북적거렸다. 낯설고 불안하여 겁먹은 눈을 하고 있었을까. 옛날로 치면 차장쯤 돼 보이는 사람이 우리에게 다가와 말을 걸었다.

"홍콩 사람?"
"……."
"한국 사람?"
"……."

여행자의 직감이라는 게 있다. 우리는 아무런 대꾸도 하지 않았다.

어둡고 불길한 예감이 들었다. 아니나 다를까. 그가 대뜸 차비를 더 내라고 했다. 무슨 말인지 알아는 듣겠는데, 적당한 대답을 할 수가 없었다. 우리는 영어, 한국어를 뒤섞어서 무조건 그건 안 된다고 바락바락 우기기 시작했다. 하지만 그는 막무가내였다. 결국 우리는 차비의 배를 더 주고서야 그를 돌려보낼 수 있었다.

의자가 그렇게 좋은 것인지 그때 처음 알았다. 여행을 시작한 지 하루 만에야 지친 몸을 의자에 앉힐 수 있었다. 우리는 의자에 앉아 새삼 객차 안을 둘러보았다. 그안의 모두가…… 우리를 보았거나 보고 있던 것처럼 느껴졌다.

예전의 중국을 다녀본 사람은 알겠지만 중국은 모든 게 회색이다. 건물, 거리, 옷, 모든 게 회색과 퇴색된 남색으로 뒤덮인 곳이었다. 그 모노톤의 세계에서 우리가 입고 있었던 외투의 색이란 그야말로 너무 원색적이어서 그 비현실성에 웃음이 날 지경이었다. 너무 어울리지가 않는 거였다. 언니는 꽃분홍 코트를 입고 있었고 나는 화려한 색상으로 유명한 오일릴리의 연두와 주황색 체크무늬의, 엄청나게 화려한 외투를 입고 있었다. 덕분에 우리는 단번에 승객들의 시선을 끌어 모았다. 나쁜 마음을 갖고 있는 사람이 있었다면, 그 사람도 우리를 보았을 것이다. 숨을 수도 없고 추운 중국의 겨울이어서 외투를 벗고 있을 수도 없었다.

단동에 거의 다 왔을 무렵, 큰일이 일어났다. 북한 남자 두 명이 우리 앞을 막아서더니 자기들과 같이 가야 한다고 했다. 영문을 알 수 없어 무조건 싫다고만 했다. 실랑이가 벌어졌다. 대합실까지의 거리는 고작 5,60미터 정도였다. 거기까지만 가면 중국회사에서 마중 나온 직원이 우리를 기다리고 있을 텐데, 그들을 떼어낼 수가 없었다. 내가 아무리 체격이 있어도 그들은 남자 둘이다.

'끌려가면 쥐도 새도 모르게 사라지겠구나.'

생각이 여기까지 미치니 힘이 났다. 우리는 그들을 죽기 살기로 밀어붙였다. 그 짧은 몇십 미터가 몇 킬로미터처럼 느껴졌다. 그림자처럼 우리 앞을 막고 가지 못하게 하던 그들도 우리가 정말 죽기 살기로 대합실에 도착해 중국회사에 나온 직원과 맞닥뜨리자 연기처럼 순식간에 사라졌다.

중국에서 처음 본 사람이 그렇게 반가웠던 적이 없었다. 구세주였다. 그는 한국 사람을 상대로 이런 일이 자주 일어난다고 알려주었다. 이유는 하나, 돈 때문이라고 했다.

단동에 도착해서는 우려했던 것과 달리 편하게 지낼 수 있었다. 친절한 현지인 덕에 현지 공장에서의 일도 잘 진행되었다. 저녁에는 중국음식점에서 배부르게 맛난 음식을 먹을 수 있었다. 마지막 날에는 나이트클럽에도 데리고 가줬다. 한국에서 온 바이어라서 대접이 남달랐던 것 같다. 여자라서 그랬나 싶기도 하고. 물론 한국과는 너무도 다른 나이트클럽과 음식점, 호텔이었다. 한국에서 꽤 세련된 호텔과 음식점, 가장 유행하는 나이트란 나이트를 즐겨 다녀서 우리 눈에는 단동의 모든 것이 촌스럽게 보였지만, 그래도 좋은 대접을 해주려는 마음이 너무 고마웠다.

단동에서 제일가는 나이트라는데, 단동에서 껌 좀 씹는 사람은 다들와 있는 것 같았다. 음악은 세계 공통의 언어다. 중국어도, 손짓발짓도 필요 없는 나이트클럽에서 우리는 지금까지의 '단동행' 스트레스를 죄다 날려버렸다. 술도 한 잔씩 하고, 언니와 나, 우리를 에스코트했던 중국 현지인들과 열심히 놀았다. 중국 이태리타월 회사 직원과 부비부비도 하면서 말이다.

우스운 말들과 표현, 춤, 독특한 생활방식들을 많이 볼 수 있었는데 지금은 기억이 어렴풋하다. 힘들게 경험했던 기억들이 사라져간다는 것, 그런 게 아쉽다. 하지만 우리가 머물렀던 단동 최고급 호텔 커피숍 직원의 독특한 옷차림은 아직까지도 기억난다. 유니폼인 긴 치마 안에 스타킹이 아닌, 겨울 내의를 입고 있었다. 친절하게 서빙을 하던 그녀, 한편으로는 독특하고 한편으로는 왈가닥 소녀처럼 건강해 보여서 그녀를 생각하면 자연스레 미소가 지어진다.

단동에는 북한에서 넘어온 사람들이 많이 살고 있었다. 식당도 하고, 중국에서 제법 자리 잡은 사람들도 많았다. 우리가 그들이 운영하는 식당에 갔을 땐, 그래도 같은 민족이라고 정말 친절하게 대해주었다. 음식도 덤을 너무 많이 주어서 다 먹지 못하고 남길 정도였다. 그때의 동질적인 감정이 정확하게 무엇이었는지 모르겠다. 가깝다는 느낌, 정, 함께 이어져 있다는 믿음. 중국의 낯선 도시에서 만났기 때문에 더욱 그러했을 것이다.

단동에서의 며칠을 그렇게 재미있게 보내고 우리는 한국으로 돌아가기 위해 북경행 기차에 몸을 실었다. 밤새도록 달리는 야간열차였다. 그리고 거기에는 야간열차만의 세계가 있었다.

남자들은 자기 집 안방인 양 내의만 입고 기차 안을 돌아다녔다. 연인들은 둘이 함께일 수 있는 갇혀 있는 환경을 즐겼다. 남들이 보든 말든 진하게 애정의 행각을 해댔다. 뭔가를 우리에게서 훔치려는 사람들은 옆으로 보면서도 우리를 놓치지 않고 있었다. 자리를 잠깐 비우는 사이에 낯선 사람이 우리 자리에 버젓이 누워 그 짧은 사이에 자기 꿈의 한복판을 걷고 있었다. 우리 자리라고 잠을 깨우고 설득해도 비켜주지 않았다. 중국어를 못하는 우리는 영어로 그 사람들한테 고래고래 소리를 질렀다. 나쁜 마음은 아니었다. 그러면 질세라 더 큰 소리의 중국말이 돌아왔다. 역시 나쁜 마음은 아니었을 것이다. 뚝딱거리며 자리싸움을 몇 번 하고 나서야 그들은 만만디~ 만만디~ 어그적, 어그적 자리를 떠났다. 딱 그만큼만 있으려 한 것인지도 모른다. 몇 시간, 실랑이를 벌이고 우리는 자리를 되찾을 수 있었다.

그러자 북경이었다.

스릴 넘치게 우여곡절 많았지만 열흘간의 출장을 마치고 한국행 비행기를 탈 때는 복잡했던 뭔가가 싹 풀리는 상쾌한 기분이었다. 어떤 여행보다 사랑스러운 여행이 되어 있었다. 그리고 사전 정보 없이 떠난 두 여인의 겁대가리 없는 중국여행이었지만, 또 내 여행이 늘 그러하듯, 그것 역시 무엇을 배우게 하고, 말로 딱 부러지게 이거다 할 수 없는 무언가를 가지고 온 여행이기도 했다.

준비 없이 진행하는 것은 무모하고 여행의 어디쯤에서 실패할 확률도 높다. 하지만 한번쯤은 준비하지 않고 아무것도 모른 채, 떠나는 여행도 나쁘지는 않은 것 같다. 생각지도 못한 새로운 걸 보고, 느끼고,

재지 않고 박장대소하는 여행. 해볼 만하다. 물론 북한 남자 둘에게 끌려가 쥐도 새도 모르게 나쁜 일을 당했을 수도 있었다. 그런데 그리 되려면 아무리 대단한 여행지의 정보를 끌어 모아 거대한 준비를 하고 떠났어도 그리 되었을 것이다. 북한 사내 둘이 우리를 결국 어쩌지 못한 것 역시 그리 되려고 그랬던 것일 게다. 나는 운명을 모르지만, 운명을 믿는다. 그리고 여행자는 여행이라는 잠시에서라도 그것을 믿는 자이다. 떠나서도 그것조차 믿지 못하는 게 여행에서 일어날 수 있는 가장 큰 재난일 것이다. 부디 떠나라, 그리하여 당신의 운명이 당신을 얼마나 완강하게 보호하고 있는지 깨닫기를.

4부

just stories

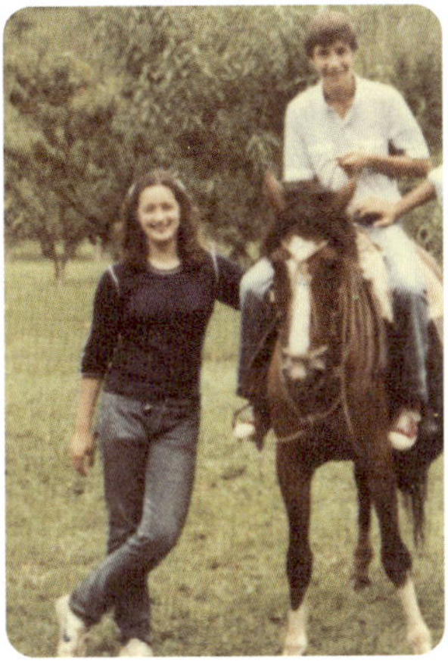

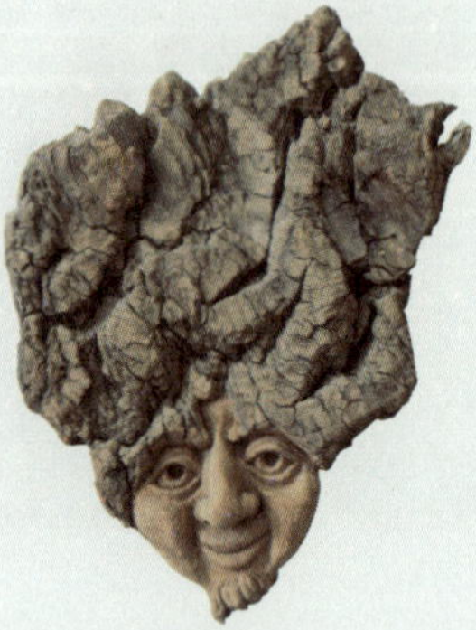

한가운데에서

연습실에서 혹은 오케스트라 피트에서 자주 일어나는 현상이 하나 있다. 감독으로서는 언제나 연습실 내 맨 앞과 정 가운데, 그 어디쯤의 거울에 등을 지긋이 기대어 자리를 잡게 되는데, 바로 이 자리에서 자주 일어나는 현상이다. 바로 앞에서 보이던 연습 장면이 어느 순간부터 고속 촬영된 화면처럼 느린 속도로 흐르고 배우들의 말소리가 멀어질 때가 있다. 연습실 풍경이 영화의 슬로모션 장면처럼 보이는 것이다. 그때에 나는 머리카락을 휘날리며 둥둥 떠다니는 수십 명의 배우들의 얼굴 하나하나를 살피게 된다. 그리고 한 가지 궁금한 생각이 머릿속에 떠오른다.

'도대체 이들은 지금 무슨 생각을 하고 있을까?'

수십 명의 배우들 모두 분명 무엇이든 각자의 꿈이 있을 것이다. 그것도 뮤지컬 무대에서 이루고자 하는 꿈이 있을 것이다. 그런데 이 중에서 살아남는 사람이 과연 몇 명이나 될까. 나만의 감정과 나만의 규칙으로 이 무대인생을 살아온 나는 그런 게 무척 궁금할 수밖에 없다. 그들은 과연 어떤 감정과 어떤 깨달음, 또 어떤 규칙을 갖고 이곳에서 이토록 열심히 연습하고 있는가 말이다.

어린 시절의 나를 형성한 것은 다양성이었다. 다양성은 내게 '그 어떤 것도 가능하다'는 것을 가르쳐주었다. 이것이 바로 내 삶의 규칙인 '균형과 중심center'을 가져다주었다. 중심이라는 가치는 어떤 것에 있어서도 한쪽으로 치우치지 않고, 선과 악, 남과 여, 흑과 백을 동시에 지닐 수 있는 에너지와 음양의 조화를 이해할 수 있는 힘을 준다고 생각해왔다. 수많은 다양성과 우리에게 존재하는 모든 것의 중심을 이해하고 살아가는 것이 나에겐 그 무엇보다도 중요했다. 나는 음악과 무대를 통해 창의력을 발휘해야 하는 직업을 선택한 사람 아닌가. 이 세상에 존재하는 모든 감정과 생각, 색깔과 향을 담을 수 있는 창작이란 '선한 행위'에는 이 중심이라는 가치 없이는 보편성universality을 지닐 수 없다고 생각한다.

중학교 때부터 끊임없이 그리던 낙서가 생각난다. 나는 언제나 비슷한 종류의 무늬들을 그렸다. 그림 아래 오른쪽에 붙인 제목은 언제나 같았다. 늘 따옴표 부호 안에 '균형balance'이라는 단어를 써넣었다. 낙서지에 그려진 그림 속에서도 나는 균형을 유지하려고 애썼던가보다. 그때부터 나도 모르게 이미 중심이란 개념을 찾고 있었던 모양이다.

이 중심을 향하여 달려가는 하나의 방법이 있다. 나는 아주 어려서부터 음악을 했고, 최고와 최선의 음악을 위해 40년 가까이 내 삶의 에너지를 쏟아 왔다. 완고한 완벽주의자라고 많은 꾸중을 듣기도 했지만 내가 얘기하는 최고와 최선은 단순히 눈앞의 성공적인 결과를 도출하기 위한 노력이 아니다. 그것은 어마어마한 생명력과 무궁무진한 에너지를 가진 '열정'이란 감정 속에 깊숙이 박혀 있는 것이다.

음악감독으로서 바라는 것이 많을 수 있다. 작품과 연기의 완벽성, 연주자들의 음악적인 감동, 심지어는 관객들의 수준 높은 감상력조차 고려하게 된다. 물론 감독으로서 당연히 내 쪽에서 얼마만큼을 배우나 연주자들로부터 뽑아낼 수 있을까를 생각한다. 그 사람들을 얼마나 건드려야만, 뒤흔들어야만, 자극을 주어야만 그들의 최고와 최선이 관객에게 전해질 수 있을지를 생각한다. 최고와 최선은 늘 언제나 그 정도가 향상되는 것이고, 이것을 향하여 달리는 일에는 열정이란 것만이 필요할 뿐이다.

새벽마다 재첩국을 파는 아낙네들도 분명 거기에 그 어떤 정성과 최고의 마음을 쏟을 것이다. 최고와 최선이 되는 대상, 그 일이 무엇인가는 크게 중요한 게 아니다. 요리사, 패션디자이너, 접시닦이…… 우리 모든 삶의 일 속에 최고와 최선이 분명히 있고 열정을 쏟을 수 있는 시간과 상대가 있다. 나의 삶을 표현하기 위해 음악과 무대를 선택한 것뿐이다. 그리고 내가 선택한 이상 나는 전부를 넣어 그것을 표현하고 싶다. 몸속의 세포 하나하나가 하고 있는 일에 감동을 받기를 바란다. 그 세포들이 지지고 볶으면서 거대한 에너지가 발산되기를 바란다. 내가 선택한 일과 그것을 위해 최고와 최선이기를, 그것들을 위해 불타오르기를 바란다. 그러기 위해서는 내 노력과 에너지의 중심에 있어야 한다. 가장 뜨거운 곳에 있어야 한다. 한 발짝이라도 거기서 물러난다는 것은 결국 무언가 하나를 포기했다는 것을 증명한 것과 다름 없다. 가장 뜨거운 곳에서 물러난다는 것, 그것은 이미 살아 있다는 것에서 멀어지는 일이다.

모두들 하고픈 일이 많을 거다. 그중에서 우리의 귀중한 열정을 모두 쏟아부어도 아깝지 않은 그 무엇이 있을 것이다. 나는 무언가를 포기한 배우들과 작업하고 싶지 않다. 가장 뜨거운 곳에서 물러나는 사람과는 놀고 싶지도 않다. 그리고 나나 그가 가지고 있는 열정을 숨이 찰 정도로 콸콸 쏟았으면 한다. 결과? 이 거대한 우주 속, 점 하나에 불과한 인간이 감히 무슨 결과를 바라겠나? 생각하고 싶지 않다. 나는 하루하루 연습실에서 내 정열을 다하여, 잘라내어도 아프지 않은 손톱과 발톱, 또 머리카락까지 아파봤으면 한다. 그 세포들의 움직임을 느끼고 싶다. 무대라는 신성한 공간에서 무언가 세상에 아직 없는 것을 만들어내는 우리들이 최고와 최선을 향하는 열정에 미쳐 버리지 않으면 관객은 껍데기만을 보고 돌아가게 될 것이다.

하는 일이 무엇이든, 이 정도의 요구는 절대로 지나친 것이 아닐 것이다. 나는 기대한다. 나와 창작을 하는 이들은 물론, 우리 모두의 마음속에 단 한 순간도 흐트러짐 없이 가장 뜨거운 한가운데를 향하여 눈부신 열정을 안고 달려가는 것을 말이다. 감히 이렇게 말할 수 있을까. 무엇을 하느냐는 중요치 않다. 그 무엇은 자기 삶의 표현법일 뿐이지, 우리 삶의 목적이 될 수는 없다. 그것이 무엇이든 그것을 '어떻게' 이루느냐가 중요하다. 할 거라면, 살 거라면 가장 뜨거운 곳 그 한가운데에서 가장 뜨겁게 사는 게 중요한 게 아닐까. 적어도 나는 그렇다. 밋밋하게 죽으러 살 바에야 활활 타오르고 싶다.

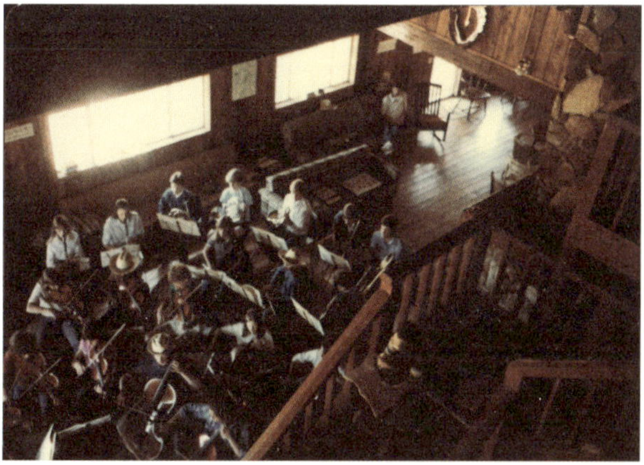

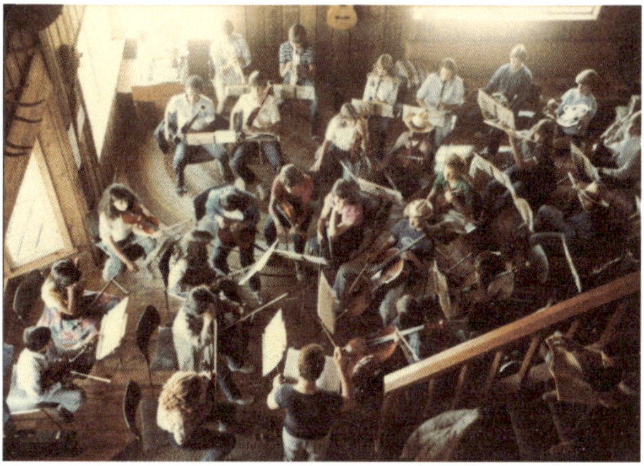

모든 것은 가능하다 Everything and anything's possible

늘 얘기하지만 나의 어린 시절 집안 풍경은 마치 하나의 작은 지구본과 같았다. 부모님의 직업 덕에 수많은 인종의 학생들, 그들 각각의 문화, 저녁마다 식탁 위에 놓인 각국의 고유한 음식, 그리고 그들의 다양한 언어와 모습들로 집안은 항상 북적댔었다. 그리고 다섯 명의 우리 식구는 늘 한국과 미국을 오가며, 또 세계 여러 나라를 정열적으로 여행하려 했다. 디버서티 diversity, 즉 '다양성'은 우리의 기본적인 교육방침이었으며 거의 본능과도 같은 무엇이었다.

커가면서 나는 이 다양성의 중요함을 다양한 경험을 통해 깨달을 수 있었다. 시간이 허락하는 한 언제나 다양한 것들을 경험하고 느껴보고 알려고 노력했다. 이런 말 많이들 하지 않는가. '알고 나면 버릴 수 있고 뭘 알아야 행동 할 수 있다'는 뭐 그런. 배우는 백지여야 한다. 거기에 다양한 사람과 캐릭터를 그릴 수 있어야 한다. 뮤지션 역시 수많은 감정들을 그려낼 수 있어야 한다. 뭘 알아야, 또 뭐가 있어야 그걸 쓰든 버리든, 할 수 있지 않겠는가.

한 인간이 이 세상에 존재하는 모든 옷과 음식처럼 물리적이고 육체적인 다양성, 그리고 문화와 언어, 감정과 이념 등을 포괄하는 정신적인 다양성을 모두 경험할 수는 없다. 하지만 그런 것들에 대해 조금이라도 알고 느끼고 경험을 했을 때 전쟁과 싸움, 분노와 복수, 질투 같은 것을 일으키는 두려움을 이겨낼 수 있다. 무식은 죄가 아니라고들 하지만 내게 그것은 죄에 매우 가까운 무엇이다. 그 사람의 독특함에 대해 모르고 이해하지 못해 그 사람에게 무례하고 실수하고, 그래 놓고 실수인지조차 모른다.

그래서이다. 나는 정신, 육체, 영혼을 채울 수 있는 많은 다양한 것들을 알려고 끊임없이 노력해왔다. 그리고 그것들을 열심히 좇다보니 다양성이 진정으로 뜻하는 바를 어느 순간 알게 된 것 같다.

다양성은 이 우주에 존재하는 모든 것, 즉 인간 세상에 있어 그 어떤 것도 다 '가능하다'라는 것을 뜻하는 것 같다. 다양성은 눈앞에 펼쳐져 있는 아주 일상적이고 현실적인 모습을 하고 있다. 수없이 많은 서로 다른 문화, 국가, 언어, 지형, 인종, 사상, 이념 등이 바로 이 순간에도 엄연히 존재하고 있지 않은가. 그 존재만으로도 제각기 다른 인간의 모든 것들이 '가능하다'. 그것은 다양성에 대한 끊임없는 증명이다. 정도와 질의 차이는 있을 수 있되, 모든 존재는 그것으로 가치가 있다. 이거다. 다양성은 세상 모든 것의 가치를 입증한다. 남과 다르기 때문에 나를 나로서 사랑할 가치가 있는 것이다.

나만의 방식으로 표현하자면, '모든 것은 가능하다'(Everything and anything's possible). 그래서 지금 수많은 자들이 세상만물을 평가하기 위해 쓰고 있는 단순한 잣대인 선과 악, 흑과 백, 좋고 나쁨과 같은 것들이 과연 진정한 '다양성' 앞에서 그 힘을 발휘할 수 있을까 의문이다. 어떻게 이 우주의 복잡하고 미묘한 구조를 그런 단순무식한 잣대로 잴 수 있느냐는 말이다. 뒤집어 생각해보면 참으로 재미있는 현상이다.

모든 것이 가능하다라는 생각을 할 수 있는 데까지 밀어붙이면 균형이란 걸 얻을 수 있다. 균형, 즉 '밸런스balance'란 그 어떤 것에도 치우치지 않는 어마어마한 에너지를 뜻하겠다. 다시 말해 존재성에 대한 눈이 열리면, 균형이란 것은 선과 악, 남과 여, 흑과 백, 혹은 음과 양, 또는 좋고 나쁨 등 이 '다양한' 모든 것들을 동시에 지닐 수 있는 내력을 갖고 있는 것이다.

쉬운 예로 많은 자들이 그들만의 것이 최고라고 하고 언제나 비교를 통해 좋고 나쁨을 가리려 하지 않는가? 하지만 창작과 예술에 있어 옳고 그름을 어떻게 나누리오. 잠깐 눈을 감고 세상만물을 느껴 보길······ 그대에게 날아오는 그 많은 다양성. 그대는 어떤 자극을 받고 있는가? 요소요소 다 다른 자극일 텐데 어느 쪽에도 치우치지 않고 그 모든 것들을 껴안을 수 있는가? 밸런스. 일단 알고 나면, '그들과 그것'을 알고 나면, 좋고 나쁨은 너무나도 일차원적인 얘기인 것이다. 물론 이론으로는 간단명료하다. 하지만 실천하기는 쉬운 일이 아니다. 다양한 것을 '안다'는 것만으로 균형의 힘을 지닐 수 있는 것은 아니기 때문이다.

나는 애써왔다. 사람들이 살아가는 거대한 공간 속에 존재하는 수많은 감정과 느낌들, 수많은 사상과 이념들의 다양성 한가운데에서 그 모든 것들을 동시에 지니려고 애써왔다. 매일 같이 자극해오는 전파들을 받아들이고 매일 같이 균형의 한가운데 서 있으려고 노력했다. 편견과 비판 따위의 노예가 되지 않으려고 애써왔다. 그렇다고 해서 그토록 정적인 균형의 중심에서 머물러만 있다는 말은 아니다. 그 어떤 것에도 치우치지 않고 존재만 한다는 것도 아니다. 그 균형을 누릴 수 있을 때 그때는 뒤돌아보지 않고 높이, 멀리 날아야 한다. 어마어마한 열정을 안고 말이다.

그래, 열정은 참으로 동적인 거다. 그리고 참으로 놀라운 힘을 가지고 있다. 어떤 어려움이 닥쳐도 뭔가를 향해 질주하게 만드는 힘. 육신이 지쳐도 계속 달리게 하는 힘. 어떤 비판 속에서도 영혼을 불사르게 하는 힘. 열정은 끊임없이 우리를 움직이게 하고 달리게 한다. 그 어떤 목적에 다다를 때까지 우리를 채찍질 한다. 그렇다면, 나는 무엇을 위해 달리는가. 무엇을 향해 이 모든 지식을 안고 쉴 새 없이 움직이는 걸까.

모든 것 끝에 남는 게 이거 하나다. 퀄리티quality. 즉, 어떤 질質, 그 '무엇'이 중요한 게 아니라 '어떠한 질'의 것인지가 그 존재의 생명력이다. 언급했듯이, 모든 것은 다양한 양상으로 존재할 수는 있다. 하지만 그 균형 속에서 살아남는 것은 결국 퀄리티뿐일 것이다.

다양성이라는 가치가 모든 것이 가능하다고 가르쳐줬다면,
그래서 균형을 이루게 했다면,
그것을 알고 행한 다음에는 온 열정을 쏟아 달려야 한다.
그러면 비로소 생명력을 가진 높은 질을 얻게 될 것이다.

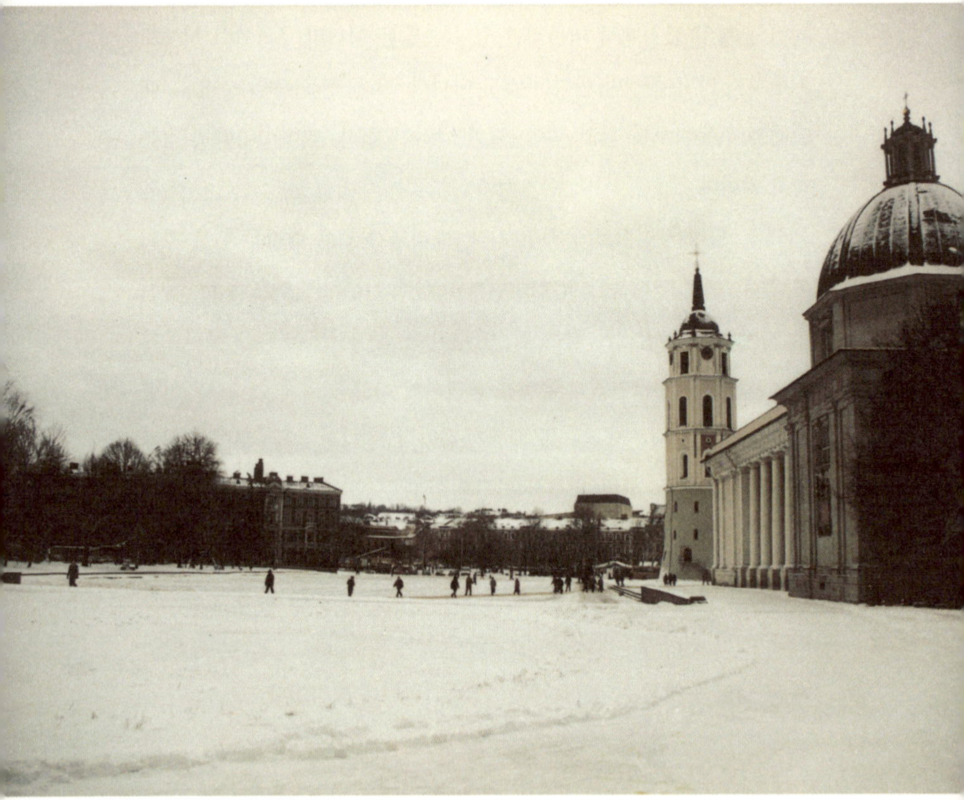

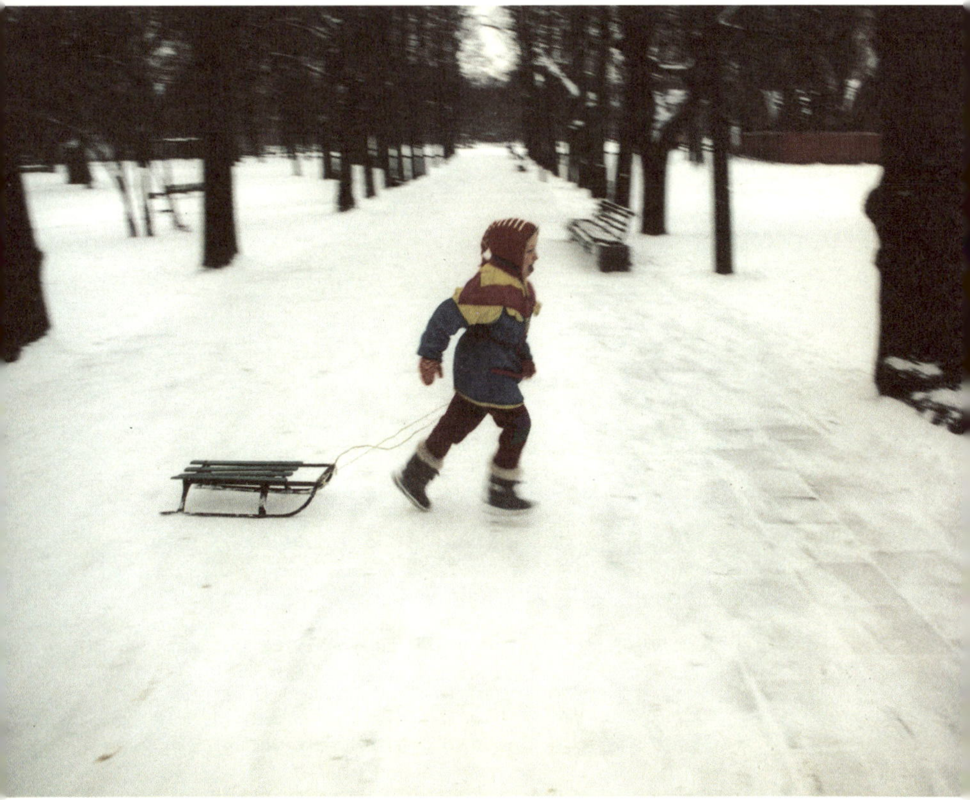

살림의 기술 My Living Knowhow

1. 스푼과 주방도구들은 손잡이가 서랍 안쪽으로, 머리가 앞쪽으로 보이게끔 긴 서랍에 넣어둔다. 머리를 안쪽으로 놓으면 다 똑같이 생긴 손잡이만 보이니 서랍을 끝까지 열어야만 필요한 도구들을 찾을 수 있다. 넓지 않은 주방에 주방도구들을 일일이 다 걸어두거나 꽂아둘 수도 없고, 입에 대는 것들이라 내놓고 쓰면 먼지 앉기 딱 좋은데, 요렇게 포크, 스푼, 또는 큰 주방 요리연장들의 머리들이 한눈에 딱 보일 수 있게 넣어두면 찾아 쓰기도 편리하고, 공간도 많이 차지하지 않는다. 단, V자 모양의 집게는 손잡이만 봐도 알 수 있고 또 거꾸로 놓으면 뺄 때 다른 도구들이 엉겨서 빼기 힘들기에 요것만 손잡이를 앞으로 놓는다.

2. 설거지를 할 때 뜨거운 물에 컵을 먼저 씻고 기름이 적은 그릇부터 많은 순으로 하면 조금 더 적은 양의 세제로도 설거지가 가능하다. 그리고 입에 대는 수저 등 위생에 신경을 가장 많이 쓰는 연장들은 마지막 순서에 씻은 후, 한꺼번에 그릇에 담아 가장 뜨거운 물을 잠시 흐

르게 한다. 손 조심하시고. 뜨거운 물로 인해 연장들이 소독되기도 하고 배수구 막는 기름기도 날려버릴 수 있다. 그 사이에 마무리로 주변 정리를 하면 된다.

3. 대형 마트에 장을 보러 갈 때는 반드시 전면주차를 하는 게 좋다. 그래야 바로 카트에서 트렁크로 쇼핑한 물건을 넣을 수가 있다. 그렇지 않으면, 그 무거운 짐을 카트에서 일일이 빼내서 주차된 차 사이를 구깃구깃 지나 엉덩이를 안쪽으로 한 트렁크에 겨우 넣거나 차를 복도로 빼내어 위험한 통로에 일자주차를 한 후, 트렁크로 짐을 옮겨야 할 테니 말이다. 이는 복잡한 주차장에서 주차난만 심각하게 만드는 공공예의에 어긋난 행동이다. 어떤 사람은 카트를 기어이 차 사이로 비집고 밀어 넣어 트렁크까지 밀고 들어간다. 남의 차에 흠집은 어떡하고?! 대형마트에선 전면주차하는 새 시대 센스!

4. 여행 시엔 언제나 대형 트렁크 하나보다 양손에 들 수 있는 두 개의 작은 트렁크를 사용하는 것이 센스 있다. 그래야만 어떤 위급한 일이 생겨도 이동하기가 쉽다. 큰 가방 하나에 물건을 다 넣으면 무거워서 혼자서 들 수도 없거니와 다루기도 힘들다. 게다가 무거운 짐 하나를 몸 한쪽으로 드는 것보단 무게를 분산시켜 양팔에 동일하게 배분을 시켜주면 걸을 때도 몸이 훨씬 편하게 움직일 수 있고 신체적 무리가 덜 간다. 일례로, 82년에 브라질에 갔을 때 엄청난 폭우로 원래 목적지와는 두 시간 떨어진 외진 비행장에 착륙했다. 빗물이 무릎 위까지 찼다. 버스도 다니지 않던 한밤중, 낙동강 오리알 된 여행객들 중 엄마와

나만 우리 짐을 양손에 들고 30분을 걸어 호텔까지 갈 수 있었다. 다른 여행객들은 오가도 못해 비행장 대합실에서 젖은 하룻밤을……

5. 여행을 떠나기 전, 집을 나서서 바로 택시를 잡지 말 것. 또는 바로 차에 올라타 비행장, 터미널, 또는 기차역으로 향하지 말 것. 여행길을 나서기 전 먼저 해야 하는 중요한 행위 중에 하나는 여행 채비를 마치고 나와 현관문을 잠근 다음 걸어서든, 차를 몰아서든, 집 주변이나 아파트 블록, 또는 마을을 천천히 한 바퀴 도는 것이다. 마치 진짜로 출발하는 것처럼. 한 번 두 번 돌다보면 이때 분명히 잊고 챙기지 않은 물건이 생각날 것이다. 그럼 다시 들어갔다 나오면 된다. 문 잠갔나, 개밥 충분한가, 가스 잠갔나, 선글라스 챙겼나 등…… 고속도로를 한참 달리다가 "아 맞다! 그거 안 챙겼다" 하는 불상사를 막는 방법으론 '출발 전 마을 돌기'가 가장 좋은 여행 준비운동이다. 한번 해보시면 아실 겁니다.

6. 여행 시 '황금 질문 세 가지'가 있다. 특히 여러 곳을 경유해야 하는 여행이라면 반드시 이 세 가지 계명만 외워도 마음이 편할 것이다. 집이든, 경유하는 호텔에서 나오든, 어디서든 그 장소를 '떠날 때' 이 세 가지를 꼭 물어라. '티켓은 챙겼는가? 여권은 있는가? 지갑은 있는가?' 최소 이 세 가지만 있으면 나머지 필요한 건 대강 다 현지에서 구입할 수 있다. 이 황금률은 또 한 명의 여행 황제인 영화감독 송일곤한테서 힌트를 얻은 건데, 지금까지 가장 잘 써먹고 있는 나의 여행 룰 중 하나이다. 그리고 특히 매일 약을 반드시 먹어야 하는 사람이면 약 처방전 복사본은 필수이거니와 더불어 며칠 분량의 여유분 약은 반드시

챙기도록 한다. 그래야 여행기간이 계획보다 늘어나도 안전하게 지내 다올 수 있을 테니 말이다.

7. 여행중, 마음에 드는 기념품은 주저 말고 그 자리에서 사도록 한다. 여행을 하면서 마음에 들었던 상점을 다시 지나치게 될 가능성은 지극히 드물다. 특히 그 나라의 언어를 모르거나 초행길에는 '나중에 다시 와야지' 해도 길을 모르거나 찾을 수 없고 또 시간이 없다. 이건 겪어본 사람이면 크게 공감할 내용일 듯! 그러니, 정말 마음에 드는 물건이 있을 땐 꼭 그 자리에서 바로 해결을 할 것! 이건 수십 년간 여행지식을 쌓아온 우리 엄마의 황금률.

8. 정원 호스를 감아둘 때는 마치 전문가용 사운드 케이블을 감을 때처럼 정리해둔다. 사운드 케이블은 동그라미를 한 번 그린 줄들이 서로 대칭이 되게 바깥으로 한 번, 안쪽으로 한 번 이런 식으로 계속 번갈아 감는다. 감아둔 줄을 풀면 스프링처럼 촤르륵, 튀어나가면서 알아서 풀리게 말이다. 그러면 절대 꼬이거나 모양이 뒤틀리지 않을 것이다. 필요할 때 호스 역시 한 번에 촤르륵, 풀어서 쓸 수 있을 것이다! 이렇게 간단한 정리만으로도 집 안에 있는 모든 선이란 선은 훨씬 깔끔해질 수 있을 것이다. 우리의 영원한 음향감독 김기영 씨의 지혜를 집안 살림에 적용했음.

9. 초에 불을 붙여놓을 때는 언제나 초 받침대에 약간의 물을 채운 후 그 속에 초를 세워 두는 것이 좋다. 그러면 촛농이 물 위에 떨어져

다른 곳에 눌러 붙지 않아 깔끔하게 뒷정리를 할 수 있다. 눌러붙은 촛농을 수세미나 칼로 박박 긁어본 사람이라면 역시 공감할 얘기!

10. 집 안에서 땔감을 때며 벽난로를 피울 때는 언제나 여유분의 나무땔감을 벽난로 옆에 두어 따뜻한 열기가 닿도록 한다. 그래야 바깥에서 습하게 있었던 나무땔감의 수분이 날아가 훨씬 불이 잘 붙을 테니 말이다. 게다가 연기도 나지 않으니 일석이조!

11. 혹시 일본이나 LA처럼 지진다발지역에 산다면, 침대 옆에 신발 한 켤레를 꼭 두는 것이 상식. 그래야 지진이 나서 집 안의 모든 유리가 다 깨지더라도 발을 다치지 않고 대피할 수 있다. 또한 집 안 곳곳에 다양한 사이즈의 건전지를 담은 바구니와 손전등을 두도록 한다. 깜깜한 밤이거나, 고립되었을 때 대피용으로, 혹은 구조신호로 보내는 데 유용하게 쓰일 수 있다. LA에 살며 큰 지진을 몇 번 겪은 우리 엄마는 심지어 현관문 앞에 안전모까지 둔다.

12. 요즘 혼자 사는 이들이 많아진 세상. 반드시 해야 하는 일 중 하나는 믿을 수 있는 가장 친한 친구에게 집 열쇠 한 세트를 맡겨두는 것이다. 당신이 연락이 안 닿아 집에 가봐야 하거나, 집에 급한 일이 있을 때 그들에게 도움을 요청할 수 있으니 말이다. 또한 여행을 가거나 뭔가 평소와는 다른 일을 해야 할 때(밤 12시에 낯선 사람을 만나러 가야 하는 등의……), 냉장고에 꼭 일정표를 붙여두거나 정해둔 사람한테 당신의 상황을 알리는 문자를 보내놓도록 한다. 가령, '19일 서울 출발, 22

일 강원도, 24일 전라도로, 26일 안면도로, 서울로 28일 도착 예정'. 그래야 혹시나 연락이 끊기면 날짜와 장소를 추적하기에 좋다는…… 아무튼, 일정표는 꼭 복사해서 냉장고에 붙이고 나가는 센스.

13. 당신이 혼자 살고 있고, 밤에 심하게 아프거나 왠지 모르게 불안하다는 생각이 들면, 휴대전화에 미리 119를 찍어두고 머리맡에 두고 자도록 한다. 긴급한 일이 생겼을 때 버튼 하나만 누르면 되니, 심적으로 훨씬 안심이 될 것이다.

14. 주차장에서 주차를 할 때, 항상 입구와 가장 가까운 곳에 주차하려고 애쓸 필요는 없다. 대신 조금 멀더라도 차가 적게 주차되어 있는 곳에 주차를 한다. 입구는 상대적으로 많은 차들이 오고가는 곳이기 때문에, 구석에 세워두면 남의 차가 문 열면서 당신의 차를 긁을 확률이 훨씬 적을 것이다. (엄마 친구 에스텔라 아줌마의 특허 아이디어!) 멀리 걸으면 운동도 된다는 거.

15. 포도와 수박은 집 안이 아닌 마당이나 정원에서 먹도록 한다. 씨를 아무 데나 뱉어도 되는 자유를 누릴 수 있다~! 실내에서 먹을 때는 종이컵 등 씨 담을 컵을 하나씩 나눠준다. 그러면 깨끗하게 씨를 버릴 수 있다. 씨 뱉는 입을 가릴 수 있어 젊은 처자들이 선호하더라는, 캬캬캬.

16. 망고를 제대로 잘라 먹는 법이 있다! 이건 내 브라질 친구 자이

메의 특허 아이디어! 망고를 세워 지구를 북반구 남반구 자르듯 중간을 벤다. 양쪽을 손에 쥐고 살며시 돌려서 두 개로 분리한다. 그러면 한쪽에만 큼직한 씨가 박혀 있을 것이다. 작은 과도로 씨와 살 사이를 살살 도려낸다. 과일 몸통을 잡고 씨를 살살 재촉하면 쏙 빠져나올 것이다. 씨가 발린 두 반쪽의 망고는 이제 먹기 좋게 준비가 되어 있다. 반쪽씩 손에 쥐고 숟가락으로 맛있는 살을 퍼 먹으면 된다. 망고의 살을 조금도 버리지 않고 다 먹을 수 있는 매우 쉬운 방법.

17. 집에서 밥을 먹더라도, 제발! 따뜻한 음식은 접시나 그릇을 데운 후 담도록 한다. 어려운 게 전혀 아니다. 단지 귀찮아서 안 하고들 있을 뿐…… 요리를 하면서 전자레인지에 잠깐 돌리든지, 오븐의 얕은 불에 잠깐 넣어두든지. 반대로 샐러드처럼 찬 음식을 내야 할 경우엔 접시를 냉장고에 2분 동안 넣어둔 후, 꺼내서 담도록 한다. 따뜻한 음식은 더 오래 따뜻하게, 찬 음식은 더 오래 차게…… 당신이 만든 음식을 맛있게 먹을 수 있는 가장 쉬운 방법이 될 것이다. 손님들도 훨씬 행복해 할 테고!

18. 겨울에 잠을 자는 동안 발이 쉽게 차가워지는 사람이라면, 당신의 마음에 드는 종류의 딱딱한 콩을 골라 두 개의 주머니에 가득 담는다. 참고로 나는 길쭉한 콩 대신 동그란 콩을 선호하는 편이다. 발을 이 콩 주머니에 각각 넣고, 콩이 빠져나오지 않도록 주머니 입구를 살포시 묶은 후 잠을 청하도록 한다. 그럼 아무것도 안 할 때보다 훨씬 발이 따뜻해진다. 콩이 구르면서 혈액순환을 도와 잠을 자는 동안 발이 차가워

지지 않기 때문이다. (옛날 옛적 서기 1973년 경, 부산에 사는 우리 숙모의 특허 아이디어!)

19. 당신이 나인 투 식스(9 to 6, 아홉 시에서 여섯 시까지)로 일하는 직업이 아니라면, 나처럼, 침실은 집의 서쪽에 위치하도록 하는 것이 좋다. 아침 해가 뜨더라도 햇빛이 직접 들지 않아 잠을 자는 당신을 크게 방해하지 않을 테니 말이다. 반대로, 만약 당신이 일찍 일어나야 하는 사람이라면 커튼은 열어둔 채로, 집의 동쪽에서 잠을 자는 것이 좋다. 이렇게 하면 알람 없이 행복하고 평화롭게~ 잠에서 깰 수 있을 것이다. 물론 동쪽에서 자는 사람들은 비오는 날 아침은 조심해야 한다. 해가 안 떴다고 계속 자다간 지각할 수 있으니 말이다.

20. 옷을 갤 때 가장 효과적인 방법. 특히 이불이나 타월, 침대 시트처럼 큰 물건을 갤 때 거울 앞에 서서 하면 앉아서 개는 것보다 훨씬 편하고 빠르게 옷을 정확하게 갤 수 있다. 타월을 들고 내려다보면서 코너를 맞추는 것보다 거울에 비치는 타월을 보면 코너들이 훨씬 잘 보인다. 특히 침대 시트, 이불보 등 큰 빨래를 갤 때 이 효과를 확실히 느낄 수 있다.

비밀노트 The Little Black Book

비밀노트 Little Black Book 란?

고어: 남자들의 작업 노트. 즉, 여자들의 전화번호를 적어놓는 책.

현대어: 남자들만이 아니라 여자들도 남정네들의 전화번호를 적는 책으로 비밀노트, 또는 개인의 일기로도 통한다.

나의 블랙북은 11살인가 12살 때부터 시작되었다. 그 나이에 남자를 알 리는 없었고, 대신 마이 리틀 블랙북에는 나만의 '창작'적인 생각들을 적어뒀다. 아주 사소한 것에서부터 내 딴에는 대단한 것들까지, 나중에 나이가 찼을 때 할 것들과 꼭 하고 싶은 것들을 기록했다. 꿈과 야망이라고 할까, 뭐 그런 것들(10대가 꿈꾸는 세상이 뭐 그리 큰 것이겠소마는……). 워낙에 잠이 없었던 터라 머릿속에서 생각이 끊임없이 빙글빙글 돌 때엔 많은 그림을 만들어내기 마련이었다. 게다가 워낙 꿈을 요란하게 꾸던 아이였으므로 특이한 것들이 꿈에 나타나면 깨는 즉시 블랙북에 적어놓았다. 그리고 매일을 살면서 순간 스쳐가는 생각들, 놓치고 싶지 않은 아이디어들, 만들고 싶은 물건 등, 수많은 아이디어를 적어놓기 시작하면서부터 블랙북은 내가 가장 소중하게 생각하는 물건 중 하나가 되었다.

일기장과 유사한 점도 있겠으나, 일기장이 그날 있었던 일과 감정에 대한 기록으로 '과거성'이 더 강한 거라면 나의 블랙북은 순전히 미래에 대한 창작의 나래를 펼치는 그런 드림북이다. 굳이 한국말로 하자면 '창작 아이디어 책'이라 하겠다. 어릴 적 처음 쓰던 블랙북이 너무 낡아져 대학원 다닐 때 새 노트에 한 번 옮겨 정리했다. 그것 역시 검정색. 그리고 그 하나로 오늘까지 쓰고 있다.

나의 블랙북을 들여다본 사람은 지금껏 단 한 명도 없다. 설령 봤다고 할지라도 그 내용을 알 수는 없을 거다. 나만이 아는 단어로 그것도 최대한 간략하게 적어놨으니까 말이다. '물 계획Water Project'이라고만 적혀 있는 걸 보고 그 누가 그 내용을 알아챌 수 있겠는가? 재미있는 건 20년도 더 지났지만 그 단어만 보면 나는 아직 그 전체가 다 선명하게 보인다는 거다.

일종의 컴퓨터 그래픽 작품으로 슬로모션과 그래픽 등으로 물의 움직임, 그 다양한 모습들의 신비함을 표현하고 싶다.

우리 고등학교 마이어 음악선생은 그 얘길 듣고 "넌 좀 이상해. 아마도 내가 정확히 네가 뭘 상상하고 있는지를 몰라서 그런가보다"라고 말씀하신다. 나는 다 보이는데 뭐가 안 보인단 말인가? 흥~ 만들어서 보여줄 수밖에……

하하. 고등학교 때 고안한 아이디어인데 그 비전vision을 여태 안 까먹은 게 신기할 뿐이다. 물론 지금 '물 계획'은 무산된 작업이다. 그후로 컴퓨터 그래픽 분야는 상상력을 뛰어넘을 정도로 발전했고 전문성을 띤 천재들이 많아 '컴퓨터와 아트'한 작업들은 수없이 쏟아져나왔다. 또 그 분야는 그들이 해야만 하는 거고. 단지 그것은 그 당시에 너무나도 표현하고 싶었던 그 무엇이었다. 음악을 한다지만 물의 움직임이 나에게 너무 신기했기 때문에 그걸 비주얼하게 표출하고 싶었던 것이다.

이와 같이 블랙북에는 내가 하고 싶었던 것들이 세월이 흘러 다른 사람들 손에 의해 이뤄졌거나 창조된 것들이 있다. 스케치 형태로만 존재하는 것들도 있다. 보자, 보자. 뭐가 있나.

- 꿈속에서 희미하게 들었던 교향곡 – 언제나 완성하려나.
- 물탱크에서 하고 싶었던 무용작품 – 이것도 80년대 후반에 기록한 건데 태양의 서커스* 의 'O' Show 가 그후로 나왔으니, 그것도 아주 훌륭하게 나왔으니 난 체크 표시만 치면 되고.
- 바람에 날리던 빨간 천 – 이걸 보고 한편의 무용대본을 떠올리게 됨. 비운의 여인, 고독한 여인, 뭐 집시 여인의 삶 그런 것, 한국무용인 듯, 현대무용인 듯, 여자 주역이 진짜 춤 잘 춰야 함.

*태양의 서커스Cirque du Soleil
캐나다 퀘벡에서 만들어진 서커스 공연단체로, 현재 라스베가스 상설 공연과 전 세계 200개 이상의 도시에서 순회공연을 하고 있는 환상의 서커스 쇼이다. 기존의 서커스와는 달리, 예술성을 부각시켜 각 작품들의 테마에 맞게 만들어낸 독특한 서커스 공연을 선보인다.

- 〈천년의 사랑 구미호〉, 〈떴다! 영〉, 〈바람 속의 꽃잎들Petals in the Wind〉 - 초고를 끝낸 뮤지컬 대본들.
- 아직은 공개하면 안 되는 무대와 영상 작품들 몇 개.
- 〈동풍〉과 같은 넌버벌 퍼포먼스(비언어 공연)non-verbal performance - 이건 아마도 지리산 삼성궁 야외 친환경 무대에서 해야 할 듯.
- 음반 3개 - 선국의 음악, 천부경과 삼일신고 음악, 마고성 음악, 설명하기 힘들어서 생략.
- 해태와 삽살개 스토리.
- 〈여행하는 곰Traveling Bear〉 - 어린이 교육용으로 만든 실습/재미/여행 그 무엇. 이건 진짜 해내야 하는데…… 쩝~.
- 내 개인 음반 - 여러 장르가 섞여 있을 것 같은 예감.
- 노래 은행Song Bank - 미디음악이 한국 가요계에 도입되던 초기에 많은 곡을 써서 라이센싱 하려했음. 이젠 그것이 오늘날 킥 뮤지컬에서 뮤지컬 작품을 개발/라이센싱 하는 걸로 진화했음.

에트쎄트라 에트쎄트라* ……

에휴, 몇 개만 옮겨 적었는데 아직도 할 일이 태산. 열심히 살아왔다고 생각했건만 뭐 이리 못다 한 것들이 많을까? '아트'적인 것 말고 '필요는 발명의 어머니'(Necessity is the mother of invention!)라는 말처럼 살기 불편해서 떠올린 것들도 많다.

* 에트쎄트라
etc:기타등등.

- 입고 움직이면 섬유질의 실들이 서로 마찰하고 발열하여, 겨울옷인데도 얇게 만들 수 있는 그런 천 - 이건 84년에 꿈에서 봤던 것. 바지가 손수건처럼 얇았는데 아주 따뜻했음. 예쁘기도 했고. 티 한 장 걸치고 겨울 길을 돌아다녔음. 여태 누가 이런 천 좀 발명 안 했나?
- 비누를 끝까지 남김없이 편하게 쓰게 하는 도구 - 비누는 지우개와 같이 끝까지 다 쓰기 전에 없어지거나 버리게 되는 물품 중 하나. 아까워서 생각하게 됨. 환경도 생각해야 하고.
- 현대 여성들이 좋아할 라면의 새 구성 - 농심인지 어디에다 편지 보내야 함. 편지 보낸 뒤에 공개하겠음.
- 입고 싶어서 디자인 해놓은 옷 라인 - 긴 팔과 어중간한 신장 때문에 쉽게 한국에서 옷을 살 수 없었기에 시작한 건데, 결국 고대 신라와 드루이드Druid 문화권의 실루엣과 소재를 조합한 복장. 〈반지의 제왕〉의 마법사 할아버지 상상하면 됨. 길게 흐느적거리는 겉옷들, 허울거리는 소매, 바람에 펄럭거리는 가벼운 천. 언제나 땅까지 늘어뜨린 가운들. 오늘날 세련된 마녀들이 존재했다면 입을 만한 옷들이라고나 할까?
- 월드콘의 그 콘을 다 먹을 때까지 눅눅해지지 않게 하는 방법 - 이건 아이스크림 회사에 편지 쓸 예정.
- 메뉴판 없는 음식점

에트쎄트라 에트쎄트라……

웃기는 건 84~87년 사이에는 장사 아이디어들로 가득하다. 아빠가 '미국에서 한국으로 수입했으면 대박 날 것들'을 잔뜩 적어놓았던 것이다. 당시 아빠를 설득해서 이 중 몇 가지를 수입해보려고 시도도 했

지만, 당시 수입관련 법이 너무 까다로웠던지라 이것들은 결국 내 블랙
북에만 존재하게 되었다.

- 킨코스*Kinko's - 그 옛날에 질 좋은 복사와 24시가 얼마나 필요했는데요.
- 자동세차기계 - 이건 언니 켈리가 낸 아이디어였음. 이젠 한국에선 많은, 아주 많은 주유소에 흡수됐죠.
- 자동동전세탁기 - 하숙할 때 세탁 못해서 얼마나 불편했던지. 전국 대학교 주변에 이 가게를 깔려고 했죠.
- 〈보그〉 잡지 - 어린 나이임에도 불구하고 패션이 돈 될 거라고 그리 설득했건만.
- 미니 맥주제조기 - 이젠 마이크로 브루어리Micro-Brewery라고 하죠. 나는 지금도 집에서 맥주 만들어 먹는데. 아이쿠, 아직도 불법인가?
- 인 앤 아웃 버거In & Out Burger - 맥오리나 버거왕이 못 따라오는 맛. 그러나 남가주SoCal에만 존재하고 친척들한테만 프랜차이즈를 준다는. 아쉬워. 여기 프렌치프라이와 쉐이크가 진짜 맛있는데.

에트쎄트라 에트쎄트라……

세월이 흐르고 흘러 지금은 인 앤 아웃 버거를 빼고는 모두 한국에서 어렵지 않게 볼 수 있는 것들이 되었다(비즈니스엔 원래부터 관심이 없었지만 솔직히 예전엔 길가다가 저것들을 보면 가끔씩 약이 오르기도 했다……).

* 킨코스Kinko's
24시간 운영하는 복사가게.

이렇듯 사소한 것에서부터 중대한 것까지, 일상적인 삶에서 예술까지, 망상에서 현실화된 것까지, 다양한 것들이 내 블랙북에 기록되어 있다. 그리고 지금도 여전히 나는 검은 수첩에다 다양한 아이디어를 적는다. 그리고 한 번씩 이 블랙북을 펼쳐 주욱 읽어보곤 하는데, 그러면 신기하게도 삶이 정리가 된다. '이건 했고, 이건 아직 안 했고, 이건 꼭 해볼 만한 것이고, 이건 진짜 엉뚱하구나' 등등. 생각과 아이디어들의 역사를 따라가면 나의 삶이 어떻게 지나왔는지 알 수가 있다. 참, 그리고 룰이 하나 있다. 한 번 블랙북에 적으면 절대 지우지 않는다는 거다. 어떨 때는 10년 20년이 지난 아이디어나 발상들을 보면 유치할 수도 있다. 그러나 그 당시에는 절실했던 것들이었는데, 쑥스럽긴 하겠지만 과거를 왜곡하거나 숨길 정도로 부끄럽진 않다.

나의 영감이 살아 있는 마이 리틀 블랙 북My Little Black Book.

그 속엔 내 과거와 미래의 업적이 적혀 있다. 더욱이 남자 이름이나 전화번호는 하나도 적혀 있지 않다고, 여기서 꼭 밝히는 바이다.

그런 나의 진짜 블랙북은 사실 아주 작은 사이즈의 녹색 수첩이며 이름 옆에 별점까지 매겨 따로 숨겨 놓았다. 음하하하하~

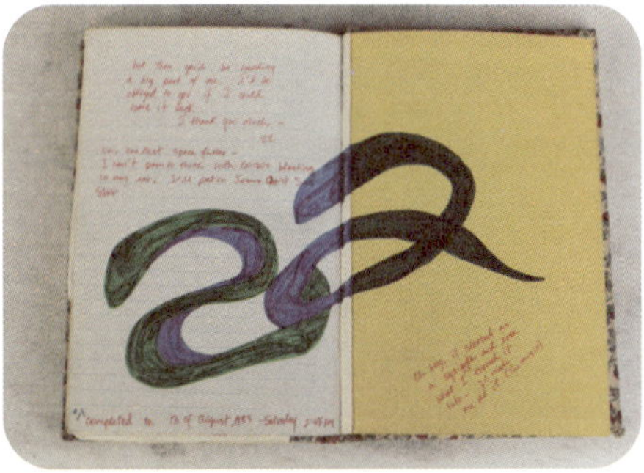

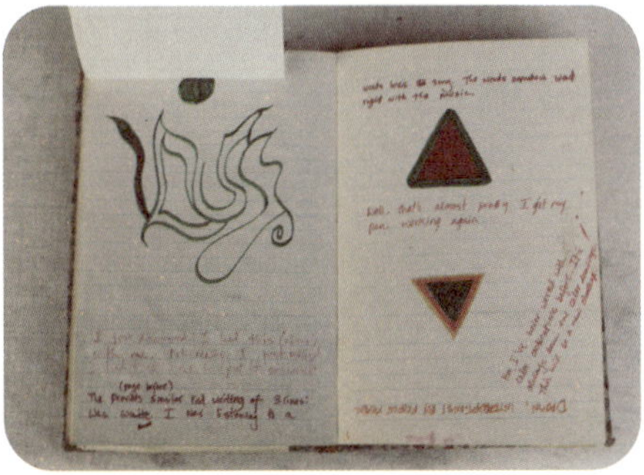

망원경으로 봐야 하는 사람

 조승우, 그는 뭔가를 주문하면 그걸 다 받아먹을 줄 아는, 주문한 걸 만들어내는 사람이었다. "잠시만요, 칼린. 잠깐만 기다려줘요." 그러면 자기 것으로 만든 후, 소화해내는 배우였다. 이런 그의 모습 때문에 함께 작업하면서 깜짝깜짝 놀랐던 적이 많다. 그후로 누구이 이런 말을 해왔건만, 100년에 한 번 나타날까 말까 하는 배우의 모습이었다. 승우가 〈명성황후〉에 합류하게 된 계기가 있었다. 그때 나는 그가 영화배우 유망주인 것도 몰랐고 처음엔 이름도 몰랐다.
 〈명성황후〉가 재공연에 들어가면서 고종 역할을 할 배우가 필요했었다. 그래서 그때부터 적절한 배우를 찾아 사람들을 조용하게 관찰하기 시작했다. 물론 공연예술인이고, 캐스팅하는 입장에 있으니 언제나 사람들을 관찰하는 게 일이긴 하지만 그렇다해서 그렇게 눈 빠져라 사람들을 쳐다보는 것도 아니고 다른 공연을 관람하러 갈 때는 정말 관객 입장에서 편안하게 공연을 보는 버릇이 있다.

그러던 어느 날 〈의형제〉라는 뮤지컬 작품을 관람하러 갔었다. 〈의형제〉는 김민기 선생이 〈블러드 브라더스Blood Brothers〉라는 영국 작품을 번안하여 학전에서 공연한 작품이었다. 공연을 보다보니 눈에 띄는 배우가 있었다. 물론 관람 중인 〈의형제〉의 본 역할에도 매우 잘 어울렸지만 내 머릿속엔 '흠…… 고종으로 저 사람이면 어떨까'라는 느낌이 들었다. 무슨 거지 역할이었는데, 나중에 물어보니 정확하게는 '떠벌이' 역이라고 했다. 그 배우가 기억에 남아 공연을 보고 와서 제작사 대표에게 그 사실을 알렸다. 이런 작품에서 이런 역할을 하는 배우인데, 좋은 배우를 찾은 것 같다고 말이다. 그런데 내가 아는 것은 그가 그저 거지 역할을 하고 있었다는 것뿐.

"어? 나 그 배우 알아. 학교 제자야."

내 말을 듣고는, 대표가 그러는 거였다. 그래서 나는 그러면 잘됐다, 대표님이 얘기하시면 되겠네요, 라고 생각. '떠벌이'가 오디션 오기만을 기다렸다. 안 올 수도 있다는 생각도 했다. 우리가 원해도 그 배우가 하기 싫을 수 있으니 말이다. 그리고 아무리 그 누구를 모셔온다 한들, 뮤지컬은 뮤지컬인 만큼 오디션은 필수. 이때도 예외는 없었다. 그런데 그렇게 처음 오디션장에 나타났던 조승우의 모습을 잊을 수가 없다. 겨울이었으므로 긴 검은색인지 회색 코트를 입고 왔는데, 나를 한 번 깊게 바라보았다. 내가 서구적인 외모를 하고 있어서 그랬나, 아니면 오디션을 보는 내가 누구인가 궁금해서 그랬나보다 그때는 그렇게만 생각했다.

음역대를 체크했다. 느낌이 좋았다. 역시 잘 선택한 배우인 것 같다는 느낌이 들었다. 마음에서는 벌써 이 친구를 쓰자는 결정을 내리고 있었다. 그리고 연습 과정에서 조승우의 연기력과 '말을 할 줄 아는 배우'의 매력에 나는 점점 더 기쁨을 느꼈다. 그 또한 자기도 모르게 내가 더 좋은 음악인이 되게 나를 긴장시키면서 서로 그렇게 작품을 통해 말 없는 가까운 사이가 되었다.

그렇게 공연이 끝난 후 몇 년간은 자주는 아니지만 반년이나, 1년에 한 번씩 맛나는 거 먹자고 만나는 친구가 되었다. 이후 승우는 1,2년 사이에 영화는 물론 뮤지컬 쪽에서도 대스타가 되었다. 내가 뭐 도움을 줄 건덕지가 없는 재능의 소유자였으니 당연한 거였다.

그러다 승우를 안지 2,3년쯤 지났을 때다. 서로 본 지 오래되어서 한 번 만나기로 했다. 무장해제하고 승우를 만났는데, 승우가 진지하게 할 말이 있다는 거다. 그게 무슨 말일지 몰라 조금 겁이 났다. 하지만 하지 말라고 할 수는 없잖은가. 그래서 해보라고 했다.

"사실 칼린이 예전 〈의형제〉 보러 왔을 때 떠벌이 역은 내가 아니었음."
"그게 무슨 말?"
"나, 그날 출연 안 했음. 더블하는 형이 하고 있었음. 나 그날 칼린이랑 똑같이 객석에서 공연 보고 있었음."

우린 자주 이렇게 말 끝을 줄여서 대화를 했음. 아무튼, 앞이 캄캄했다. 나는 분명 조승우라는 배우를 보고 캐스팅한 거였다. 그런데 지금

와서 아니라니. 그게 무슨 말일까. 그리고 몇 년이 지난 이제와서 이 말을 왜 하는 걸까? 아니다, 잠깐 있어 보자. 그래, 사실 그때 본 배우가 조승우라고 알 수는 없었다. 나는 그냥 '거지' 역할을 하고 있었던 배우를 찾았으니까. 흠…… 머리를 재빠르게 굴렸다.

"아냐, 승우가 분명함. 난 승우를 보고 고종으로 부른 거야."
"아님. 그때 칼린이 공연 보고 있는 걸 내가 객석에서 보고 있었다니까, 그날 난 공연 안 했음."

뭐가 잘못됐다는 느낌이 들었다. 괜히 승우에게 상처가 될지도 모른다고 생각했다. 나를 객석에서 봤다면 그의 기억이 맞는 거였다. 나는 거짓말을 하기로 했다.

"나 그 공연 여러번 봤음. 네 연기 보고 캐스팅한 것임."
"아니. 칼린 그 공연 다시 오지 않았음. 칼린이 공연 오면 모든 배우가 다 아는데. 그날 한 번밖에 안 왔고, 그리고 그때 칼린이 본 거지 역은 내가 아니었음."

괜한 거짓말을 했다. 그렇게 말하니, 더이상 할 말이 없었다.

그렇다한들, 그후 연습실에서 고종 역으로 정식 오디션을 본 사람은 조승우였고 또 합격한 것도 승우이고, 그 같은 사람이 바로 〈명성황후〉에 출연한 거면 다 제자리를 찾아간 운명 아닌가? 허허, 이 꼬인 상황.

그렇게 우린 몇 년이 이미 지난 상황의 엉킨 실을 풀면서 한 번 가볍게 웃고 그후 승우도 나도 더이상 그것에 대해선 얘기하지 않았다. 뭐였을까. 몇 년이 지났는데, 승우는 그것을 마음에 담아두었다가, 삭였다가 내게 말한 거였다. 흠…… 세심한 사람이라는 건 알았지만, 몇 년을 마음속에 두고 있다가 잊어버릴 수도 있었건만, 그래도 세월 흘러 진실에 대한 무엇이 그를 오직 자신만이 알던 과거를 발설하게 했을까? 아마도 그 당시 거지 역을 공연하고 있었던 다른 선배에게 갔어야 할 고종 역할의 기회를 자신이 가로챈 것은 아닌지, 그런 갈등을 했었을지도 모른다는 생각이 들었다. 하지만 누가 알랴. 그 선배는 고종의 기회가 왔어도 그 역을 하고 싶지 않았을 수도 있다. 그리고 이젠 우린 그 진실을 알 수도 없다. 우리 모두는 그때에 충실했고 또 그 순간을 열심히 살았기 때문에.

승우는 내게 있어서는 망원경으로 멀리서 지켜봐야 하는 그런 존재다. 승우는 누가 '발견'할 그런 사람이 아니다. 누구의 손에서 '개발' 되는 사람도 아니다. 그는 스스로 모든 걸 다 하고 있는 사람이라 생각한다. 그래서 그때 나조차 그를 많이 도와줄 수가 없었다. 아니, 내가 뭔가를 계속 알려줄 필요는 없었다는 게 맞다. 〈명성황후〉 때는 그 '한 작품'을 하기 위한 도움은 줬을지 몰라도 승우란 존재는 혼자서 뭔가를 끊임없이 개척해 나가는 친구라 생각했다.

'아, 이 친구는 그냥 내버려둬야 하는 친구구나. 어떤 소속사에, 내가 발굴한 애다, 어느 선생으로서 내가 키운 애다, 라는 말 따위를 들으면 숨 막혀 질식할 친구구나'란 걸 알게 되었다. 그래서 나는 멀리서 이 친구가 도움이 필요할 때만 도움을 주는 그런 친구가 되어야겠다고 생각했다. 그래서 그의 재능을 알고도, 그저 땡겨 오고 싶은 욕심이 있었어도, 나는 자제하고 물러났다. 그리고 멀리서만 아주 가끔씩 그에게 조용조용히 자극을 보내거나 그가 필요해 나를 찾으면 내가 다가갔다. 그 옛날 뮤지컬 CD 구매가 힘들었을 때 내가 소유하고 있던 뮤지컬 CD를 몇 십 장 통 던져준 적도 있고, 아직 한국에서 뮤지컬 〈헤드윅〉을 거의 모르던 시절, 한국에 그 작품이 들어오기 5년도 전에 그냥 한 번 들어 보라고 〈헤드윅〉 CD를 건네준 적도 있고, 그가 애지중지 키우는 삽살개 단풍이에게 베이비시터가 필요하면 시터를 찾아 주기도 했고, 무슨 작품의 무슨 대본에 관심 보이면 보내주기도…… 그에게 이런 도움을 준 사람들은 많았을 테지만 말이다. 여하튼 그렇다. 내가 본 승우는 이렇게 멀리서 그냥 망원경으로 그가 자신의 멋진 삶을 꾸려가는 걸 지켜봐야 하는 사람이다. 그리고 그가 뭔가를 필요로 할 때 그때만 잠시 가까이 가는 게 그에게 도움이 되는 거다. 나는 이렇게 내가 너무 탐내는 한 배우이자 친구를 멀리서 망원경으로 지켜보고 있다.

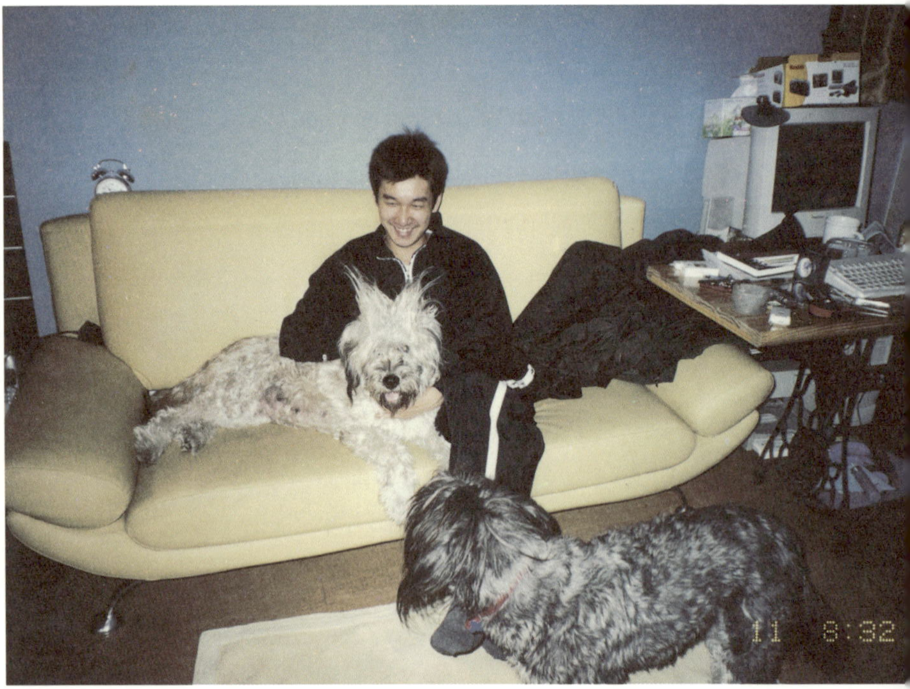
11 8:32

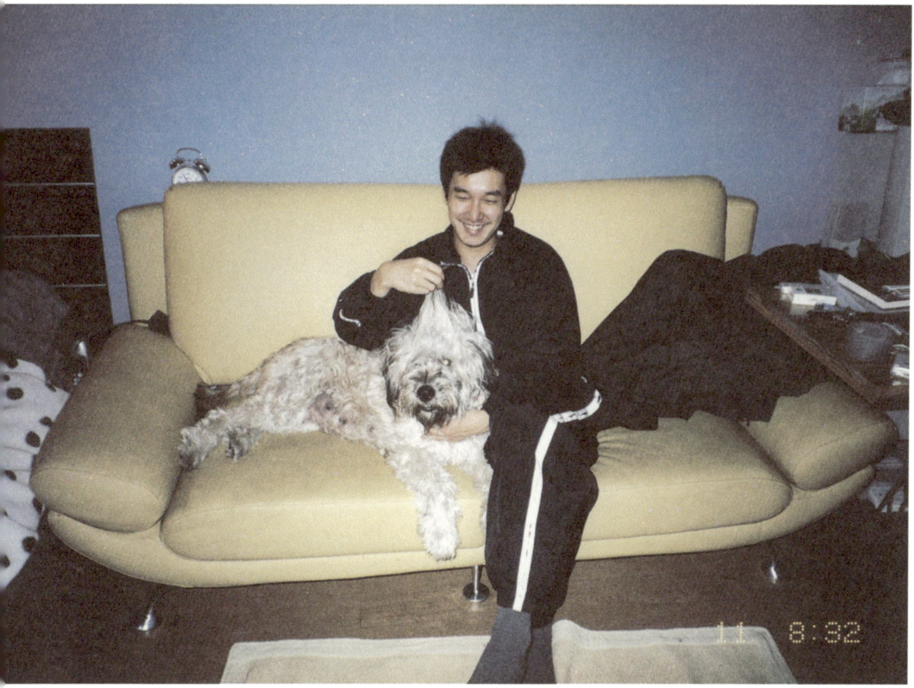
11 8:32

마녀 Wicked Witch of the West

이제까지 나를 인터뷰했던 수많은 기자들로부터 빠지지 않던 질문 하나가 있다.

"배우들이 감독님께 마녀라는 별명을 붙여주었다던데 그게 사실인가요?"

"네, 옛날에요. 오래됐습니다. 헌데 요즘은 그 말 잘 안 쓰는 것 같던데. 이젠 바뀌지 않았을까요?"

"아닌 것 같던데요. 연습실에서 그렇게 지독하다면서요?"

"예, 그러니까, 예전에는요."

"글쎄요. 지금도 그렇다는 것 같던데요."

"그래요? 네…… 그럼 할 수 없죠, 뭐."

사실 어느 배우도 감독이나 선생님이란 호칭 대신에 '마녀감독님~!' 하고 부른 적은 단 한 번도 없다. 그래서 소리 소문도 없이 그런 별명으로 불리고 있다는 것을 까맣게 몰랐다. 그런데 어느 날, 모 신문과 인터뷰를 하는데 대뜸 기자가 "왜 배우들이 그렇게 불러요?"라고 묻기에 그제야 뮤지컬 바닥에서 나를 '서양에서 빗자루 타고 날아온 마녀'로 부르고 있다는 것을 알게 되었다. 처음 그 말을 들었을 때 나는 잠시 골똘히 생각에 빠졌다가 고개를 끄덕이며 기자한테 되물었다.

"언제부터 그 별명이 생긴 거래요?"
"꽤 오래되었다고…… 다 그렇게 알고 있던데요? 수년 전부터요."

그 인터뷰가 있었던 게 10년 전쯤이니까, 계산해보면 지금으로부터 10여 년 전. 아주 초창기부터 나는 마녀였다는 말이다.

실은 이렇다.
우리는 용서가 없는 삶을 산다. 무대란 그렇다. 어렵고 대단한 철학도 아닌, 공연예술을 하는 이에겐 아주 당연한 것이라 배우들이나 스텝도 잘 알고 있는 것이다. 관객은 완벽을 당연하고 기본적인 기준으로 생각하고 극장에 온다. 쉬운 예로, 배우들의 동선과 줄은 언제나 정확해야 하고, 대사를 까먹거나 씹지 말아야 하고, 동작이 같아야 하고, 화음이 완벽해야 하고, 밴드연주가 정확히 맞아야 하고, 피아노 반주자는 두 시간 넘게 몇만 개의 음을 쳐도 하나도 틀리지 않아야 하고, 조명이 제때 들어와야 하고, 무대장치와 오토메이션* 은 정확한 타이밍에 움직

---

* 오토메이션automation
공연장에 쓰이는 자동기기화된 세트나 무대 장치.

여주어야만 한다. '무조건', 그리고 '절대적인' 규칙이 '철저'해야 하는 곳이 바로 무대다.

이뿐인가? 이런 것들은 테크닉이고 기술이니 그래도 그렇게 가혹한 것들은 아니다. 무대 위의 주인공은 작품이고, 예술이다. 관객들은 이것에 대한 정당한 요구를 할 수 있다. '뛰어난' 연기력, '폭발적인' 가창력, '아름다운' 의상, '빽 가는' 무대장치, '환상적인' 조명, '원더풀한' 음악과 '독창적인' 대본 등등. 수많은 사람들이 수없이 많은 것들을 완벽하게, 무조건 해내야만 하는 삶이 바로 무대에서의 삶이다.

이런 곳에서 나는 수많은 것들 중 작은 일부에 해당되는 배우들의 공연 실력과 밴드 혹은 오케스트라의 연주 품질을 담당하는 사람이다. 연습이 시작되기 이전의 음악감독은 다른 영역에 속해 있지만, 연습이 시작되면서부터는 일종의 엄한 트레이너가 된다. 그래서 추측하건대, 내가 '서쪽의 사악한 마녀wicked witch of the west'라고 불려진 건 단지 내가 다른 트레이너들보다 아마도 조금 더 완벽을 추구했기에, 조금 더 엄격하게 연습을 시켰기 때문일 것이다. 하지만 바로 그런 걸 하라고, 그런 연습을 시키라고 제작자가 나를 고용한 것이다. 제대로 된 공연을 무대에 올리라고 나를 그 자리에 서게 한 것이다. 나는 그것을 지켜내느라 '마녀'라고 불리는 거라면 기꺼이 그 이름을 받아들이련다.

그리하여 '서쪽 연습실의 사악한' 마녀는 조금도 양보할 마음이 없다. 오히려 더 혹독해지련다.

다음은 무대에서 결코 내가 양보할 수 없는 것들의 목록이다.

1. 나는 음악 연습 시 작은 소리에도 엄청나게 민감한 반응을 보이는

괴물이다. 저 뒤 어디선가 조연출의 대본 넘기는 소리에도 반드시 시끄럽다고 소리를 친다. 진행중인 연습 장면에 해당 되지 않는 사람이 아무리 조심스레 왔다 갔다 해도 고함을 바락바락 지르고 쫓아낸다.

"나가! 나가서 떠들어!"

심지어는 소프라노 파트를 연습하고 있는데 옆에서 열심인 배우가 앨토 파트 연습하느라 살짝이라도 따라 부르면 마녀는 당장 독설을 서슴지 않는다.

2. 연습에 있어서 조금이라도 흐트러지거나 정신을 놓아버리는 걸 용납하지 않는다. 이 부분에 있어선 아주 신경질적인 사람이다. 연습하는 시간만큼은 그 순간 자기 노래 파트 연습이 아니어도 어느 마디에 어떤 부분의 무엇을 연습하고 있는지 집중하고 있어야 한다. 뭔가를 두 번 설명하게 만들면 그 배우는 그날 찍힌 거다.

"뭐하고 있는데!? 안 듣고 있었어!?"

마녀는 한 순간에 전체 분위기를 조지는 데 탁월한 재능이 있음을 잊지 마라.

3. 연습실 문 밖에서 무슨 일이 일어나든 그것에 절대 관심이 없어야 한다. 하지만 연습실 안에서만큼은 공통된 목표에 어마어마한 집중력과 정신력을 유지해야 하며 매번 탈진될 정도로, 1000%의 에너지를 쏟길 원한다. 연습 첫날부터 연습이 아닌 실제 '공연'처럼 연습에 접근하길 원한다.

"노래 한 시간 제대로 했다면 배고파야 한다. 배고프지 않으면 뭔가 잘못된 거다!"

4. 틀리는 걸 용납할 수 없다. 특히 첫 일주일이 지났는데도 모든 음과 가사를 못 외워오면 그날이 그 배우의 제삿날이다. 차라리 죽는 게 낫다고 생각해라.

5. 발음을 굴리거나, 정확하지 않은 발음을 인간적으로 증오한다. 턱수술이나 치아를 교정한 사람은 그 사실을 절대 감출 수 없다.

6. 주제에 쿠세* 있는 배우들은 더 싫어한다. 마녀와 함께하는 배우들은 모든 동작, 노래, 대사처리를 정석으로 깨끗하게 해야 한다.

7. '무조건 해내라!'
마녀의 가훈이다. 아무리 어려운 것도 반복에 반복, 하고 또 하기를 시켜 밤에 자다가도 그 음악만 들리면 벌떡 일어나 배우가 그 음을 찾게 되는 과정은, 놀랍고 특수한 게 아니라 당연하고 자연스러운 것이다.

8. 나는 배우들을 쪼아대는 괴물이다. 될 때까지 욕을 하며 쫓아다니는 맹수다. 꿈에서도 마녀를 봤다는 배우들 많다. 당연한 일이다.

---

*쿠세
'버릇'이나 '습관'을 뜻하는 일본어. 여기서는 기본보다 장식이 쓸데없이 많다거나 춤, 노래, 또는 대사를 하는 데 있어서의 나쁜 버릇들로, 특히 기본이 약한 배우들이 멋있다고 착각하는 '장식'적인 습관들을 말함.

9. 귀가 박쥐와 같아 세세한 화음과 음정에 예민하다. 특히 플랫*되는 배우들은 아무리 다른 조건이 좋아도 연출과 싸워가며 애초부터 캐스팅 못하게 한다. 음이 안 맞으면 마녀의 얼굴은 찌그러지고 몸이 아프기 시작하고 바들바들 떨린다. 그래서 조금이라도 음정과 박자를 놓치면 열을 올리게 되고 얼굴이 시뻘게진다. 얼굴색이 쉽게, 자주 변한다. 다정하게 말하는데, 그때는 조심하라.

10. 번개처럼 빠른 속도로 연습을 진행시킨다. 여기서 많이들 정신을 잃게 되는데, 원one, 투two 없이 바로 쓰리three, 포four에서 시작한다.
"빨리 쫓아오세요!"
역시 마녀의 가훈이다. 정신 조금 팔다가 첫 음부터 빠릿빠릿하게 쫓아오지 못하는 배우한테는 가차 없이 욕을 바가지로 한다.
"혼자 뭐해요? 왜 안 해요? 빨리 합시다!"
쉴 틈 없이 번개처럼 모든 걸 진행한다. 특히 여기선 마녀의 반주자들이 '소머즈'처럼 움직여줘야 하는데, 때문에 첫날 왔다가 번개에 얻어맞고 다시 오지 않은 반주자들도 꽤 있다. 현명한 자들이다.

11. "스스로 선택해서 온 직장이니 똑바로 해내라. 아님 빨리 없어져 달라."
늘상 입에 달고 다니는 말이다. 그래서 마녀라고 하는 건가?

---

* 플랫flat.
원래 음을 미세하게 낮게 부르는 것, 흔히 음 떨어진다고 함.

12. 옛날에는 쉬는 시간도 없이 몇 시간씩 연달아 연습을 했다. 그래서 '잠깐 쉬었다 하면 안 되냐'고 배우들이 조심조심 물어야 했다. 그럼 그제야 마녀는 한 3분 쉰다. 5분도 아닌 3분. 하지만 이제는 마녀가 늙어 연습 도중 티타임을 줄 정도다. 이래도 행복하지가 않냐?

13. 연습에 참여하는 모든 배우는 그 전에 무조건 밥 먹고 와야 한다. 살 뺀다고 밥 안 먹고 오거나 늦게 일어나서, 또는 어떤 이유로든 못 먹고 오면 그 배우에게 마녀는 무지하게 지저분한 표정을 짓는다. 뮤지컬은 체력이 전부다.

14. 연습에서는 아픈 것도 동정하지 않는다.
"몸 관리를 어떻게 했는데?"
짧은 6주의 연습기간 동안 컨디션 조절이나 몸 하나 단속 못하는 건 나약한 배우다.

15. 이 또한 양보할 수 없는 것인데, 무조건 해내는 배우들은 앞뒤 없이 마녀의 모든 것을 쏟아부어 사랑한다. 이 공연은 너의 것이다. 관객들의 감동과 사랑도 모두 너의 것이다.

그런데 뭐라고? 연습실 분위기가 어떻다고? 이게 뭐 어려워? 이게 혹독해?
무대는 차근차근 하나씩 단계별로 가르치고, 타이르고, 격려해주는, 학교가 아니다. 같은 배우들을 낮에, 여느 학원에서 만났다면 순한 토끼처럼 가르칠 수도 있다. 사실, 토끼까지는 좀 어려울 수도 있겠지만, 여기는 6주 안에 공연을 올려야 하는 프로들의 무대이다. 빈틈이 존재할 자리가 없는 냉혹한 무대바닥을 단순히 버티는 게 아니라 즐기지 못하는 사람이라면 차라리 없는 게 도와주는 것이라고 감히 말하고 싶다. 마녀? 조오타! 제발 맡은 임무를 해내기만 해다오. 내게 사랑할 수 있는 기회를 달란 말이다!

원탁의 기사단

엄마는 ESL(모국어가 아닌 제2의 언어로서의 영어) 교수였다. 이에스엘이란 개념이나 학문이 막 시작되던 무렵부터 그 분야의 개척자 중에 한 분이셨던 엄마 주변에 언제나 외국인 유학생들이 많았다. 뿐만 아니라 어머니가 자신의 학생들 중에 특히 어리거나 미국 생활에 적응하기 어려워하던 학생, 또는 특별히 신경 쓰고 싶었던 학생이 있을 때 우리 집에서 직접 하숙을 시켰다. 그래서 어린 딸 셋은 LA 집에서 어릴 적부터 다양한 인종들의 언니 오빠들과 수년 동안 함께 살았다.

Kim, Kelly & Kolleen. 우리 셋은 10대 초반을 20,30대 '어른'인 이들과 살면서 참으로 많은 것을 보고 듣고, 그들의 세상을 엿볼 수 있었다. 그중 가장 산만하고 괴롭기도 했던 저녁식사 시간이 우리 성장에 제일 큰 영향을 미쳤다. 그 당시 이사를 두어 번 했음에도 불구하고, 또 세월이 흘러 언니 오빠들의 국적과 언어가 몇 번이나 바뀌어도 언제나 큼직한 원형 식탁만큼은 변함이 없었다. 이것이 부엌 한 코너를 차지했고 여기서 우리 모두가 뱅글뱅글 둘러 앉아 밥을 먹으면서 밤마다 새로운 역사를 창조해냈다.

한 가지만 물어보자. 그대의 집에선 밥 먹는 시간이 얼마나 걸리는가? 한 끼를 먹는 데 말이다. 원래 집안의 중심은 부엌이라고 하는데, 그래서인지 저녁밥 먹을 시간만 되면 무슨 할 말들이 그렇게 많은지…… 우린 밥 먹는 데 꼬박 3시간씩 걸렸다. 저녁마다 말이다.

왜인지 그 이유는 간단하다. 일단 사람들과 뭘 먹다 보면 대화를 하게 된다. 그런데 어떠한 소재를 놓고 대화하더라도 각국에서 온 학생들이 제각기 자기 의견을 얘기한다. 그다음엔 누군가가 그 소재에 대해서 조금 더 깊이 파고들기 시작한다. 처음엔 내용만 가지고 하지만 그다음엔 문화와 역사, 언어, 인종, 종교적인 배경까지 곁들여가며 하다 보면 끝이 없다. 그래서 3시간……

가장 기억에 남는 한때의 '원탁의 멤버'들은 이런 식의 조합이다. 1982년 멤버들이었나? 정말이지 다양한 나라에서 온 그룹이었다. 남성 우월주의인 마치스모Machismo가 완전 몸에 밴 브라질의 자이메와 시리아와 이라크에서 온 압둘과 캄란, 남자를 '하늘처럼 모셔야 하는' 일본에서 온 아주 작은 체구의 여인 마사미, 또 그 '하늘'이 뭔지 도무지 이해할 수 없는 토털 개방적인 멕시코 여성 릴리아나, 그리고 이 모든 광경을 말없이 내려다보곤 했던 수단에서 온 순하디순한 알리라는 한 남자(키가 2m 정도의 장신으로 밤처럼 검은 피부를 갖고 있었다). 그리고 한국과 미국 문화가 혼합된 우리 세 딸까지, 완전 섞어찌개였다.

지금은 인터넷으로 세계가 좁아졌다지만, 25년이 지난 오늘날에도 저렇게 다시 모이려야 모일 수 없을 것이다. 게다가 지금은 또 중동과 사이가 안 좋지 않은가? 바로 이 '원탁의 기사' 멤버들의 입과 입을 통해 돌아다녔던 대화들은 상상할 수 없을 정도로 다양했고, 사실 우리에겐 가장 소중했던 교육들이었다. 각 나라의 문화, 종교, 음식, 옷, 유행, 풍습…… 어디가 더 좋으며, 뭐가 더 나으며, 어느 나라와 시스템이 옳고 그르며 등등. 마치 '문화인류학' 박사학위 논문 같은 시간들이었다.

우리 집 풍습 중 하나가 일요일이 되면 뒷마당에서 풀장 파티pool party를 하는 것이었다. 수영하고 바비큐에 햄버거와 핫도그를 굽고 이웃이나 친구들 누구든지 불러 같이 주말과 휴일을 즐겼다. 그런 어느 일요일, 여럿이 잘 놀다가 햄버거를 먹고 있는데 자이메가 식탁에서 갑자기 소리를 지르며 벌떡 일어나 뛰쳐나갔다.

"이게 무슨 고기야. 이렇게 맛대가리 없는 걸 너희들은 어떻게 먹니? 이건 고기도 아냐! 미국 고기 진짜 형편없네. 다시는 이 고기 먹나 봐라! 내가 고기 사와서 제대로 한번 만들어줄게!!"

컬쳐 쇼크culture shock! 미국 생활 9개월쯤 되는 자이메는 컬쳐 쇼크가 올 무렵이었는데, 일 년간 잘 먹던 음식에 대해 이렇게 버럭 고함을 지르더니 마트에 가서 온갖 음식재료를 사왔다. 그러곤 온종일 음식을 만들었다. 주 요리인 페즈와다Fejoida는 여러 종류의 육류와 검은 콩을 삶은 요리인데 다른 요리에서는 비슷한 맛을 느껴보지 못한 무거웠지만 맛있는 음식이었다. 자이메는 아주 시원하고 맛있는 칵테일인 카이프린야Caiprinha도 만들어줬다. 카샤사Cachaca라는 술은 브라질의 대표 술이자 그 술의 주재료라고 했다. 나는 15살에 더운 LA와 아주 잘 어울리는 짱 맛있는 술을 배운 거다. (요즘 우리나라 바에서도 카이프린야를 시킬 수 있는데 국내에 카샤사가 수입되지 않아 제대로 된 카이프린야를 먹을 수 없다는 것도 어느 바걸이 살짝 설명해주었다. 카샤사를 수입해야겠다는 생각!) 참고로 풀장 앞에 있는 식탁도 원탁이다.

  또 다른 어느 날. 저녁을 먹는데, 여자와 남자의 역할에 대해 토론이 시작됐다. 오 마이 갓! 남성우월주의자 세 남자들이 일본여자한테 '여자의 영역'을 가르치려고 하자, 당찬 멕시코 여성 릴리아나는 매 문장마다 욕을 붙여가며 공룡시대에 살고 있냐고, 3시간 동안 '문화 싸움'이 벌어졌다. 물론 마사미는 조용히 앉아 있었다.

  76년부터 시작된 홈스테이를 통해 우리 집 원탁을 거쳐 간 외국인들은 상당히 많다. 엄마의 의도대로 딸들은 '밥을 먹으면서' 그 어디에서도 배울 수 없었던 '삶'을 습득하게 되었다. 브라질에서 손바닥 포개서 치는 건 욕이고, 멕시코에도 금발에 파란 눈이 있다는 것, 수단에서 감자를 어떻게 구워먹는지, 가장 매운 고추는 사실 브라질에 있다는 것, 아프리카 수단어가 이란어와 동일한 단어를 갖고 있다는 것, 망고를 가로로 먼저 잘라서 먹는 법 등. 최소 여러 나라 말로 헬로와 땡큐하는 법을 배운 것만으로도 큰 재산이 아닌가 싶다.

  물론 그들이 있어 조용할 날이 없었고, 어린 우리에겐 그들이 쉽지만은 않았지만 우린 이 교육의 '기사'들로부터 얻은 게 너무 많았다. 가보지 못한 나라들에 대해, 그들의 언어에 대해, 그 사람들에 대해, 그리고 그냥 인간들과 문화에 대해 자연스레 흡수하게 되었고 무엇보다도 커가면서 낯선 곳이나 새로운 사람에 대한 두려움 없는 자신감이 생겨났다. 더불어 세계를 탐험하는 욕심과 정신을 기르게 되었고, 그래서인지 오늘도 내 여행의 욕심은 끝이 없다. 그리고 누구에게도 이 세상, 우리 지구에 살고 있는 사람들에 대해 끊임없이 알아가기를 권한다. 이게 평화를 얻는 가장 빠른 길인 것 같다.

- 유스케(일본) - 9살인 나에게 핑크 플로이드Pink Floyd, 재즈, 사이먼 앤 가펑클Simon & Garfunkel과 기타를 가르쳐 줬고 일본의 유명한 배우 엄마와 엔터테인먼트 집안의 아들이다.
- 마사미(일본) - 엄마가 가부끼 배우, 남동생은 스모 레슬러, 나한테는 친언니와 같은 존재, 나중에 엄청나게 당찬 여인으로 성장한다.
- 자이메(브라질) - 잘 생긴 플레이보이 스타일, 82년에 브라질에 갔을 때 아마존 강줄기를 안내해주었다.
- 압둘(시리아) - 신사 중에 신사, 우리에게 중동문화를 처음으로 소개해줬다.
- 안토니오(스페인) - 안토니오 반데라스를 연상케 하는 잘 빠진 신사, 옷 벗고 자는 게 버릇, 안타깝게도 우리 집에 오래 머물진 않았다. 쯧.
- 클로디아(프랑스) - 매우 독립적인 여인.
- 와실Wasil(이라크), 캄란Kamran(이란) - 이때는 이란과 이라크가 사이가 더 좋을 때.
- 안토니오 쎄흐베하Antonio Cervera(브라질), 바그너Vagner(브라질) - 둘다 자이메의 친척.
- 소니Sonny(태국) - 부유한 집 아들로 돈이 너무 많아 주체하기 힘들

정도였음.

- 지빌Zhivile(리투아니아), 알리(수단), 릴리아나(멕시코) 등등……

우리 집 원탁을 스쳐 간 수십 명의 '기사'들은 오늘날 나의 일부를 형성시킨 주인공들이다.

뉴올리언스 2008

한국에서 일하기 시작한 20대 초반부터 지금까지 20년이 넘도록, 나는 끝내주게 빡빡한 스케줄 때문에 어딘가에 오랫동안 머무는 장기 여행을 떠날 기회가 거의 없었다. 장기 여행은커녕, 정작 가족들이 살고 있는 내 고향 LA조차 갈 기회가 많지 않았다. 바빠서 몇 년 동안 고향도 못 가고, 가족도 못 만나는 신세라니! 음악감독은 이래저래 서러운 직업이다!

그런데 운 좋게도, 지난 2008년 5월부터 7월까지, 2개월의 예상치 못한 휴가가 생겼다. 최근 10년 만에 처음 있는 일이었다. 이래저래 스케줄 수첩을 보며 일정 정리를 하다 그 2개월 치의 달력에 아무것도 적혀 있지 않은 것을 발견했다. 내 심장은 환희와 긴장감으로 마구 뛰기 시작했다.

'20년 만에 처음으로 2개월이 비는데, 이 황금 같은 시간을 어떻게 해야 제대로 써먹을 수 있을까?!'

몇 개의 심각하고, 심오하고, 완벽한 계획을 생각해낸 후, 나는 마침내 그 시간을 '여행'에 바치기로 마음먹었다. 내 두 언니들과 어딘가로 떠나는 긴 여행으로. 우리 세 자매는 여행친구로는 끝내주게 죽이 잘 맞는다. (이렇게 가끔씩 얼굴을 봐야 훨씬 더 자매애가 넘친다! 공감하는 사람들이 많이 있겠지? 크크크.)

2008년 5월, 먼저 나는 가족들이 있는 LA로 향했다. 그곳에서 내가 한 일은 아래와 같다.

LA에서 며칠을 머무르며 나를 키워주신 내 은사들(크로보사 선생과 마이어 선생)을 만났으며, 엄마 집에 있었던 내 어린 시절 보물 상자를, 몇십 년 만에 다시 열어 그 안에 곱게 넣어뒀던 물건들을 정리했으며, 라스베가스에 잠시 들러 그동안 놓친 몇 개의 공연을 관람했으며(끝내주는 '쇼'를 보려면 이곳으로 가는 것이 가장 좋다), 엄마와 함께 프랑스 파리에 갔으며, 마침 엄마도 파리에 있는 제자의 결혼식에 참여해야 했기 때문에 모처럼 엄마와 함께 프랑스 여행을 즐길 수 있었으며, 그곳에서 며칠을 보낸 후, 다시 우리 세 자매의 여행의 목적지인 뉴올리언스로 향했으며, 그다음 뉴욕으로 날아가 〈미스 사이공〉 때 함께한 배우의 공연 〈점프〉를 관람하고, 서울로 돌아와 곧장 〈시카고〉 연습에 돌입했다. 이것이 내 2개월 여행의 경로였다.

일정은 **빡빡했지만** 끝내주게 재미있었던 여행이었다. 그중에서도 뉴올리언스는 특히 기억에 남는다.

다시 말하지만, 우리 세 자매는 여행친구로는 끝내주게 죽이 잘 맞는

다. 맛있는 커피와 맛있는 음식을 좋아하고, 그 지역의 문화와 예술을 스펀지처럼 빨아들이며, 골목 구석구석을 걷는 것과 소소한 풍경을 구경하는 걸 좋아한다. 그러면서도 장엄하고 점잖은 박물관 구경도 즐긴다. 글쎄, 우리 모두 여행의 참 맛을 아는 여자들이라고나 할까!? 지난 몇 년 동안 다음 여행 계획을 짜며, 전형적인 휴양지인 캐리비안이나 멕시코 여행 등을 생각하기도 했는데, 2008년엔 결국 뉴올리언스가 우리 자매의 목적지로 당첨되었다. 마침 큰언니인 키미는 일 때문에 그곳에 갈 일이 있었고, 나머지 둘도 약간의 애국심을 발휘하야 뉴올리언스를 목적지로 정했다. 허리케인 카트리나로 모든 것이 망가졌던 뉴올리언스, 예전의 모습으로 다시 살아나기 위해 온힘을 모으고 있는 그곳을 여행하는 것이 다른 곳에서 돈을 쓰는 것보다 훨씬 더 마음이 편할 것 같았다.

그래서 우리 세 자매는 모두 다른 비행기로 뉴올리언스에 도착해 접선했다. 나는 도시에 발을 들여놓자마자 그곳과 사랑에 빠져버렸다. 그곳에 머물렀던 며칠이 지금도 기억에 생생하게 남아 있는데, 우리 세 자매가 그곳에서 한 일들은 대략 이러하다.

박가(朴家) 세 자매에겐 마녀의 피가 흐르고 있지만, 그곳에선 평범한 관광객 행세를 하고 다녔다. 부두Voodoo 문화가 발달된 뉴올리언스를 '착한 관광객' 모드로 여행했다. 야밤에 공동묘지를 도는 유령 투어를 했고, 여자 주술사voodoo priestess를 찾아가 뼈점bone-reading을 쳤다. 마녀용품을 전문적으로 파는 가게에선 드라큘라 독약을 사기도 했다. 뉴올리언스의 역사에서 '관 속의 소녀들Coffin Girls'에 대해 배우기도 했다.

프렌치 쿼터스French Quarters를 종일 걸어 다녔고, 뉴올리언스 음식인 익힌 새우crawfish boil를 배 터질 때까지 먹었고, 시내에서 가장 맛있는 브레드 푸딩bread pudding을 찾아다녔으며, 거리의 재즈 음악을 들으며 커피와 베니에beignet를 먹었으며, 페리보트를 탔으며, 가든 디스트릭트Garden District의 오래된 대저택들을 보면서 "우와~"와 "와우~"를 연발했으며, 화려한 색깔을 담고 있는 그 지역 특유의 예술작품 몇 점 샀으며, 향신료 가게의 70살 먹은 주인 할머니와 함께 오래된 재즈음악에 맞춰 춤을 췄다.

하지만 무엇보다도 기억에 남는 건, 시내 곳곳에 남아 있는 침수의 흔적이었다. 카트리나 참사로 인해 생긴 수위선watermark이 시내의 상점과 집 등 곳곳의 건물에 남아 있었다. 가든 디스트릭트의 한 상점 주인은 "관광객들이 우리한테 프렌치 쿼터스가 예전 모습으로 되돌아가고 있는지 묻는데, 카트리나가 입힌 피해에 대해 늘어놓자면 묘지 투어 가이드나 다를 바 없어요"라고 말하기도 했다.

하지만 이런 참사에도 불구하고, 나는 뉴올리언스 사람들이 여전히 따뜻한 마음을 가졌다는 생각을 지울 수가 없었다. 마켓 스트리트 카페의 주방장은 우리가 밥을 먹는 시간 내내 우리와 함께 하며 대화를 나누었다. "음식 만들어야 하지 않아요?"라고 내가 물었지만, 그는 손을 내저으면서 "아뇨~ 주방에서 알아서들 할 거에요"라며 남부 특유의 느긋함을 보여주었다. 뉴올리언스 특산품인 가면을 파는 상점의 주인은 관광객인 나에게 그 지역의 여러 장인들에 대해 30분 동안이나 기꺼이 설명을 해주었는데, 그러는 동안에도 다른 손님들은 한마디 불평도 없이 기꺼이 기다리곤 했다. 웬만한 관광지에서는 쉽게 접할 수 없는 모습이었다.

그곳의 모든 사람들, 진짜 '모든' 사람들이 너무나 친절했고 그 지역의 역사와 문화를 알려주기 위해 기꺼이 자신의 시간을 나눠주는 사람들이었다. 손님을 돈으로만 생각하는 것이 아닌 진짜 사람으로 대해주는 사람들이었다. 뉴올리언스에서 만난 사람들 모두가 마치 나를 고향에 온 사람처럼 편하게 대해주었다. 그것이 아마 미국에서 말하는 '남부의 정southern hospitality'일 것이다! 미국에서 태어났지만 정작 미국 곳곳은 다녀보지 못한 나에게 남부 사람들의 정은 감동으로 다가왔다.

우리 세 자매는 그곳에 머무는 동안 그 지역의 물건과 예술품만을 사기로 했다. 간혹 너무 사치스럽게 돈을 쓰는 건 아닌가 하는 생각이 들기도 했지만, 좋은 곳에서 좋은 의도로 쓰는 돈은 마음까지도 풍성하게 만든다. 지금도 당장이라도 뉴올리언스에 다시 가고 싶은 생각이 간절하다. 우리 세 자매는 너무나 그곳과 사랑에 빠져버려서 그 지역 부동산 정보를 알아보기도 했다. 정이 넘치는 사람들, 편안한 분위기, 맛있는 음식, 멋진 음악, 감동적인 커피! 언니들과 함께 이 모든 걸 뉴올리언스에서 한꺼번에 다 경험할 수 있었다. 우린 그 전에도 여행을 많이 다녔고, 그후에도 여행을 많이 다녔지만, 뉴올리언스는 오래 기억에 남는 여행지로 열 손가락 안에 들 것 같다. 뉴올리언스만의 정신과 무너지지 않는 그들의 강인한 정신이 언제까지나 영원하길 바란다.

BOURBON STREET
New Orleans
THEY SHOW ALL KINDS
BOURBON STREET
NEW ORLEANS

VOODOO
AUTHENTICA
EST. 1996
CULTURAL CENTER & COLLECTION

SHANGO
541

FOR SALE
504•274•2555

BUTT SHOW
BOURBON STREET
NEW ORLEANS
WARNING
ALARM
SYSTEM

엄마의 잠 깨우기 How Mom Used to Wake Us

자식에게 있어 엄마란 존재는 참으로 여러모로 특별하다. 또 많은 엄마들이 다양다색한 방법으로 자식들의 마음을 움직이는데, 우리 엄마는 특히 큰 것보다는 아주 작고 세세한 것에서 감동을 주는 분이다. 예를 들어 대학 시절 기숙사 지하에 비치된 세탁기는 동전식이었는데 한 번 빨래를 돌리려면 동전이 20,30개씩은 필요했다. '동전 챙기기'는 미국 기숙사 생활을 했던 그 누구나 다 알지만 너무나도 귀찮은 일이다. 그런 나에게 엄마는 늘 습관처럼 그날 남은 동전을 예쁜 복주머니에 모아 언제나 현관 협탁에 뒀다. 우리 엄마는 엄연히 미국인이다. 동유럽 출신이어서 키도 크고, 푸른 눈을 하고 있다. 그런 엄마가 섬세한 동양 여인처럼 딸의 사소한 편리를 위해 자신의 불편함을 기꺼이 마다하지 않으셨던 거다. 지금 생각해보면 내 엄마인데도 그런 일방적이고 무조건적인 사랑에 눈이 뜨겁다.

나는 한 달에 한 번 꼴로 집에 불쑥 나타나서 그 주머니를 챙겨 갔다. 어떤 날은 참기름에 직접 구운 김도 입 크기에 맞게 잘라 한 박스씩 준비해두셨다. 한국음식 먹는 딸자식을 위해 수트를 쫙 빼 입은 직장인 엄마는 어디서 배웠는지 김을 맛있게 구워놓고는 했다. 엄마는 딸에게 해야 할 일에는 조금의 망설임도 없었다. 최고의 사랑을 베푸는 것을 당연하게 생각했다.

누군가에게 정말 필요한 걸 '캐치'해낸다는 것은 대단히 감동적인 일이다. 한국에 나와서 살 때는 편지를 언제나 카드로 보내셨는데 언제나 재미있고 기발한 카드를 찾아 보내셨다. 아무튼 작고 섬세하게 우리 얼굴에 미소를 띠게 하는 데는 재능이 있으셨다.

어린 시절, 한국친구들 집에서 자고 나서 아침을 맞으면, 나는 아이들을 깨우는 부모들의 다양한 모습을 볼 수 있었다. 어느 친구의 엄마는 문을 벌컥 열며 경상도 사투리로 "안 일어나나!"라며 목청을 높이기도 했고, 어떤 분은 이불을 확, 걷어가기도 했다. 또 어느 친구의 집에선 아침의 첫 인사말이 "밥 먹으라!"였다. 그렇게 부엌에서부터 소리 지르는 엄마도 있었다.

미국의 부모들 역시 다양한 모습으로 아이들을 깨운다. 무뚝뚝한 목소리로 문 앞에서 노크를 하며 "일어나, 일어날 시간이야"라고 말하는 부모가 있는가 하면, 아이들이 알람 소리를 못 듣고 계속 자면 방에 들어와서 알람을 대신 끄고 아이들을 흔들어 깨우거나 알람시계를 귀 바로 옆에 놓고 가는 부모도 있다. 하지만 무엇보다도 그중 최악의 '아침 잠 깨우기'는 자고 있는 아이들에게 일어나라고 소리치고 가는 부모들이었던 것 같다. 너무 과격하지 않은가? 저 세상에서 이 세상으로 오는 어마어마한 여정이 기다리고 있는데 누가 아침부터 '고함소리'로 이 험한 세상을 맞이하고 싶을까 말이다.

장난기가 발동해서 우리 아빠도 발가락에 불침을 놓기도 했고, 또 얼굴에 찬물 뿌리고 도망가기도 하셨다. 그러고선 혼자 깔깔깔 웃으신 후 언제나 아침을 만들어 주시며 만회하기도 하셨지만.

이들 가운데서 우리 엄마의 '아침잠 깨우기'는 구름과자에 비유할 수 있겠다. 담배가 아니라. 너무나도 기분 좋은, 조금 과장해서 얘기하자면 엄마는 소설 『향수』에서의 그 향수의 힘과 같은 걸 지녔다. 엄마의 '잠 깨우기'는 전쟁도 사라지게 하는 묘약 같은 걸 아침마다 뿌리는 거였다.

어린 딸 셋이 일어나야 될 시간이면 엄마는 소리를 거의 내지 않고 방문을 열고 들어와서는 침대로 조용조용히 다가왔다. 출근할 복장을 하고 있어도 일단 옆에 누워 우리를 꼭 껴안았다. 그러곤 볼에다가 여러 번 부드러운 키스를 퍼부은 다음 딸들의 귓가에 입술을 대고 엄마 특유의 소프라노 목소리로 마치 새가 노래 부르듯이 "안녕, 일어날 시간이야"라고 들릴 듯 말 듯 속삭이셨다. 그다음 아직 잠이 채 깨지 않은 딸들의 이마에다 아침 이슬같이 반짝이는 키스를 해주었다. 그러기를 수차례 반복. 달콤한 키스의 세례와 굿모닝의 속삭임. 몇 분이 지나면 딸 셋은 스르르 미소를 띠며 부드럽게~ 아주 부드럽게 아침을 맞이했다(커서 들은 얘기지만 둘째 언니 켈리는 엄마가 이렇게 깨울 때마다 빵긋 웃으면서 잠에서 깬 다음 까르르 웃었다고 한다). 이렇게 아침마다 딸 셋을 한 명 한 명씩 공들여 깨웠다. 아침 출근 시간에 아무리 바빠도 이렇게 우리를 깨웠다. 그리고 우린 그 순간만큼은 아름다운 세상을 맞이할 수 있었다.

사실, 누구의 잠을 깨운다는 건 쉬운 일은 아니다. 특히 깨워도 깨워도 일어나지 않을 때는 목소리가 커진다든지 하는 물리적으로 강도가 세지는 게 어찌 보면 당연한 일인지도 모른다. 하지만 나는 잠을 깨우는 사람에겐 그 순간만큼은 엄청난 의무가 있다고 생각한다. 아무리 짧은 시간이라도 잠을 깨우는 것은 하나의 의식처럼 공을 들여야 한다는 것이 내 생각이다. 잠 깨우기는 무의식의 세계를 여행하고 있는 사람을 의식의 세계로 다시 불러와야 하는 중요한 일이다. 이것이 망쳐지면 최소한 나에겐 그 여파가 엄청날 것이다.

주위를 둘러보면 엄마들이 아이들을 깨우는 다양한 모습들을 볼 수 있다. 아직도 소리를 빽빽 지르면서 아이를 깨우는 부모를 보면 마치 격투기장에 온 것만 같은 착각에 빠진다. 옆에서 보는 내가 이 정도인데 잠자고 있던 그 아이들은 오죽 괴로울까 싶다. 잠을 깨우는 방법에 있어선 옳고 그름이 없을 것이다. 하지만 이왕이면 새날을 맞이하는 그 순간에 아침 이슬 같은 키스로 사랑하는 사람을 깨워 기분 좋게 해주는 게 더 좋지 않을까.

나 역시, 그 엄마에 그 딸이어서 피붙이 같은 지인들이 내 집에서 자고 갈 때면 최대한 고요하게 다가가 조용히 잠을 깨우려고 노력한다. 저 세계에서 이 세계로 넘어올 때 놀라지 않도록 말이다. 샨이나 이너 써클의 누구든 내게는 소중한 식구들이어서 내 집에서 자고 일어나는 것이니 이 세상과 다시 평화롭게 만나게 해주고 싶다. 엄마도 그런 사소한 것에서 어떤 거대한 행복이 조금씩 만들어진다고 믿었을 것이다. 그런 것에서도 사랑은 필요하다고 믿었을 것이다. 행복지수란 거대한 일에서 확 높아지는 게 아니다. 작고 사소한 일상에서 행복은 커지고 단단해진다.

엄마가 처음 우리를 데리고 한국에 들어올 때의 여권 사진. 최근에 발견한 사실은 우리 넷 모두 정면이 아닌 어디 다른 곳을 보고 있다는 것. 그리고 오른쪽 맨 아래 사진에서 제일 왼쪽이 미세스 K, 그리고 맨 오른쪽이 미스터 M

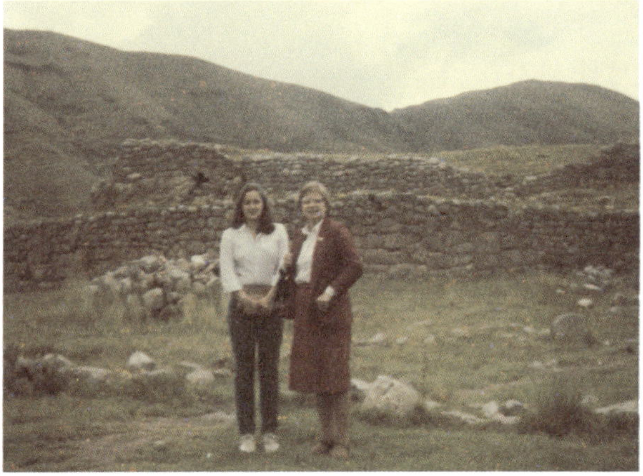

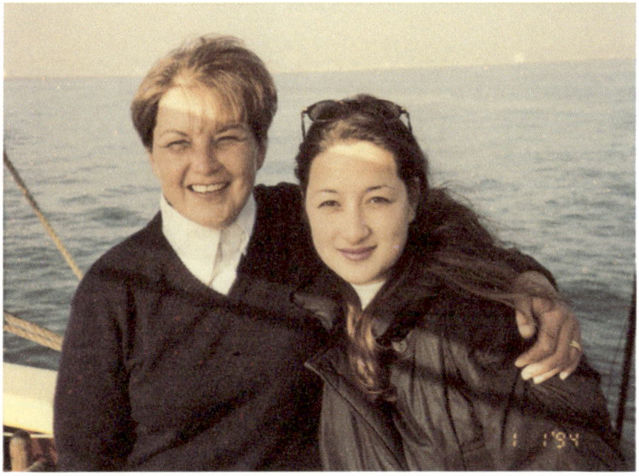

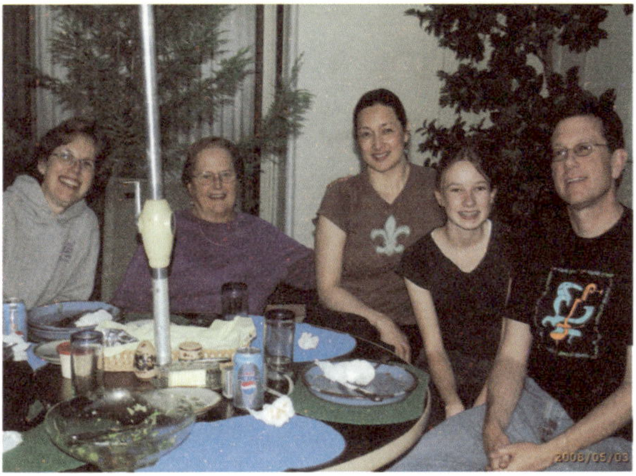
2008/05/03

보물 상자 Treasure Chest

미국에서의 9살 무렵.

어려서부터 호기심이 많던 나는 언제나 학교가 끝나자마자 동네 도서관으로 달려가 어린이 섹션에 앉아 몇 시간이고 책을 읽곤 했다. 특히 제일 먼저 달려가는 곳은 추리와 어드벤처소설이 가득했던 코너. 꼬마마녀 시리즈를 비롯해서 명탐정 추리 소설, 10대 소녀 탐정인 낸시 드류 시리즈, 미국판 수사반장 소설에서 첩보원 이야기까지…… 전 세계의 마녀와 탐정들은 어린 나의 호기심을 자극하기에 충분했다. 나일 강 위의 호화 여객선에서, 런던의 어두운 뒷골목, 유럽 마녀의 숲속, 험악한 경찰서 안에서…… 나는 책을 읽으며 그들과 함께 소녀 탐정이 되어 사건을 해결했고, 용을 타고 괴물을 무찌르는 굉장한 마술을 부리기도 했다.

이런 '소녀 애드밴 탐정*' 놀이는 도서관 밖에서도 계속되었다. 한

---

* 소녀 애드밴 탐정
소녀 어드벤처 탐정, 즉 소녀 탐정의 모험.

동안 나의 일상생활이었다. 재미있고 신기한 '꺼리'들이 많았던 우리 패서디나 집 지하실은 이런 내게 완벽한 작업실이었다. 앞서 말했듯이 이 집의 지하실엔 전에 살던 괴짜 아저씨가 두고 간 재미있는 물건들이 많았다. 오래된 전축, 비틀즈를 포함한 수십 개의 LP판, 그리고 너무 커서 못 가져간 프로용 사이즈의 근엄한 포켓볼 당구대 등. 지금은 앤틱 벼룩시장에서나 볼 수 있을 법한 물건들이 다 나의 장난감이었다. 친구 데브라와 함께 대짜 사이즈 쓰레기 봉지를 모아 비밀기지국 텐트도 만들고, '담 넘어가기' 놀이도 했다. 주인 몰래 옆집 담을 넘어갔다 오는 데 들키지 않고 몇 집을 갔다 올 수 있느냐로 승부하는 일종의 스파이놀이다. 나름 어린이 버전의 007이었다고나 할까?

그러던 어느 날. 괴짜 아저씨가 두고 간 나머지 물건들을 정리하던 중 무겁고 커서 가져가지 못한 물건 하나가 내 어린 시절 최고의 대박 물건이 되었다. 바로 어마어마하게 큰 '보물 상자'가 그것이다. 해적들이 하나씩 갖고 있던 트레져 체스트treasure chest! 어림잡아 어른 두 명은 들어갈 수 있을 정도로 어린 나에게는 커도 보통 큰 게 아니었다. 게다가 깨끗하고 매끈한 새 것이 아닌, 〈인디아나 존스〉〈캐러비안의 해적〉에서나 볼 수 있음직한 낡고 음침한 것이었다. 빛바랜 자주색 나무에 새까만 쇠로 모서리를 장식한 해적의 보물 상자는, 나에겐 그 자체가 보물이었다.

뭔가 특이한 물건이 있으면 버리기 전에 엄마는 언제나 딸들에게 물어본다.

"너 쓸래?"

"당근이죠!"

그 순간부터 보물 상자는 '공식적으로' 내 것이 되었다. 내 비밀기지 국 텐트로 가져오고 싶었지만 거기까진 끌고 내려갈 수가 없었다. 차고 한 구석에 놔둘 수밖에. 아니 이렇게 좋은 물건을 왜 버리고 갔을까? 아무리 생각해도 이해가 되지 않는 이상한 아저씨였다.

이 굉장한 물건이 이제 나의 것! 열어보기도 전인데 왜 그리 흥분이 되던지. 안에 혹시 진짜 보물이라도 들어 있으면? 아님 해골바가지, 헉! 아님 보물 지도! 그 나이에 얼마나 별의별 상상을 다 했겠는가. 상자는 너무 무거워서 내 힘으론 벽에서 끌어내기도 힘들었다. 그러니 분명 안에 대단한 게 들어 있는 게 틀림없었다. 고리를 잡아 상자 문을 열려고 하는데, 에고, 안 열리네…… 아무리 고리를 잡고 당겨도 열리지가 않았다. 정말 무슨 시체가 들어 있든지, 무거운 걸 봐선 화려한 금과 보물이 한 가득 들어 있는 건 아닐까. 아니면, 뭘까? 내 상상력은 우주 밖까지 날아갔다 왔다.

상자 문을 열기까지 며칠이 걸렸다. 매일매일 차고에 앉아 이리 살피고 조리 살피고…… 비밀 잠금 장치가 있나 아니면 해골이 새겨진 열쇠가 필요한 그런 화려한 생각도 해봤지만, 요리 열어보고 저리 열어보고를 한참 한 후에 그냥 냅다 힘껏 한 번 당겼더니 쩍 소리를 내며 그 큰 입을 벌렸다. 좀 실망스럽긴 했지만, 화려한 요술 뭐시기 한 게 아니라 워낙 낡고 오래된 것이어서 깔끔하게 한 번에 열리지 않았던 것이다. 그래도 열리는 순간에는 겁이 덜컥 났다. 뭐가 있을지 너무너무 기대한 나머지 문이 열리니까 지레 깜짝 놀란 것이었다. 상자 안은 휑하니 완전히 비어 있었다. 바닥에 있는 뭔가 빼고는 말이다.

　세상에…… 바닥에는 거미줄과 먼지 가득 내려앉은 20,30년대의 빛바랜 신문들이 쌓여 있었다. 아이들로서는 100만 년 전의 시간처럼 느껴지는 20,30년대의 신문을 찾아내다니. 내 생애 최초의 보물을 찾은 순간이었다. 부서질까봐 여태 한 번도 펴보지 않았다. 그리고 보물 상자 안쪽에는 뭔가를 담을 수 있는 긴 선반이 하나 있었는데 왠지 이곳에다가는 나만의 보물을 넣어서 간직해야 할 것 같았다. 열심히 먼지를 닦아내며 나의 보물 상자를 신주단지 모시듯 간직했다. 그 안에 그 신문도 고이고이 간직했고, 하루에도 몇 번씩 차고를 들락날락하며 열었다 닫았다를 반복했다. 하루에도 몇 번씩 똑같은 걸 보는 것이었지만, 상자를 열 때마다 '나만의 비밀 공간'은 어린 내게 독특한 희열을 안겨주었다.

　그렇게 1,2년이 흘렀나 보다. 여느 때처럼 나의 보물 1호인 보물 상자를 살펴보던 어느 날 뭔가가 눈에 거슬리기 시작했다. 뭔지는 정확히 몰랐지만 보물 상자 안의 선반의 그 뭔가가 계산이 맞지 않았다. 'ㄷ'을 눕힌 'U'자 모양의 선반이었는데 물건을 담을 수 있는 깊이와 그 앞을 막고 있는 판이 필요 이상으로 길었던 것이었다. 'h'를 거꾸로 본다고 생각하면 될 거다. 이래저래 길이를 재어보니, 선반의 깊이는 한 뼘밖에 안 되는데 밖에서 보이는 길이는 한 뼘 반이 된다는 걸 발견했다. 이건 또 모야? 뭔가 이상했다. 분명 비밀의 상자라든지 뭔가 있을 거라 여겨졌다.

　내 궁금증이 또 발작했다. 무슨 일이 있어도 그 비밀공간을 열어야만 했다. 발작해서 쿵쾅거리는 마음을 진정시키고 나무 칸막이를 찬찬히 살펴보니 나무판이 위로 쑥 나오게끔 되어 있었다. 그렇게도 청소를 했는데도 워낙 오래된 것이라 쉽사리 나무판이 빠지질 않았다. 한참을 낑낑거린 끝에 나무판을 빼낼 수 있었다. 그리고 마침내 발견된 비밀 서랍! 심장이 터질 것만 같았다. '과연 이 안에는 뭐가 들어 있을까? 금은 보화? 해골바가지? 보물 지도?' 아무리 1,2년이 지났어도 평소에 읽었던 책들이 다 그 가락인지라, 10살 소녀의 머릿속은 인디아나 존스, 낸시 드류와 해적들이 뒤섞여 소용돌이치고 있었다. 그 순간에 느꼈던 전율은 정말이지 어마어마했다.

하지만 그 안에도 역시 별다른 건 없었다. 보물 상자를 열고 잠글 수 있는 열쇠가 들어 있었을 뿐이다. 어린 나이에 잠시 엄청난 보물을 기대하긴 했지만 실망하진 않았다. 그 비밀 공간을 나 스스로 찾았다는 것, 나보다 먼저 이곳을 만들고, 찾아 열쇠를 숨겨 둔 사람과 내가 통했다는 것. 나의 모험정신을 활용하게 해준 것만으로 그것이 나에겐 보물만큼이나 소중했다.

나에게 모험정신을 계속 심어 주었던 나의 보물 상자. 30년이 지난 지금도 LA 집에 고이 모셔져 있다. 그리고 내가 상자를 발견한 당시 그 안에 아무것도 없었지만, 이제는 다른 누가 상자를 열어본다면 내가 30년간 모아온 내 보물들을 발견할 수 있을 것이다. 중국에서 산 녹색 향로, 말 타던 시절 타온 상장들, 나의 첫 수첩들, 스승이 작곡해준 아리랑 피아노 소나타 악보, 내 첫 작곡 악보들, 리투아니아 할머니가 피난 중에 가져오셨다는 낡고 총 맞은 리투아니아 국기, 한풀의 시와 글들, 알프레도의 시와 편지들, 상흘의 글 작품들, 엄마의 수많은 카드와 엽서들, 각 여행지에서 가져온 소중한 천과 전통 의상들, 사연이 있는 도자기들, 뜻있는 사람들이 그려준 그림들 등. 대부분 소중한 사람들로부터 받은 그 무엇들이 보관되어 있다. 그리고 내가 찾았던 비밀 서랍에는 아직도 그 상자의 열쇠만이 가지런히 누워 있다. 그 상자가 꽉 찰 때까지 계속 삶의 추억을 모으리라는 생각이 드는데. 맞다, 누가 봐도 나의 보물 상자 안엔 돈 되는 건 하나도 없다. 하지만 내 추억에 누가 감히 값을 매기랴.

지금도 LA에 갈 때마다 그 보물 상자를 꼭 열어보곤 한다. 모든 보물을 하나하나씩 꺼내서 찬찬히 살펴본 후, 다시 넣어둔다. 30년도 더 지났지만, 9살 때의 내 모험정신을 불사르게 했던 보물 상자를 가끔씩 열 때면 어린 시절 그걸 처음 열 때 느꼈던 전율보다 더한 것이 전해진다. 빈 상자였던 거기에 수십 년의 내 삶이 저장돼 있기 때문일 것이다. 그리고 그것이 계속 현재진행형이기 때문일 것이다.

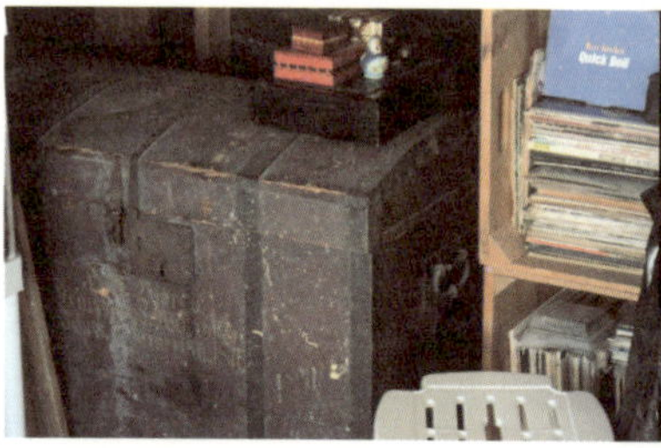

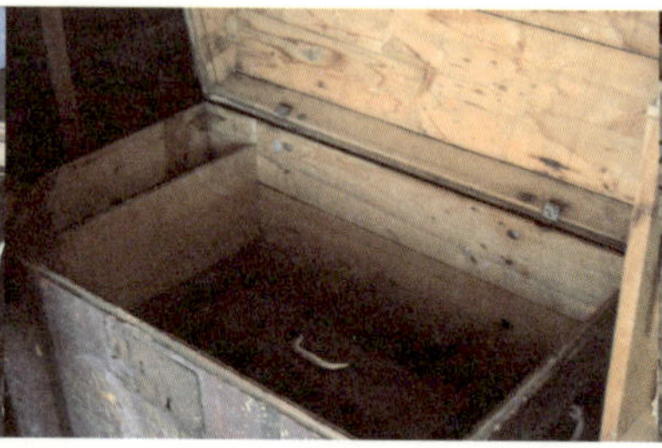

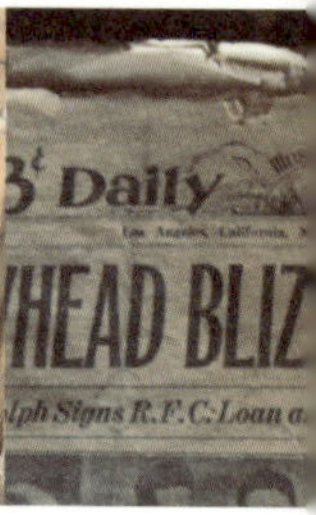
Daily
HEAD BLIZ
lph Signs R.F.C. Loan a

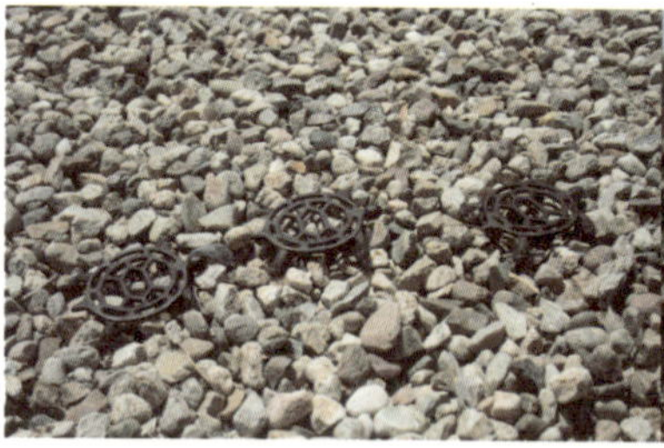

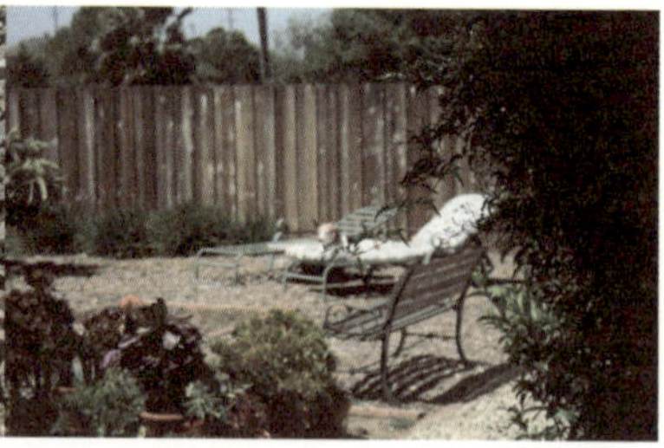

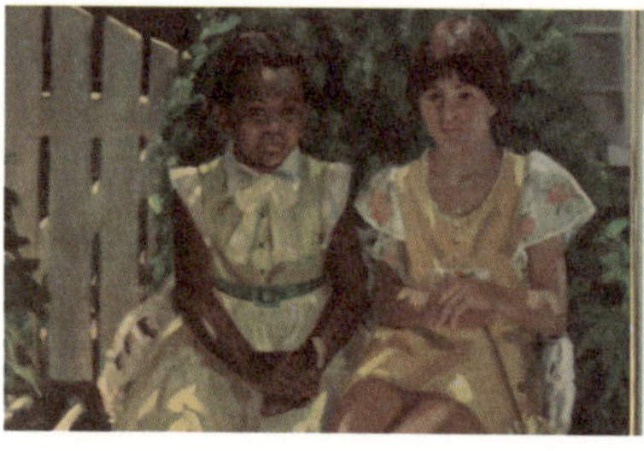

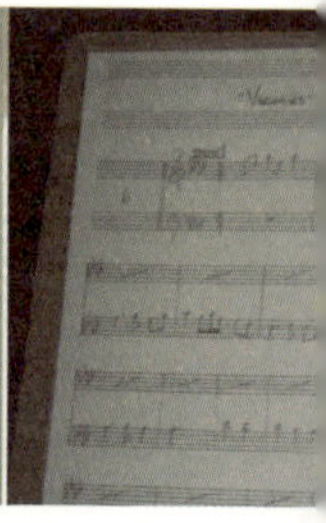

News 3¢
TRAPS 2
DOG TEAMS RU
AS 500 AUTO

ARROWHEAD BLIZZARD TRAPS 2000

남자의 자격

KBS 〈남자의 자격〉 제안이 왔던 지난 6월, 마침 내 스케줄 수첩에는 2~3달의 스케줄이 비어 있었다. 일복 터진 내 인생에서 이런 일은 극히 드문데, 아마 작품이 하나라도 잡혀 있었다면 뒤도 안 돌아보고 거절을 했을 것 같다. 다른 걸 하려야 할 수도 없는 게 공연 스케줄이니…… 그런데 마침 그렇게 딱 시간이 비어 있었다. 시간이 비어 있는데, 시간 없다고 거짓말할 수는 없었다. 하하.

전화통화로 처음 만난 신원호 PD는 상냥한 목소리에 정직해 보였다. 오케이. 전화통화는 일단 했으니 이제 사람을 한번 만나보자 싶었다. 그리고 전화를 끊고 〈남자의 자격〉이란 프로그램을 찾아봤다. 예능 프로그램이었다. 예능 프로그램은 평소 거의 보지 않는데, 아니 TV 자체를 잘 보지 않는데…… 찾아보니 이경규 샘이 출연하시는 프로그램이었다.

경규 샘을 직접 본건 단 한 번. 그것도 무대 뒤에서였다. 몇 년 전 같은 무대에서 나는 내 꺼하고, 샘은 샘 꺼하며 그렇게 지나쳤는데 무대 뒤에 있던 경규 샘의 모습이 늘 머릿속에 남아 있었다. 앞에서는 코미디를 하시고, 뒤에 오셔서는 너무나 진지하게 계시는 모습. 한 30~40초쯤 봤을까? 짧은 시간이었지만, 그때 그 모습이 희한하게 너무나 깊게 다가왔다. 그 모습 때문에 코미디언에 대해서도 많이 생각하게 되었고…… 아무튼 그 짧은 시간 느낀 것은 선생님은 진정한 코미디언이자, 진지한 프로라는 거였다.

경규 샘+도전+음악. 나에게도 흥미로운 꺼리들이 보이기 시작했다.

첫 회의에서 만난 신 PD는 대략적인 컨셉을 알려주며 앞으로 2~3달, 매주 목요일마다 녹화가 잡혀 있다 했다. 마치 내 뒷조사를 귀신처럼 한 듯, 내가 비워둔 날만 집어가며 얘기를 했다. 핑계를 대려야 댈 수도 없었다. 하하. 오케이 알겠다. 집에 가서 내가 한 번만! 한 번만 더 생각해 보겠다고 하며 첫 번째 회의를 마쳤다.

그렇게 집에 돌아와서 나는 내 군단들과 회의를 하기 시작했다. 이게 진짜 어떤 프로그램인가? 우리가 제대로 해낼 수 있는 미션인가? 또 우리는 여기서 뭘 얻어낼 수 있을까? 등등…… 여기서 얻어낸다는 건 돈 얘기는 아니었다. 우리가 이걸 통해서 우리 자신을 어떻게 업그레이드할 수 있을지를 생각해본 것이었다. 나는 평소에 내가 하는 일마다 풀어야 하는 퍼즐을 만들어놓고 시작하는데, 이 새로운 미션의 퍼즐은 무엇일지 생각해보게 되었다. 한참을 생각하다 재림이와 차 안에서 나눈 대화가 있다.

"너도 노래를 잘하는 배우이지만, 준비 안 된 사람들을 가르쳐보는 건 재미나는 퍼즐일 텐데……"

"성악가나 전문배우를 연습시키는 건 쉽지. 그들은 준비가 다 되어 있는 사람들이니까."

"그럼, 우린 그 준비조차 안 되어 있는, 합창과 화음에 있어서는 경험이 없는 사람들도 가르칠 수 있는 능력이 있을까? 우리가 그들을 이끌 수 있을까? 우리가 과연 가능한지 우리 자신을 한번 시험해볼까? 재림 너도 한번 도전해볼래?"

"얍, 칼린도 한번 도전?"

오케이. 그렇게 흥미로운 퍼즐이 생겨나게 되었고, 그 뒤론 어떠한 의심 없이, 하모니 편에 함께 참여하겠노라 말했다.

단, 내가 내건 두 개의 조건이 있었다.

1. 나는 내 군단을 끌고 갈 것이라는 것. 노래를 가르치는 재림, 음악감독 민영, 민영이 커버인 피아니스트 수경, 편곡자 피터 케이시, 그리고 그와 연결해 가사를 번역해주고 일을 주고받는 샨. 이들과 함께 일할 수 있어야만 나는 일을 가장 효율적으로 제대로 할 수 있다.
2. 일부러 각본을 짠 예능은 안 하겠다.

사실 나는 예능 프로그램에 휘말려 우리가 원래 해야 할 일을 못하게 될까봐 걱정을 많이 했었다. 예능을 해서 일을 똑바로 할 수 있으면 예능만 해도 되는데, 우리가 해야 하는 미션의 연습은 뒷전이고 웃음을 만드는 데만 시간이 뺏길까봐 염려가 되었다. 사실 뮤지컬 바닥에서는 6~8주의 빡빡한 스케줄 속에서 작품 하나를 만들어내기 위해 어마어마한 집중력을 쏟아 부어야 하는데, 우리에게 주어진 연습기간은 고작 8번이 다였다. 그 8번 연습에 오합지졸을 거기까지 끌고 간다는 건 불가능해 보였기 때문에 겁을 잔뜩 먹고 있었다.

하지만 시간이 부족했기 때문에 오히려 더 집중해서 한 것인지도 모른다. 매주 목요일마다 모여 12시간 연습해야지 하면 진짜 12시간을 연습만 했고, 5시간만 하는 게 효율적인 날에는 5시간만 했다. 목요일만큼은 제작진이 우리 마음대로 쓰게끔 해줬다. 그리고 일체 우리에게 손을 안 댔다. 대본 한 장, 대사 하나 받은 것 없다. 뭐~ 모여서 연습만 죽어라 하는데 딱히 할 말도 없었을 것이다. 하지만 고마웠던 건, 그들도 어느새 카메라 밑에 앉아 악보를 펼쳐놓고 노래연습을 하고 있었다는 것. 아무튼 모든 스텝이 우리와 같이 한마음으로 움직여줘서 너무 고마웠고 뜻밖이었다. 나중에는 자신들만 너무 소외된 것 같다고 오히려 섭섭해했으니 말이다.

선곡에만 한 달이 걸렸다. 온갖 사람들의 의견을 듣고 수많은 다양한 상황 속에서 추리다 보니 내 머릿속에는 '넬라 판타지아'의 편곡이 갑자기 떠올랐다. 어떻게 그려질지 갑자기 들렸다. 그래서 내가 너무나 믿는 내 스승 피터에게 그 곡을 우리 합창단의 상황에 맞도록 편곡을 요청했고 그는 너무나 딱 맞아떨어지게 편곡을 해줬다. 그리고 나머지

한 곡, '애니메이션 메들리'. 이 곡을 선택하기까지는 2주가 더 걸렸다. 남들이 안 해본, 우리만 할 수 있는 우리만의 것. 진지하지만 우리답게 할 수 있는 곡이 바로 '애니메이션 메들리'였다.

우여곡절 끝에 선발된 합창단원들의 연습이 시작되었다. 처음엔 과연 이게 어떻게 될까? 반신반의하던 단원들, 그들도 처음엔 다른 '작정'을 하고 왔는지는 모르겠지만, 한 주, 두 주가 지나면서 눈빛이 바뀌고, 가사를 외워오고, 연습해오고, 또 자기들끼리 따로 만나서 연습해오고…… 이런 모습을 스물스물 보여주기 시작했다. 우리 군단은 언제나 우리가 하던 대로만 일하고 있었고. 한창 연습을 하고 있을 무렵, 첫 번째, 두 번째 방송이 나가기 시작했고, 시청자들의 뜨거운 반응을 느껴서인지 그들도 점점 자부심을 가지기 시작했다. 경규 샘도 처음에는 무슨 하모니냐~ 지루한 합창단을 굳이 해야 하느냐며 음역대를 팩스로 보내주시겠다 했지만, 연습을 하면서 '이거 장난이 아니구나, 그리고 이거 나만 한다고 해서 되는 것도 아니구나'라고 느끼셨다 한다. 우리가 모여서 하나같이 자기 것을 책임져야 전체가 완성된다는 것을 느끼셨단다. 모든 개개인들이 마찬가지로 이 같은 감정을 느꼈을 것이고.

합창대회 직전까지 우린 연습밖에 안 했다. 거제도 내려가는 버스 안에서도 누가 뭐랄 것도 없이 노래를 불렀다. 누군가 노래연습을 혼자 하기 시작하면 옆에서 차곡차곡 음을 쌓기 시작했고, 그게 또 한 번의 전체 연습이 되곤 했다. 연습 5주차 엠티를 마치고 돌아가는 길에 정경미가 했던 말이 맞다. "엠티 와서 연습만 하다가는 건 또 처음이에요." 엠티 오가는 길에서나 거제도행 버스 안에서나 우리 모두 진짜 연습밖에 안 했다. 그리고 방송국을 출발해 거제도로 향하는 순간부터 9월 3일 5시 30분 대회에 참가하는 그 순간까지, 다른 사람들은 몰랐겠지만, 이 모든 시간은 내 머릿속에서 30분 단위로 쪼개서 진행되었다. 단원들이 모르게 재림이와 단둘이 이들을 '가두리 양식'을 하며 연습시켰다. 지금은 풀어줄까? 지금은 좀 웃겨줄까? 지금은 쫄까? 이젠 안무 다시 한 번 해볼까? 지금은 다시 긴장시켜야겠다 등등. 무대에 서는 10분이 피크가 될 수 있도록(최고를 선보일 수 있도록) 그렇게 이들을 움직이고 있었다. 내려가서도 이들이 조금이라도 흐트러질까봐, 늘 가사를 머릿속에서 돌리게끔 했고, 심지어는 즐거운 '여행' 분위기 속에서 핸드폰 사진 찍는 것조차도 자제하도록 당부했다.

합창단을 지휘하면서 내가 가장 감동했던 것은 이거다. 그 긴장되던 대기시간을 지나 마침내 우리 순서가 찾아왔다. 제일 마지막 순서. 무대에 올라가기 전부터 객석은 술렁거리기 시작했다. 나는 무대로 나가기 직전, 무대 옆에 서 있는 단원들 모두를 모아두고 이렇게 말했다.

"우리가 무대에 섰을 때 객석에서 박수가 나올지 야유가 나올지는 모릅니다. 하지만 여러분 모두 프로처럼, 움직이지 말고 자기 자리에서 기다려야 합니다. 그게 1분이 됐든, 10분이 됐든 여러분은 프로답게 당당히 서 있어야 합니다. 아무 말 없이 그 어떤 흐트러짐도 없이, 꼼짝 말고 집중하면서 기다려야 합니다."

아니나 다를까, 우리 단원들이 무대로 나가자 객석은 시끌벅적 난리가 났다. 환호와 박수소리와 카메라 플래시 세례까지. 사회자 역시 객석을 조용히시키려 했지만 내 느낌엔 3분이 다 돼가도록 객석은 조용해지질 않았다. 하지만 우리 단원들은 나와의 약속을 모두 지켜주었다. 단 한명도 미동 없이 자신의 자리에서 그 뜨거운 눈빛으로 객석을 응시하고 있었다. 시선이 떨어지거나, 조바심에, 부끄러움에 움직이는 사람은 단 한 명도 없었다. 모두 그 순간만큼은 자신과의 싸움에서 이긴, 자신감 있는 프로였다.

객석이 조용해질 때까지 기다리느라 무대 옆에서 계속 서 있었는데, 무대 옆에서 그들의 눈빛을 보니 눈물이 쏟아질 것 같았다. 그 눈빛, 그 옷, 그 자세…… 너무 대견했고 자랑스러웠다. 사실 30명이 넘는 사람이 움직이지 않고 서 있다는 건 상당히 큰 느낌이자 그림인데…… 그들이 그것을 만들어내고 있었다.

겨우 객석이 정리되고 내가 나갔다. 그러고도 객석의 흥분이 가라앉지 않아 또 기다려야 했다. 남자의 자격 합창 단원 한 명 한 명 모두가 그대로 멈추어 조금의 움직임도 없이 나를 기다렸다.

우린 준비한 첫 노래를 두 번째 노래를 불렀고 관객들의 환호와 박수를 아낌없이 받으며 무대를 내려왔다. 그들의 박수 소리도 여느 때와는 달랐던 것 같다. 연예인이 등장해서 환호하는 박수가 아니라, 정말 죽어라 연습을 해서 하모니를 만들어낸 아마추어 합창단에게 '너희들 해냈구나'라는 응원의 박수였다. 관객들 역시 이들의 연습과정을 봐온 사람들이었으니까……

무대 생활을 30년 했지만 이런 감동은 처음이었다. 오랜만이 아니라 처음. 무슨 느낌인지 정확히는 모르겠지만 아직도 후유증이 크다. 물론 좋은 쪽으로. 어떻게 이걸 싹 접어두고 다른 작품을 다시 시작해야 할지 모르겠다. 공연하는 사람들은 한 작품에서 다른 작품으로 넘어갈 때 클렌징 기간cleansing period을 갖는데 그 기간에 여행을 가거나 3~4일 정도를 쉬며 앞의 작품을 씻어낸다. 그래야 다음 작품에 깨끗한 백지상태로 들어갈 수 있으니까. 그런데 이번에는 잘 안 가신다. 혹시나 내가 다음 작품에서 이런 감동을 또 기대하지나 않을까 하는 걱정도 살짝 든다. 물론 내가 감동을 바라고 작품을 하는 건 아니지만…… 그만큼 이번에 느낀 감동은 크고 낯설고 뜨거웠다.

우린 처음부터 끝까지 진지했다. 합창단 단원 모두도, 참여했던 내 군단들과 스텝들도, 매 순간순간을 진지하게 임했기 때문에 그들이 가져간 감동도 컸을 것이다. 나 역시 30년 만에 이런 감동은 처음이었다. 그게 TV를 봤던 사람들의 마음까지도 울린 게 아닌가 싶다. 하하, 나는 고맙게 생각한다. 나를 믿어줬던 내 군단도 그렇고 우리에게 이런 특별한 미션을 준 KBS 〈남자의 자격〉 팀에게도 그렇다.

도전은 언제나 살아 있는 느낌을 준다. 특별한 여름을 선사해준 모두에게, 칼린은 여러분을 정말 '사랑합니다'.

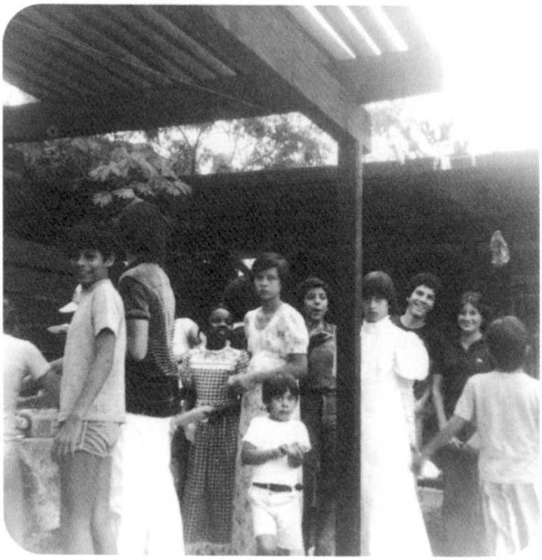

:)

아빠, 엄마, 킴, 켈리······
우리 말해왔던 대로 딱 그렇게 잘 살고 있는 것 같아.

Poppy, Mom, Kim, Kelly······
We are living exactly the way we said we would.

그냥 Just Stories
ⓒ 박칼린 2010

|초판 1쇄 발행 2010년 11월 10일
|초판 2쇄 발행 2010년 11월 22일

|지은이 박칼린

|펴낸이 이병률

|편 집 조병세 김교석
|마케팅 방미연 우영희 정유선 나해진 | **인터넷 마케팅** 이상혁 한민아 정진아
|제 작 안정숙 서동관 정구현 김애진

|펴 낸 곳 달
|출판등록 2009년 5월 26일 제406-2009-000034호

|주   소 413-756 경기도 파주시 교하읍 문발리 파주출판도시 513-8
|전자우편 dal@munhak.com
|전화번호 031)955-2666(편집부)   031)955-8889(마케팅) |팩스 031)955-8855

ISBN 978-89-93928-25-9 03810

● 이 책의 판권은 지은이와 달에 있습니다.
  이 책 내용의 전부 또는 일부를 재사용하려면 반드시 양측의 서면 동의를 받아야 합니다.
  달은 (주)문학동네의 계열사입니다.

● 이 도서의 국립중앙도서관 출판시 도서목록(CIP)은 e-CIP홈페이지
  (http://www.nl.go.kr/ecip)에서 이용하실 수 있습니다. (CIP제어번호: CIP2010003885)